불안에 대처하는 법

불안에
대처하는
법

불안장애

이해하고

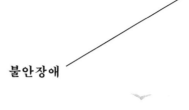

안드레아스 슈트룀레 &
옌스 플라그 지음
유영미 옮김

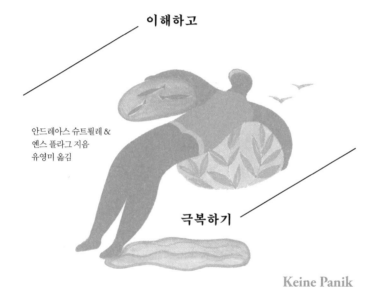

극복하기

Keine Panik
vor der Angst!

🌱 나무생각

차례

불안장애에 시달리는 사람들과
그들의 가족을 위한 책

불안을 주제로 한 책들은 꽤 있다. 많은 사람들이 이 주제에 관심이 있기 때문이다. 불안에 시달리며 힘겹게 살아가는 사람들은 이런 책에 특히나 관심이 높을 것이다. 자신이 경험하는 불안이 평범한 것인지, 아니면 병적인 것인지, 불안은 어떻게 생겨나는 것인지, 왜 하필 자신이 그런 증상을 겪게 된 것인지, 무엇보다 불안에 어떻게 대처해야 하는지 간절히 알고 싶기 때문이다.

그러나 불안을 주제로 한 책은 많지만, 학문적으로 탄탄한 기반 위에서 불안장애를 다루고, 전문 지식이 없는 일반인들이 제대로 이해할 수 있도록 최신의 연구들을 잘 정리해 놓은 책은 그리 많지 않다. 게다가 기존의 서적들은 불안장애를 겪는 사람들만을 대상으로 하여, 그들에게 중요한 사항을 나열하는 데 주력한 것들이 대부분이다. 하지만 우리가 잘 알고 있듯이 불안장애의 여파는 당사자에게만 국한되지 않는다. 가족과 가까운 친구, 지인 등 주변 사람들이 다양한 모양으로 연루된다. 옆에서 지켜보며 마음까지 힘겨워지는 것은 둘째치고, 일상에서 이런저런 행동과 조언으로 당사자들을 도와줘야 하기 때문이다.

그러나 지금까지 불안장애를 다룬 책들에서는 주변인들의 형편은 그다지 주목의 대상이 되지 않았다. 불안장애를 가진 이들을 가족들이 어떻게 의미 있게 도울 수 있을지 실제적인 조언들을 찾기가 힘들었다. 하지만 우리의 경험상 이 부분을 다루는 것은 매우 중요하다. 이런 정보가 불안장애에 시달리는 사람들뿐 아니라, 그들의 가족과 친구들이 일상을 더 수월하게 살아내는 데 도움이 되기 때문이다.

우리는 이 책에서 불안장애를 가진 당사자들과 주변 사람들에게 우선 불안장애가 무엇이며, '정상적인' 불안과 '병리적인' 불안이 어떻게 다른지를 알려주고자 한다. 그리고 각각의 불안장애와 그 특성들, 불안장애를 유발하는 가장 중요한 요인들을 알려주고자 한다.

이어 불안장애에 어떻게 대처할 것인가, 즉 가능한 치료법이 무엇인가 하는 중요한 궁금증에 답하여, 효과적인 약물 및 심리치료 전략들을 소개하고자 한다. 학문적으로 효과가 입증되었을 뿐 아니라, 임상에서 널리 활용되고 치료 가이드라인으로 추천되는 방법들을 소개하고, 아직 임상에서 표준적으로 활용되지는 않지만, 연구 차원에서 효과적인 것으로 입증되었기에 보완적으로 활용할 수 있는 혁신적인 방법들도 살펴볼 것이다. 무엇보다 당사자와 주변 사람들이 불안장애를 잘 이해하고, 대처할 수 있도록 유용한 정보를 제공하고자 한다.

우리는 뮌헨에 있는 막스플랑크 정신의학연구소 및 베를린 샤리테대학병원에서의 오랜 연구와 임상 활동을 바탕으로 이 책을 집필했다. 불안장애와 관련하여 심리치료, 스트레스 호르몬 시스템, 뇌 활동 영역에 중점을 두고 연구를 진행해 왔으며, 다양한 신체 활동이 불안장애에 얼마나 치료 효과를 보이는지에 대해서는 수년 전부터 집중적으로 파고들고 있다. 그리고 이런 연구에서 얻은 결과들과 다른 연구자들과의 활발한 교류를 통해 최근의 치료 경향을 조망하고, 이를 임상에서 적절히 고려하고 있다.

진료 시간에 우리는 매일같이 불안장애에 시달리는 사람들, 그들의 가족이나 친구들과 대화를 나눈다. 그러는 과정에서 불안장애 치료에서 어떤 점이 꼭 필요하고 아쉬운지, 당사자와 주변 사람들은 어떤 점들을 잘 알지 못하거나 추측만 하는지, 그리고 어떤 말로 설명을 해야 사람들이 불안장애와 관련한 복잡한 상황을 제대로 이해할 수 있을지를 알 수 있었다.

물론 이 책이 전문적인 진단이나 치료, 개인적인 상담을 대신해 줄 수는 없다. 하지만 독자들은 자신이나 혹은 자신의 가족이 시달리는 불안장애가 무엇이며, 어떻게 치료해야 하는지, 그리고 불안장애에 시달리는 다른 사람들과 그들의 가족들은 어떻게 지내는지를 알 수 있을 것이다.

정말 감사하게도 우리와 만나는 불안장애 환자들과 그들의 가족 중 일부가 이 책을 위해 개인적인 이야기를 기꺼이 나누어주었다. 그들의 나눔을 통해 이 책은 이론과 실상을 적절히 아우를 수 있었고, 취지를 살려 '불안 시스템'을 포괄적으로 다룰 수 있었다. 그리하여 이 책에서는 불안장애를 직접 겪는 사람들뿐 아니라 그들의 가족들이 불안장애의 증상을 이야기하고, 거기서 비롯되는 도전과 변화, 여러 치료와 관련한 개인적인 경험을 보고하게 될 것이다.

이 자리를 빌려 필립 & 루카스 아우어, 바바라 & 율리아 슈미트, 니나 브롬 & 크리스티안 립셔, 장 & 클라우디아 피셔, 한나 & 크리스토프 슈탐에게 다시 한번 심심한 감사를 전한다!

개인 사례 소개에서는 일부러 시스템적 측면들이 중요한 역할을 하는 복합적인 사례를 선택했다. 이런 사례들은 불안장애가 모든 당사자에게 얼마나 큰 어려움으로 다가오는지를 여실히 보여줄 것이다. 물론 실제 임상에서는 당사자들이 더 빠르게 적합한 치료를 찾아 더 수월한 진전을 보이는 경우들도 있다.

이 책에 실린 개인적인 보고를 통해 불안장애에 시달리는 사람들과 그 외 모든 독자가 병리적인 불안이 그리 이상한 것이 아니며 절대로 '미친 것'이 아님을 이해할 수 있기를 바란다.

병리적 불안은 모두에게 닥칠 수 있는 성격의 것이다. 당사자들이 스스로를 낙인찍는 대신, 주변에 스스로를 개방하고, 필요한 경우 전문적인 도움을 구하는 데 이런 인식은 굉장히 중요하다. 불안장애 역시 대부분의 질병들처럼 조기에 조치를 취하면 훨씬 더 예후가 좋기 때문이다. 물론 불안장애에 시달린 지 꽤 오래되었다고 해도 적극적으로 도움을 구해야 할 것이다.

불안에 대처하는 법

이 책을 통해 불안장애에 시달리는 사람들과 공간적, 감정적으로 가까운 이들이 당사자들과의 관계를 재정립하고, 궁금한 점들을 해결하여 다 같이 삶의 질을 높이는 방향으로 나아갈 수 있다면 정말 기쁘겠다.

안드레아스 슈트뢸레 & 옌스 플라그

1장

불안은 원래 정상적인 것이다

모든 사람은 불안하다. 그리고 이것은 좋은 일이다! 불안이 대대로 생존을 보장해 주는 중요한 기능을 해왔기 때문이다. 불안과 두려움은 유전적으로 인간의 내면 깊숙한 곳에 심겨져 있으며, 그 근원은 원시 인류에게로 거슬러 올라간다. 우리 조상들이 검치호랑이를 무서워하지 않았거나, 길을 건너다 트럭에 치일까 봐 걱정하지 않았다면 우리는 이 책을 쓸 수도, 읽을 수도 없었을 것이다.

**Keine
Panik
vor der
Angst!**

생존을
위해

필요한 반응

구체적인 위협 속에서 급격히 불안이 밀려오는 경우 우리는 그것을 '공포'라 칭한다. 이때 우리는 상당히 무섭고 조마조마하고 옥죄이는 기분이 된다.('불안Angst'이라는 단어는 '조바심', '곤경'을 뜻하는 라틴어 '안구스티아angustia'와 관계있다.) 심장 박동이 빨라지고, 호흡수가 증가하며, 근육이 긴장된다. 이렇듯 불안감은 신체 현상과도 떼려야 뗄 수 없다.

나아가 불안이 유발하는 알람 반응은 신경전달물질과 호르몬을 분비시켜 체내에서 복잡한 생물학적 과정이 작동되게끔 한다. 그리하여 우리는 두려움이 엄습할 때 집중력과 신체 능력을 극도로 발휘할 수 있다. 위험을 인식하고 젖 먹던 힘까지 끌어모아 신속하게 대응할 수 있는 것이다. 우리는 위협적인 도전에 직면하여 '싸우든가', 스스로를 보호하기 위해 '도망가든가' 한다. 이 과정을 '투쟁-도피 반응'이라 한다.

　다시 말해 불안 반응은 모든 인간에게 내재되어 있고, 상황에 따라 이런 반응들이 활성화된다. 공격 등으로 목숨이 위험해서 즉각적인 반응이 필요한 경우, 직접적인 알람 반응으로 이어져 싸우든가 도망하든가 하는 것이다. 반면 위험 상황에 미리 대비하거나 예측하는 것이 중요한 경우에는 상황적situative 두려움이 생겨난다. 가령 위험한 동물과 마주치지 않을까, 부상당하지 않을까 미리 두려워하고 살피는 것이다. 인간은 사회적 존재이고, 생존을 위해서는 다른 사람들과 더불어 살아야 하므로 고립에 대한 두려움도 원초적 불안에 속한다. 그러다 보니 사회적으로 창피를 당하거나 거절당하여 고립되지 않을까 하는 두려움도 생겨날 수 있다. 아울러 성취에 대한 두려움은 시험 대비를 하거나 성취 능력을 고취시키는 데 유용할 수 있다.

───────────── 예방 도구로서의 역할

　　　　두려움은 즉각적인 반응일 뿐만 아니라 미래 지향적일 수도 있다. 이런 경우 두려움이 걱정의 형태로 나타나 미리미리 예방하여 조치를 취하게끔 작용한다. 우리는 일어날 수 있는 위험을 미리 떠올리고, 이에 대비한다. 모두가 개인적으로,

직업적으로 걱정거리들을 안고 있다. 이런저런 결정들이 내 삶에, 나의 파트너 관계와 친구 관계에 어떤 영향을 미칠까? 다음 주에 입사하는 새로운 동료와 원만하게 잘 지낼 수 있을까? 3주간 홀로 아마존으로 여행을 떠나고 싶은데, 어떤 위험을 무릅써야 할까? 여행을 잘 마치면 나는 얼마나 성장해 있을까? 이러한 각종 질문들이 걱정의 형태로 우리를 사로잡는다. 따라서 이런 의미에서의 걱정은 예방을 의미할 수도 있다. 걱정은 가능성들을 생각하고 서로 견주게 함으로써 자기 자신과 다른 사람들을 위해 최선의 안전을 도모하게 한다.

따라서 불안해하고 두려워하는 능력은 굉장히 유용하며, 정상적이고 중요한 반응이다. 실제로 거의 모든 사람에게서 공통적으로 나타나는 몇몇 불안 증상은 진화에 뿌리를 두고 있다. 낯을 가리고 부모와 떨어지는 것을 극도로 싫어하는 분리불안도 그중 하나다. 분리불안은 모든 아이들에게서 생후 8개월 정도에 나타나고, 세 살 정도에 다시금 나타난다. (야생) 동물을 무서워하거나, 높은 곳, 좁은 곳, 넓은 곳처럼 잠재적으로 위험한 상황을 두려워하는 것도 진화적 뿌리를 가진 것으로 보이며, 이런 잠재적 두려움은 특정공포증으로 발전할 수도 있다.

사람마다 두려움이 서로 다른 정도로 나타나는 것 역시 진화적으로 의미가 있다. 대범하거나 용감한 사람들은 새로운 것을 발견하고 시도하는 한편, 소심한 사람들은 안전에 신경을 쓰고 후손들을 돌보기 때문이다. 그리하여 이렇듯 상황과 필요에 따라 다양한 반응을 보이는 사람들이 무리를 이루며 살게 되었다. 소심한 사람들만 모여 있었다면 모두가 얼마 안 가 굶어죽고 말았을 테고, 전혀 소심하지 않고 용감한 사람들끼리만 무리를 이루었다면 야생 동물에게 금방 잡아먹히고 말았을 것이다.

학습한
두려움이

강화되기까지

대부분의 불안은 사람에 따라 그 종류와 정도에서 다양한 양상으로 나타난다. 최근 몇십 년간 사람이 살아오면서 축적한 다양한 경험들, 그와 연결된 학습 과정이 불안에 중요한 역할을 한다는 게 여러 연구를 통해 명확히 드러났다.

불안을 학습하는 과정은 '조건화'와 '관찰 학습'의 형태를 띤다. 이 중 '조건화'는 고전적 조건화와 조작적 조건화로 나누어 설명할 수 있다. 학습 과정과 관련한 이런 개념들을 여기에서 차근차근 살펴보기로 하자.

학창 시절 생물 시간에 고전적 조건화를 배웠을 것이다. 고전적 조건화는 1911년경 러시아 과학자 이반 페트로비치 파블로프가 실험 중에 발견한 것이다. 파블로프는 자신의 개가 먹을 것이 생길 때마다 기대감에 침 분비가 증가하는 것을 관찰하고는, 실험 차원에서 개에게 먹을 것을 주기 직전에 꼭 종을 쳤다. 그러다 얼마 뒤에는 종만 치고 먹을 것을 주지 않는데도 종소리를 듣고 개가 침을 분비한다는 것을 확인했다. 종을 치면 먹이가 나온다는 것을 학습한 개가 종소리만으로도 먹는 것과 연관된 반응을 보였던 것이다.

인간도 마찬가지다. 고소공포증을 가진 사람에게서도 비슷한 현상을 관찰할 수 있다. 어떤 사람이 탑에 올라갔는데 탑에 머무르는 동안 불쾌한 상황을 경험했다고 하자. 불쾌한 경험이라고 해서 무슨 사고를 당할 뻔한 일이 있었던 건 아니다. 탑 위에서 어지럽거나 속이 안 좋은 증상을 느끼는 것으로 충분하다. 이런 증상은 높이 올라간 상황과는 관계없이 그저 피곤하거나 소화가 안 된 탓이었을 확률이 크다. 피곤하거나 소화가 안 되어 어지럽거나 메스꺼운 증상은 탑에 올라가기 전에도 살짝 있었을 테지만, 높이 올라간 스트레스로 인해 강화되었다. 높은 곳에 올라간 상황은 모든 사람에게 다소 스트레스로 의식되기 때문이다. 그럼에도 보통은 스트레스를 잘 극복할 수 있지만, 높이 올라간 상황에서 어지러움이나 메스꺼움이 느껴지면 공포 반응이 생겨난다. 당사자가 여기서 떨어지거나 추락하면 어쩌나 하고 이미 불안해하고 있었기 때문이다.

특수한 조건(메스꺼움이나 어지러움 등 스트레스에 대한 민감성이 증가된 상태) 아래 아주 특수한 상황(A도시의 X탑)에서 경험한 공포는 그 뒤 일반적으로 '높은 곳'과 연결된다. 자동적으로 학습 과정이 작동되어 이런 상황에서의 공포가 높은 곳과 관련이 있는 다른 상황으로도 옮겨가는 것이다.

그리하여 그 뒤로는 높은 탑이나 산 같은 곳을 오를 때, 높은 곳에 설치된 흔들다리를 건널 때 공포 반응이 일어나며, 때로는 생각만 해도 두려움이 느껴진다. 파블로프의 개에게 비유하자면 'A도시의 X탑'에서 경험했던 최초의 불안 발작은 '먹을 것'에 해당하고, 높이 올라가야 하는 다른 상황이나 그런 상황에 대한 상상은 '종소리'에 비견된다. 'A도시의 X탑'과 관계가 전혀 없는 상황인데도 공포 반응이 유발되는 것이다.

독자들은 이렇게 이의를 제기할지도 모른다.

"아니, 파블로프는 반응이 조건화될 때까지 한동안 계속 종을 쳤잖아요. 하지만 위에서 예로 든 사람은 특수한 조건에서의 일회적인 공포의 경험이 고소공포증을 유발하기 충분했단 말이죠. 어떻게 된 거죠?"

이 경우는 일회적인 경험이기는 하지만 특히나 강한 감정이 동반되었기 때문이다. 연구에 따르면 공포와 불안이(또는 기쁨이나 슬픔이) 강할수록 학습이 더 빨리 이루어진다. 어떤 사건이 맨 처음 그런 공포를 갖게 한 촉발점이 되었는지조차 의식하지 못하는 경우도 있다. 이런 점을 일단 염두에 두고, 이 책의 다른 부분에서 다시 살펴보기로 하자.

○──────── 관찰과 모방으로 학습하는 두려움

　　　　　　　불안과 관련한 또 다른 중요한 학습 메커니즘은 관찰이나 모방을 통해 배우는 것이다. 학문적으로 이런 메커니즘은 1970년대에 최초로 확인됐다. 관찰과 모방을 통한 학습은 태어나자마자 애착 대상들을 관찰하면서 시작된다. 엄마나 다른 가족들이 여러 가지 상황에서 어떻게 행동하는가? 가족들이 특정 사건이나 다른 사람들에게 어떻게 반응하는가? 대부분의 사람들은 우선 부모, 조부모, 형제자매들의 행동을 보고 배우며, 나중에는 친구들이나 낯선 사람들을 보고 배운다.

　이런 학습은 아주 오랜 기간 상당히 무비판적으로 일어난다. 유아기에는 자신들이 관찰한 반응이나 행동 방식이 맞는 것인지 비판적으로 물을 능력이 아직 없기 때문이다. 그리하여 관찰한 행동을 자신의 평가 및 행동 레퍼토리로 받아들이며, 종종은 그렇게 따라 해도 별문제는 없다. 하지만 가까운 사람들이 높은 곳이나 거미나 다른 동물들을 무서워하는 것을 오랫동안 보아온 경우, 부지불식중에 자신도 그와 같은 공포를 갖게 될 수 있다. 엄마가 거미에 대해 공포 반응을 보이는 경우 아이도 거미를 무서워하는 것은 아주 자연스런 일이다.

두려움과 불안은 고전적 조건화나 모방, 관찰을 통해서 습득될 뿐 아니라, '조작적 조건화'를 통해서도 학습된다. 조작적 조건화는 무엇보다 이미 갖게 된 불안을 유지시키는 역할을 한다. 어떤 행동이나 반응이 계속 유지되는 이유는 무엇일까? 그 이유를 최초로 기술한 사람은 1930년대 미국의 심리학자 벌허스 프레더릭 스키너Burrhus Frederic Skinner였다. 스키너에 따르면 사람은 보상이나 이익 같은 긍정적인 결과를 기대할 수 있는 행동을 더 자주 수행한다. 이것이 바로 '긍정적인 강화'다. 동시에 처벌이나 손실과 같은 부정적인 결과를 회피하려는 행동도 증가하는데, 이를 '부정적인 강화'라고 한다. 사람들은 두려움이나 불안과 관련해서도 부정적인 결과인 '공포 반응'을 막을 수 있는 행동을 더 많이 하게 된다. 그렇게 행동함으로써 긍정적인 결과, 즉 '두려움의 부재'가 도출되게끔 하는 것이다.

구체적인 예로 말하자면 고전적 조건화의 맥락에서 탑에 올라갔다가 부정적인 경험을 하는 바람에 고소공포증이 생긴 사람은 부정적인 강화로 말미암아 고소공포증을 느낄 만한 상황들을 피하는 경향이 생긴다. 그리하여 휴가 중에 나머지 가족들은 다 산이나 에펠탑에 올라가는데, 본인은 그냥 호텔방이나 노천카페에서 시간을 보내기를 원할 것이다. 하지만 이런 회피행동으로 인해 이전의 경험을 교정할 기회가 차단된다. 즉, 전에 특수한 조건에서 A도시의 X탑에 올라갔을 때 나타났던 공포가 산이나 에펠탑에서는 나타나지 않는다는 것을 경험할 수가 없는 것이다. 따라서 Y탑에서 멋진 경험을 하지 못한 채, 회피행동을 통해 불안이 계속 유지되고 강화된다. 이렇듯 고전적 조건화나 관찰 학습이 조작적 조건화와 맞물리는 것을 '불안의 2단계 모델'이라 한다.

불안에 대처하는 법

불안을
부추기는

공포 네트워크

이제 불안에 중요한 역할을 하는 우리 몸과 뇌의 메커니즘을 간략히 정리해 보고자 한다. 여기서 기술되는 학습 과정은 심리적 차원뿐 아니라 불안의 학습에 관여하는 뇌의 특정한 구조를 통해 생물학적 차원에서도 나타난다. 뇌에서 중요한 역할을 수행하는 것은 아몬드 모양으로 생긴 '편도체Amygdala'다. 편도체는 뇌 양반구의 중간쯤에 하나씩 존재한다. 수많은 연구에서 편도체는 관찰 학습뿐 아니라 고전적 조건화에서도 두려움을 학습하는 동안 강하게 활성화된다는 것을 보여주었다. 이미 알고 있는 위험과 위협에 대한 공포 반응을 보일 때도 마찬가지다. 그래서 편도체를 '공포 중추'라고도 부른다.

뇌의 공포 네트워크

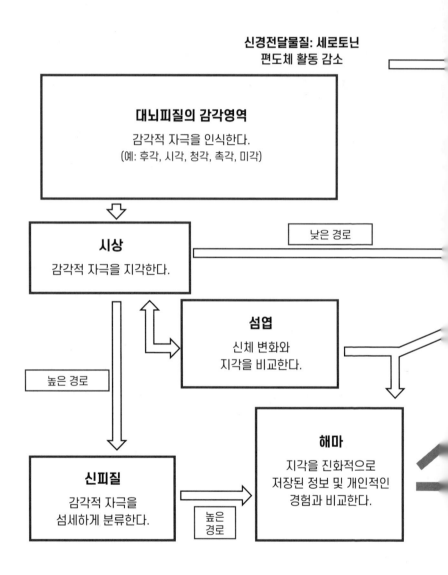

신경전달물질: 세로토닌
편도체 활동 감소

대뇌피질의 감각영역

감각적 자극을 인식한다.
(예: 후각, 시각, 청각, 촉각, 미각)

시상

감각적 자극을 지각한다.

낮은 경로

섬엽

신체 변화와
지각을 비교한다.

높은 경로

신피질

감각적 자극을
섬세하게 분류한다.

높은
경로

해마

지각을 진화적으로
저장된 정보 및 개인적인
경험과 비교한다.

▶ 이어지는 뇌 영역을 활성화하는 효과
▷ 이어지는 뇌 영역을 억제하는 효과

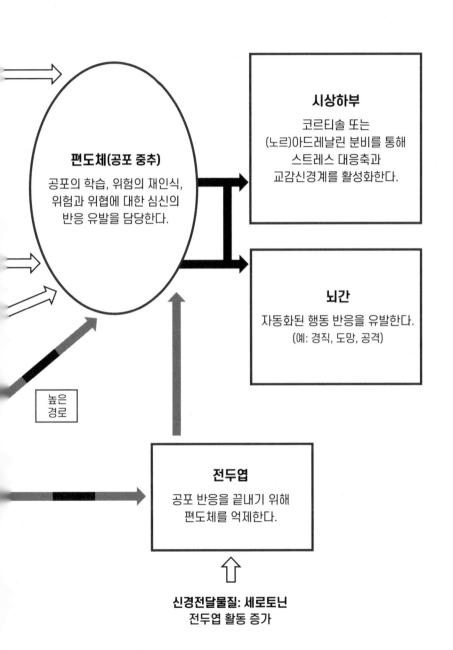

시상하부

코르티솔 또는
(노르)아드레날린 분비를 통해
스트레스 대응축과
교감신경계를 활성화한다.

편도체(공포 중추)

공포의 학습, 위험의 재인식,
위험과 위협에 대한 심신의
반응 유발을 담당한다.

뇌간

자동화된 행동 반응을 유발한다.
(예: 경직, 도망, 공격)

높은
경로

전두엽

공포 반응을 끝내기 위해
편도체를 억제한다.

신경전달물질: 세로토닌
전두엽 활동 증가

편도체를 둘러싸고 공포 반응에 중요한 역할을 하는 다른 뇌 구조들도 있다. 시상, 시상하부, 해마, 섬엽 같은 다른 영역들이 중요한 역할을 한다. 이들은 편도체와 함께 뇌의 '공포 네트워크fear network'를 만들어낸다.

공포 네트워크를 이루는 각 요소의 기능은 잠재적 위험으로 알려진 자극에 대해 공포 반응이 전개되는 것에서 확연히 드러난다. 감각적 인상, 즉 시각, 후각, 청각, 미각, 촉각을 가장 먼저 처리하는 뇌 영역들은 이 정보를 우선 시상으로 전달한다. 시상에서는 감각적 자극(가령 큰 소리로 폭발을 한다든지, 갑자기 등장하는 그림자라든지, 코를 찌르는 냄새나 통증)이 지각된다.

그런 다음 이런 위험을 예전의 경험이나 이미 존재하는 정보와 비교하고, 만일의 경우 위험에 즉각 반응할 수 있게끔 '낮은 경로low route'를 통해 부리나케 편도체가 활성화된다. 그리고 그리로 가는 길에 섬엽에서 신체의 변화 등 위험에 상응하는 다른 변화들이 나타나는지를 평가한다. 뜨거운 느낌과 땀이 코를 찌르는 냄새와 합쳐지면 화재를 감지할 수 있고, 혈압의 변화와 동시에 가슴 통증이 나타나면 심근경색을 감지할 수 있다.

○───────── 편도체의 역할

위협이나 위험이 감지되면 편도체는 시상하부와 뇌간을 활성화한다. 그러면 시상하부는 교감신경계를 작동시키며, 이를 통해 신경전달물질인 아드레날린과 노르아드레날린이 분비된다. 이런 신경전달물질은 각각의 신체 영역에 서로 다른 영향을 미치며, 불안 반응의 전형적인 신체 증상을 유발한다.

- 기관지가 확장되어 호흡량이 늘어난다. 그리하여 혈액에 산소가 더 많이 적재되게끔 한다.
- 심박수가 증가(아드레날린 러시)하고 혈관이 협착된다. 이로 말미암아 혈압이 올라가 혈액순환이 개선되고, 근육에 산소 공급이 더 잘된다.
- 혈류가 근육에는 유리하고 뇌에는 불리하게 재분배된다. 근육의 성능이 향상된다.
- 동공이 확대되어 위험을 잘 인식할 수 있게 한다.
- 빠르게 에너지를 준비할 수 있도록 소화력이 향상된다.

시상하부는 교감신경계뿐만 아니라 소위 스트레스 대응축stress axis을 활성화시켜 부신피질에서 스트레스 호르몬인 코르티솔이 분비되도록 한다. 그러면 글루코스(포도당)가 더 많이 만들어지고 혈관으로 방출되어 근육과 뇌를 움직이는 데 필요한 에너지를 마련해 준다. 이 밖에도 코르티솔은 저장되어 있는 지방(배나 엉덩이 부위)을 더 분해되도록 하여 근육이 쓸 에너지를 마련한다.

편도체는 시상하부 외에 뇌간도 활성화한다. 뇌간은 경직, 도망, 공격, 혹은 '위험'에 초점을 맞춘 '터널 시야' 같은 자동화된 행동을 유발하고, 호흡수를 증가시킨다. 이렇듯 편도체는 시상하부와 뇌간을 활성화하여 불안 반응을 촉발함으로써 위험에 맞서거나(투쟁), 가능한 한 빨리 도망하게끔 하는 것이다(도피). 이것이 바로 이미 언급한 '투쟁-도피 반응'이다.

불안 반응이 일어나는 동안의 이 모든 신체적 변화로 말미암아 우리가 '불안' 하면 떠올리는 다음과 같은 증상들이 나타난다.

○ 심장박동이 빨라져 심장이 마구 두근거린다.
○ 혈압이 상승하고 혈액이 뇌에서 빠져나가 근육 쪽으로 재분배되면, 어지러울 수 있다.
○ 근육이 더 많이 일하면 떨림 증세가 나타날 수 있다.
○ 호흡이 빨라지면 과호흡으로 이어질 수 있다.
○ 소화가 빨라지면 메스꺼움과 설사 증세가 나타날 수 있다.
○ 노르아드레날린이 더 많이 작용하여 요의를 유발할 수 있다.
○ 위험에 초점을 맞추다 보면 나머지 세상이 '유리 덮개'가 씌워진 것처럼 실감 나지 않으며, '정신 줄을 놓아버린 듯한' 느낌이 난다. 소위 비현실감이나 이인증(자아에 대한 인식을 잃어버린 병적인 상태)이 생길 수 있다.

──────── 공포 반응 멈추기

공격이나 도피에 성공했다면, '만성 불안'에 마비되지 않게 공포 반응을 끝내야 한다. 이를 위해서는 전두엽이 중요한 역할을 한다. 전두엽은 뇌의 가장 앞쪽, 눈 바로 위에 있는 영역인데, 일반적으로 충동 제어를 담당한다. 우리가 모든 욕구를 즉각 좇지 않고, 경우에 따라 뒤로 미루거나 억제하게끔 하는 것이다. 이런 제어 능력은 더불어 살아가는 삶에 매우 중요하다. 불안 반응의 경우, 위험한 상황이 지나가자마자 전두엽이 편도체의 활동을 억제함으로써 심신의 불안 증상이 가라앉기 시작해 마침내 사라진다.

공포 네트워크의 '과민성'에 대처하기 위해서는 '낮은 경로'로 엄습하는 잘못된 경보를 얼른 멈추는 것이 중요하다. 이를 위해 '높은 경로high route'가 존재한다. 높은 경로는 대뇌피질 중 발생사적으로 젊은 영역에 해당하는 신피질과 해마를 거친다. 높은 경로는 낮은 경로와 평행하게 활성화되는 가운데 약간 시차를 두고 불안을 유발하는 정보를 더 자세히 분석한다. 특히 해마에서는 진화적으로 뿌리내렸거나, 과거의 개인적인 경험을 통해 획득한 기존 정보와의 비교 작업이 이루어진다.

폭발음을 총소리로, 매캐한 냄새를 타는 냄새로 확인하는 등 높은 경로를 통해서도 위험이 확인되면, '낮은 경로'에서 촉발된 공포 반응이 유지되고 경우에 따라 더욱 강화된다. 하지만 수상쩍게 다가왔던 그림자가 평소보다 일찍 퇴근한 배우자의 것이라든지 하여 두려움이 전혀 근거가 없는 것으로 드러나면, 빠른 공포 반응은 전두엽의 도움으로 제동이 걸리거나 종료되고, 그냥 놀란 기분만 남는다.

두려움을 가시화하는 연구

연구자들은 공포 네트워크의 활동을 자기공명영상(MRI) 촬영기로 가시화할 수 있다. MRI는 머리 주위에 자기장을 만들어내 영역별 뇌의 혈류를 측정할 수 있다. 모니터에 혈류가 색깔을 통해 서로 다른 등급으로 표시됨으로써 뇌 영역들의 활성화를 유추할 수 있다. 높은 혈류량은 해당 뇌 영역에 에너지 필요량이 많으며, 그 영역의 활동이 증가했음을 보여준다. 반면 낮은 혈류량은 에너지 필요량이 낮으며, 그 영역이 별로 활동하고 있지 않음을 보여준다.

신경전달물질들은 공포 네트워크의 활성화뿐 아니라, 조절 작용에도 중요한 역할을 한다. 특히 세로토닌은 불안을 감소시키는 데 중요한 역할을 한다. 종종 '행복 호르몬'이라는 약간 왜곡된 이름으로 불리는 이 세로토닌은 뇌나 장 점막의 특정 세포에서 생성된다. 혈액 속을 순환하며 주로 혈액응고 조절에 기여하지만, 뇌 속의 세로토닌은 감정 네트워크, 즉 '림빅 시스템limbic system' 안에서 감정과 스트레스 조절에 중요한 역할을 한다.

세로토닌은 편도체의 활동을 억제하고 전두엽의 활동을 증가시킬 수도 있다. 그래서 공포 네트워크가 활성화된 뒤 다시 '정상

불안에 대처하는 법

상태'로 복귀하고, 제동이 풀리거나 과민해져 있지 않게끔 한다. 이를 위해 세로토닌은 공포 네트워크에 속한 신경세포들 표면의 특수한 구조와 결합한다. 다시 말하면, 편도체와 전두엽의 세로토닌 수용체와 결합하는 것이다. 이것은 '열쇠-자물쇠' 원리에 따라 기능한다. 문을 열려면 자물쇠에 맞는 열쇠가 필요한 것처럼, 세로토닌 분자만이 세로토닌 수용체에 결합하여, 수용체를 활성화시킨다. 이를 통해 편도체와 전두엽의 세포 내 과정이 작동되고, 이 과정들이 세포의 활동을 변화시키며, 이것이 행동의 변화로 이어진다. 이런 배경을 알아야 불안장애에서 세로토닌 농도를 증가시키는 약물을 투여하는 이유를 이해할 수 있다(자세한 내용은 4장을 참조하라.).

세로토닌 외에 몇몇 다른 신경전달물질도 공포 네트워크의 신경세포 내 활동을 변화시킨다. 특히 줄여서 GABA라 부르는 감마-아미노뷰티르산과 글루탐산이 그런 역할을 한다. GABA는 신경세포의 활동을 가장 많이 억제하는 뇌 속 신경전달물질이며, 글루탐산은 세포의 활동을 가장 많이 자극하거나 증가시키는 신경전달물질이다. 두 신경전달물질 모두 세로토닌의 경우처럼 그들만이 결합할 수 있는 세포 표면의 특정 수용체를 통해 기능한다.

다만 GABA와 글루탐산은 세로토닌과는 달리 뇌의 전반적인 영역에서 작용하여 때로는 억제 효과를, 때로는 활성 효과를 낸다. 맛없는 음식에 뿌리면 입맛을 돋우는 감미료 성분으로서의 글루탐산에 대해 들어본 적이 있을 것이다. 입맛을 돋우는 역할도 글루탐산이 신경세포를 자극하는 작용을 하기 때문이다.

신경세포에서의 신경전달물질의 작용

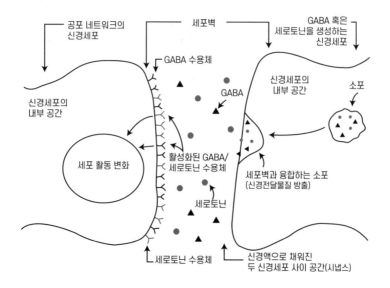

여기서 묘사한 체내의 과정은 불안을 유발하고, 지속시키고, 마무리하는 정교한 생물학적 시스템의 일부일 따름이다. 여기서는 주된 메커니즘만 기술했지만, 사실 이 과정은 훨씬 복잡하다. 다만 학술적으로 꼼꼼하게 기술하여 독자들을 지치게 만드는 것은 이 책이 의도하는 바가 아니므로, 이 책에서는 이 정도로 그치도록 하겠다.

불안에 대처하는 법

불안과
두려움이

문제가 될 때

불안과 두려움은 사람이 살아가는 데 아주 중요하고 자연스러운 것이지만, 사람을 힘들게 할 수도 있다. 원래는 전혀 무서울 게 없는 상황이나 대상을 두려워하여 공포 네트워크가 활성화될 때, 불안과 두려움은 문제가 된다. 불안을 유발하는 요인에 비해 불안 반응이 크게 나타날 때도 그러하다. 이를 위해 세 가지 예를 들어보자.

누군가가 비둘기만 보면 너무나 무서워한다고 하자. 비둘기 공포증은 대부분 근거가 없는 것이다. 인간이 비둘기의 먹이사슬에 속해 있지도 않고, 게다가 비둘기는 공격성이 별로 없기 때문에 '비둘기의 공격'을 받을 리도 없다는 건 자명한 사실이다. 설사 비둘기가 공격한다 해도 보통 사람이라면 신체적으로 비둘기보다 훨씬 우세하므로 단박에 물리칠 수 있을 것이다. 그럼에도 비둘기 공포에 시달리는 사람들은 의외로 많다.

(특정 종의) 개를 무서워하는 건 이해할 수 있는 일이다. 무엇보다 그 개가 유명한 사냥견인 데다 이미 200미터 떨어진 곳에서부터 미친 듯이 짖으면서 달려오는데, 목줄도 매지 않고 주인도 보이지 않는다면 말이다. 그러나 한눈에 봐도 늙어서 쇠약해 보이는 데다, 동네 아이들조차 곧잘 쓰다듬어 주곤 하는, 이웃집의 순한 닥스훈트 강아지마저도 너무나 무서워한다면, 그런 두려움은 정말 근거가 없는 것이다.

두려움뿐만 아니라 걱정도 지나칠 수 있다. 건강에 유의하고, 혹시 있을지도 모르는 질병 증상을 지각하고 관찰하는 것은 좋은 일이다. 하지만 어떤 사람들은 하지 않던 운동을 한 뒤 근육이 떨리는 걸 느끼거나, 하루에 커피 다섯 잔을 마신 뒤 혈압이 좀 높게 나온 것 같은 별것 아닌 당연한 신체 증상에 가슴이 서늘해져서 엄청 걱정을 한다. 언론에서 질병에 대한 보도가 나오거나, 지인 중에서 누군가 병에 걸렸다는 소식을 들으면 자신도 그런 질병에 걸리지 않을까 큰 걱정을 하는 사람들도 있다.

우리는 이 자리에서 독자들의 불안이나 두려움을 판단하거나 그런 불안과 두려움이 기본적으로 근거가 없는 것이라고 폄하하고 싶지는 않다. 그보다는 불안과 두려움을 감정적, 이성적으로 이해하고, 그것을 통제할 기회들을 만들어나가는 것이 중요하다.

하지만 어떤 불안과 두려움이 과도하거나 근거가 없어 보인다고 해서 그런 불안과 두려움을 병적인 것이라고, 즉 병리적인 것이라고 말할 수는 없다. 질병을 분류하고 정의하는 일에 세계적인 권위를 가진 세계보건기구who의 전문가들은 불안과 두려움을 이야기할 때 늘 당사자의 사회문화적인 배경을 고려해야 함을 지적한다. 가령 한국과 일본 같은 집단주의적 문화권에서 종종 나타나는 두려움이 좋은 예다. 집단주의 사회에서는 자신의 행동 때문에 다른 사람들에게 누가 되거나, 다른 사람들을 당혹스럽게 하거나 불편하게 할까 봐 엄청 신경을 쓴다.

반면 이런 불안은 서구와 같은 개인주의 사회에서는 별로 문제가 되지 않는다. 개인주의 문화에서는 오히려 자신이 피해를 보거나 체면이 깎일까 봐 걱정을 한다. 또한 자연종교를 믿는 사람들은 곧잘 자신의 잘못된 행동으로 인해 신과 같은 높은 존재가 질병이나 재앙 같은 벌을 내리지 않을까 두려워하는 모습을 보인다. 이 두 경우(집단주의와 자연종교) 불안은 특수한 사회문화적 요인으로 거슬러 올라간다. 그래서 이런 식의 불안과 두려움이 아무리 말도 안 되는 것 같아 보여도 '병적인' 것이라 치부할 수는 없다.

세계보건기구의 유효한 분류 체계에 따라, 불안이나 공포 반응이 '병적인 것'이 되려면, 언제나 '심리·사회적 고통 내지 피해'로 이어져야 한다. 중요한 것은 당사자가 자신의 불안과 공포로 인해 감정적으로 '고통'을 당하느냐 하는 것이다. 즉, 기분이 안 좋아진다거나, 두려움으로 아주 예민해진다거나, 울음을 터뜨린다거나, 정신 건강이 일반적으로 나빠진다거나 하는 식이다.

불안과 두려움으로 인한 '피해' 역시 불안장애의 중요한 특징이다. 어두워지고 나서 개와 마주칠까 봐 더 이상 저녁에 친구들과 약속을 잡지 못하는 사람이 있다. 또는 자신의 여자 친구처럼 다발경화증에 걸릴까 봐 걱정이 된 나머지, 밤에 다발경화증에 대해 찾아보는 등 불안해서 잠을 이루지 못하고, 이 때문에 극도로 피로해져서 낮 동안에 자신의 직장에서 일을 제대로 해내지 못하는 사람도 있다.

따라서 두려움이나 공포를 유발하는 트리거(방아쇠)와 관련하여 두려움이 '부적절할 정도로' 너무 크게, 혹은 너무 자주 나타나서 당사자가 굉장히 시달리거나 생활에 피해를 입을 때 불안장애라고 할 수 있다.

○─────────── 어느 때 치료가 필요할까

불안 증상을 치료할 필요가 있을지를 판단하는 중요한 시금석은 바로 당사자가 당하는 고통이나 피해다. 세계보건기구 분류 체계는 정신 질환이 (종류와 무관하게) 당사자나 주변 사람들에게 직접적인 고통이나 피해를 안겨준다면 적극적인 치료를 해야 한다고 강조한다. 물론 불안장애로 인해 본인이나 가족이 아닌 주변 사람들이 당하는 고통은 다른 정신 질환들에 비하면 그리 직접적이지 않을 것이다. 그럼에도 불안장애에 시달리는 사람의 주변인들은 간접적으로 함께 고통받거나, 삶의 제한을 받으며, 경우에 따라서는 상당히 큰 영향을 받는다.

주변에 미치는 스트레스나 피해가 다른 정신 질환에 비해 크지 않다 하여도, 중요한 점은 당사자가 당하는 고통이나 피해를 기준으로 평가를 해야 한다는 사실이다. 당사자가 힘들어하는 경우 학문적으로 입증된 방법으로 치료를 해야 한다. 하지만 불안이나 두려움이 과도하다고 해도 당사자가 고통스러워하거나 피해로 느끼지 않는 이상 (억지로) 치료할 필요는 없다. 가령 어떤 사람이 호주의 거미를 굉장히 무서워하는데, 어차피 호주로 여행 가고 싶지도 않고, 직업적으로 꼭 거기 갈 일도 없다면, 우선은 치료할 이유가 없다. 불안 증상이 있다는 것만으로 치료를 받을 충분한 이유가 되지는 않는다.

반대로, 누군가의 불안 증상이 주변 사람들에게는 그리 심각해 보이지 않아도, 당사자가 느끼기에 심적으로 고통스럽고, 어떤 식으로든 삶이 제한된다면 치료를 받아야 한다. "뭘 그런 걸 가지고 난리야?"라는 말은 통하지 않는다. 치료를 받고 싶은지, 그렇지 않은지는 당사자만이 결정할 수 있다. 주변에서 뒷받침해 주고 조언을 해줄 수는 있지만 당사자의 결정을 존중해야 한다.

2장

불안은 여러 가지 얼굴을 갖는다

불안장애는 수십 년 전부터 전 세계적으로 가장 흔한 심리 질환으로 자리매김해왔다. 대규모 연구에 따르면 2014년 기준으로 독일 인구의 약 15%가 불안장애에 시달리는 것으로 나타났다. 비교를 위해 말하자면, 같은 시기 우울증을 앓는인구는 7%였다. 이런 통계로 말미암아 대중은, 특히 언론은 불안장애라는 주제에 더 많은 관심을 갖게 되었다. 그래서인지 우리의 환자들이나 친구들, 지인들은 불안장애에 시달리는 사람들이 최근 부쩍 늘어난 것 같다고 말하곤 한다. 현대인이 점점 스트레스를 많이 받으니 그도 그럴 것이라고 말이다.

**Keine
Panik
vor der
Angst!**

아프다고
말하기가

쉽지 않다

실제로 스트레스는 불안장애가 생겨나고 지속되는 데 중심적인 역할을 한다. 이에 대해서는 3장에서 더 자세히 살펴보려고 한다. 늘 염두에 두어야 할 것은 스트레스는 상당히 주관적이라는 것이다. 사람마다 처한 상황이 다르고, 개인적인 지각도 다르므로 '체감 스트레스'는 본질적으로 차이가 난다. 스트레스가 전반적으로 증가하는 것처럼 보이긴 해도, 객관적으로 불안장애도 같이 증가한다는 근거는 없다. 또 몇십 년 전부터 심리 질환의 빈도에 대한 대규모 연구들이 이루어졌는데, 불안장애가 몇십 년 사이에 유의미하게 증가했다는 연구 결과도 없었다.

그럼에도 독일 샤리테병원의 상황을 보면 점점 더 많은 사람들이 불안장애로 말미암아 전문적인 도움을 구하고 있다는 것이 피부로 느껴진다. 불안장애를 연구하거나 임상적으로 치료하는 우리의 동료들 역시 이런 추세를 거듭 확인해 준다. 이것은 점점 많은 사람들이 예전처럼 불안 증상을 혼자서 감내하지 않고, 적극적으로 신경정신과 의사나 심리학자를 찾아 자신의 증상을 이야기하고 주변에도 알리고 있음을 보여준다.

이런 추세는 환영할 만한 것이다. 우리가 보기에는 언론에서 불안장애에 대해 자주 보도를 하고 연구자들과 의사들도 이런 심리 질환을 대중에게 알리는 작업을 지속적으로 해온 덕분인 듯하다. 이런 노력으로 말미암아 최근 불안장애에 대한 인식이 바뀌고 탈낙인화가 이루어지면서 사람들이 더 신속하게 치료에 임하고 있다. 그런 만큼 치료 결과는 지금도 좋지만 더 좋아질 수 있으리라 생각된다.

─────── 불안장애는 누구나 겪을 수 있다

그러나 한 가지 중요한 점은 바뀌지 않았다. 병원을 찾아오는 사람들을 보면 여전히 남성보다 여성이 많다는 것이다. 기존의 연구들 역시 불안장애의 종류를 막론하고 여성들이 남성들보다 불안장애에 시달릴 확률이 두 배로 높음을 보여준다. 심리 질환을 대하는 자세, 심리 질환에 대한 정보를 구하고 도움을 구하는 행동에서 남녀 차이가 크며, 불안장애 역시 그러리라는 점도 고려해야 할 것이다. 남성에 비해 여성은 심리 질환에 대해 터놓고 말하고, 자신의 불안 증상이 심리적인 원인에서 기인할 수 있다는 것을 받아들이며, 신경정신과 치료와 심리치료에도 더 적극적인 것으로 보인다.

이런 이유가 무엇인지는 지금도 계속 연구가 이루어지고 있지만 무엇보다 사회적 역할에 대한 시대착오적인 고정관념이 '강한 남성'으로 하여금 자신의 심리 질환을 '커밍아웃'하기 힘들게 만드는 것 같다.

그러나 불안장애는 성별과 상관없이 발생할 수 있을 뿐만 아니라 원칙적으로 연령과도 무관하다. 물론 종류에 따라 주로 아동기와 청소년기에 최초로 발병하는 불안장애도 있고, 40~50대에 나타날 수 있는 불안장애도 있다. 선택적 함구증selective mutism은 약 3세 이후의 어린아이들에게서 나타나는 경우가 많다. 특정공포증 역시 유년기에 이미 발생하는 경우가 많은데, 해당되는 특별한 상황이나 대상에 대한 부정적인 경험이 없이도 공포증이 생길 수 있다. 사회공포증은 청소년기에 들어 시작되는 빈도가 높은 반면, 공황장애와 광장공포증은 젊은 성인에게서 나타나는 편이다. 마지막으로, 범불안장애는 중년과 노년기에도 나타날 수 있다. 각각의 불안장애가 어떻게 차이를 보이는지는 앞으로 더 자세히 살펴보도록 하자.

진단의 토대가 되는 것은 세계보건기구의 분류 체계인 ICD-10이다. 이에 따르면 불안장애는 공포증인 것과 공포증이 아닌 것으로 나뉜다. 공포증의 경우는 거미, 개, 쥐 같은 특정 대상이나, 높은 곳, 좁은 곳, 넓은 곳, 사회적 평가, 혹은 도피 가능성이 없는 등의 특정 상황으로 말미암아 유발된다. 그리하여 고층 건물, 닫힌 공간, 넓은 거리, 강의를 듣거나 고속버스나 기차를 타야 하는 상황이 공포를 불러일으키는 방아쇠(트리거)가 될 수 있다.

반면 비공포적인 불안장애의 경우는 트리거가 되는 요인을 확인할 수 없거나, 최소한 그런 요인이 불분명하다. 여기서는 불안이 공황 발작으로 갑자기 나타나거나, 만성적인 걱정의 형태로 동반된다.

어떻게 유발되는가와는 상관없이 모든 불안장애는 당사자들에게 뚜렷한 고통과 피해를 안겨준다. 각각의 증상에서 비롯된 정신적인 스트레스 외에도 이런 고통을 피하기 위한 회피행동이나 안전을 도모하고자 하는 행동이 중심적인 역할을 한다. 불안장애를 가진 사람들은 자신들이 두려워하는 상황을 더 이상 겪고 싶어 하지 않으며, 도움 수단이나 특정한 전략을 빌려서만 그런 상황을 견딜 수가 있다. 그러다 보니 늘 다른 사람들과 동행해야 하거나, 안정제를 복용하거나, 여차하면 도움을 구할 수 있도록 잘 충전된 휴대전화를 주머니에 넣고 있어야 한다. 어떤 사람들은 음악을 듣거나 뭔가를 마시면서 주의를 돌려야 한다.

보통 어느 순간부터는 심장이 두근거리거나 땀이 나거나 어지럽거나 속이 메스꺼워지는 등 공포나 공황 증상을 유발하는 활동들을 피하게 된다. 그러다 보니 결국은 더 이상 신체 활동을 하거나, 운동을 하거나, 사우나에 가거나, 따뜻한 날씨에 야외에 있을 수 없는 경우가 많다. 불안장애는 이런 방식으로 행동반경을 무척 좁게 만들어 당사자들의 삶의 질을 대폭 떨어뜨릴 수 있다.

함께
고통받는

가족들

불안장애는 환자 본인뿐 아니라 주변 사람들에게도 많은 영향을 준다. 정도는 다르지만 가족과 친구들도 이런 심리 질환에 연루된다. 많은 환자들이 처음 병원을 방문할 때 배우자나 자녀, 남매 등과 같이 오는 것만 봐도 그 사실을 알 수 있다. 때로는 불안장애가 너무 심해서 더 이상 혼자서 외출을 하지 못하거나 먼 거리를 다니지 못할 수도 있는데, 이런 경우 당사자들은 자신에게 안정감을 주는 제3자의 도움에 의존해야 한다.

가족이나 친구들이 상담자나 의사에게 상의하거나 하소연하고 싶어 할 때도 많다. 이렇게 주변인들도 함께 힘들어하고 고통을 느낀다. 존경하거나 사랑하는 사람이 오랜 세월 알아오던 사람

불안에 대처하는 법

이 아니라는 사실 앞에서 어쩔 줄 몰라 한다. 자신감 넘치고, 밝고, 빠릿빠릿했던 예전의 그는 어디로 갔단 말인가.

불안장애에 시달리는 사람은 수동적이고, 위축되고, 종종은 슬퍼하는 모습을 보인다. 예전의 명랑하고 쾌활한 모습이 온데간데없어지면, 이를 지켜보는 가족과 친구들 역시 굉장히 힘들다. 가족과 친구들은 이런 상태를 변화시키기 위해 할 수 있는 모든 것을 하고자 한다. 하지만 당사자조차 자신의 질병을 제대로 알지 못하는 상황이라 대개는 속수무책이고 무력감을 느낀다. 그러다 보니 가족과 친구들도 상당히 고통스러워하며, 이 고통은 종종 당사자가 겪는 수준과 별반 다르지 않을 수 있다.

○───────── 불안장애에 대한 이해가 부족할 때

주변 사람들은 불안장애로 고통받는 사람들이 어떤 상황인지를 다 이해하지 못하기에, 때로는 몰이해적인 반응을 보이기도 한다. 이런 질병에 대해 전혀 아는 것이 없거나, 질병을 질병으로 인식하거나 인정하고 싶지 않을 때는 특히 그렇다. 주변 사람들은 종종 불안장애의 증상들을 폄하하거나 엄청 열을 내며 이성적인 말로 설득해 보려고 한다. 하지만 "뭐 그런 것 가지고 그래?"라든가 "정말 이해가 안 간다. 네가 두려워할 건 아무것도 없어!"라는 식의 말은 전혀 도움이 되지 않는다. 이런 태도는 장기적으로는 불안장애를 가진 사람을 지긋지긋하게 여기게 만든다. 불안장애를 가진 사람이 자신의 증상으로 말미암아 가족들을 번거롭게 하거나, 공동생활에 상당한 해를 초래할 때는 특히 더 불안해하고 화를 내기도 한다.

불안과 공포로 말미암아 안전을 도모하거나 뭔가를 회피하려 할 때 당사자들은 가족들의 도움을 받는 경우가 많다. 그들은 특정한 길을 혼자서는 갈 수 없거나, 믿을 수 있는 사람이 있어야만 몇몇 상황들을 감당할 수 있다. 친밀한 사람이 계속 함께하면서 그의 걱정을 잠재워 주고, 다시금 확신을 불러일으켜야 하는 것이다. 그러다 보면 가족들은 시간적으로, 정신적으로, 물리적으로 희생을 해야 하고, 이런 사정은 장기적으로는 스트레스와 부담으로 작용하기 마련이다. 질병에 대한 이해가 적을수록, 당사자들을 위해 시간을 내주기가 힘들수록, 가족들의 스트레스는 더 커진다.

주변의 도움과 가중되는 스트레스

불안장애를 가진 가족을 이해하고 보살피며, 뒷받침해 주고, 두루두루 도와 질병으로 인한 불편에 잘 대처할 수 있게 해주려고 애쓸 때 가족들이 겪는 스트레스와 부담은 정말 크다. 그러다 보니 가족들은 많은 경우 심신의 한계에 부딪힐 수밖에 없다. 자신을 돌보고 재충전하는 일을 늘 뒷전으로 두고 있기 때문이다.

가족들이 '번아웃 상태'에 빠지는 경우가 종종 있다. 번아웃에

불안에 대처하는 법

이르면 스트레스로 인한 정신적 질환이 생겨난다. 계속해서 '쳇바퀴'를 도는 느낌인 경우는 특히 그렇다. 오랫동안 불안장애에 시달리는 사람들을 위해 여러 가지 일을 해결하고 힘든 일을 도맡아 하며, 정신적으로 지지해 주고 안심시켜 왔는데도 다시금 불안 증세가 도지면, 가족들은 근본적으로 달라지는 것도 없고, 자신의 노력이 아무런 영향을 미치지 못한다는 느낌을 받는다. 헌신적인 노력에도 증상이 나아지지 않을 뿐 아니라, 오히려 더 악화되면 무기력하고 절망스럽게 여겨질 것이다.

불안장애를 가진 당사자도 질병으로 인해 가족이나 친구 관계에 변화가 생기는 것이 못내 안타까운 건 마찬가지다. 우리의 경험에 따르면 수치심도 중요한 역할을 한다. 깊어가는 질병으로 인해 생활이 자꾸 제한되면서 많은 환자들은 점점 무력해지는 자신을 발견한다. 그리고 보통은 이런 상황에서 자력으로 벗어나지 못한다. 전에는 꽤나 잘 통했던 메커니즘들이 점점 잘 통하지 않기 때문이다. 더 나아가 아무리 가까워도 주변에 도움을 청하거나, 도움을 받아들이는 것을 힘들어하는 사람들이 많다. 도움을 청하면 자신의 무기력한 형편을 생생하게 보여주기 때문이다. 그럼에도 어쩔 수 없이 도움을 받는 경우, 어느 순간 도와준 사람에게 빚진 기분이 든다.

당사자들은 자신을 돕는 가족들이 감정적, 물리적으로 상당한 수고를 감당하고 있음을 잘 알고 있다. 경우에 따라 가족들은 약속을 취소하거나 옮겨야 하며, 당사자를 위로하고 안심시키기 위해 누군가를 만나다 말고 일어서서 와야 하거나, 전화를 하다가

급하게 끊어야 한다. 때로는 출장이나 여행도 갈 수가 없다. 가족과 일시적으로라도 떨어져 있는 것에 대한 환자의 불안이 너무나 크기 때문이다. 가족들, 가령 자녀들이 그동안 자신을 키워준 부모에게 '은혜를 갚고자', 사랑하는 마음으로 기꺼이 감당하는 일이라고 누누이 말한다 해도, 당사자들은 가족들이 자신 때문에 피해를 보는 것으로 인해 차츰 적잖은 죄책감과 부담감을 느낀다. 그리고 이런 죄책감과 불안감은 불안 증상에서 비롯되는 심적인 스트레스를 다시 가중시켜서 우울증에 이르기도 한다.

많은 사람들이 자신의 불안증으로 인해 가족 관계, 특히 배우자와의 관계에 불균형이 생겼다고 이야기한다. '건강하던' 시절에는 동등한 눈높이에서 배우자와의 관계가 이루어졌다. 일상에서의 결정을 함께 내리고, 미래 계획도 함께 세웠다. 그런데 불안장애로 인한 제한으로 점점 수동적인 위치로 밀려난다는 느낌을 받는다. 이런 역할을 배우자가 그들에게 부여한 것인지, 아니면 (다분히 의식적으로) 스스로 그런 역할로 들어간 것인지 잘 분간할 수 없을 때가 많다. 어떤 이유로 그렇게 된 것인지와 상관없이 대부분은 이런 전개를 씁쓸해한다. 질병으로 자신감이 대폭 하락하고, 배우자와의 관계에서 자신의 필요를 이야기하고 관철시키는 것이 점점 어려워지는 상황이기에 더욱 그러하다. 이런 상황은 다시 정서적으로 위축되거나, 말이 없어지거나, 종속되는 등 다른 차원의 감정 변화로 이어져 배우자와의 관계에 전반적으로 악영향을 끼칠 수 있다.

　　　　　　　　　　　　　　　불안에 대처하는 법

거듭 말하지만 불안장애는 환자뿐 아니라 주변에도 많은 영향을 미친다. 특히 가까운 사람들과의 관계가 변한다. 그리하여 우리는 불안장애를 '시스템적 질환'이라고 불러야 한다고 본다. 일반적으로 '전신성 질환'이라 번역되곤 하는 '시스템적 질환systemic disease'은 원래는 신체 의학에서 유래한 개념인데, 하나의 건강상의 문제가 다른 부위에도 영향을 미치는 현상을 의미한다. 가령 자가면역질환에서 면역계의 과민 반응은 혈관, 뇌, 신장, 간, 심장, 피부 등 여러 시스템에 영향을 미치며 전신 또는 대부분의 '신체 시스템'을 침범한다. 불안장애의 경우에는 침범하는 시스템이 신체는 아니지만, 이와 비슷한 메커니즘으로 사회적 시스템에 영향을 미친다. 그러다 보니 높은 정도의 스트레스가 발생하고, 이로 말미암아 불안장애가 악화될 수도 있다. 불안장애가 '스트레스 반응성' 정신 질환이기 때문이다(3장 참조). 스트레스는 환자 혹은 가족들을 또 다른 추가적인 정신 질환에 취약하게 만든다.

이런 상황을 감안하여 치료사는 불안장애에 시달리는 당사자에게 우선은 초점을 맞추더라도, 필요에 따라서는 주변 사람들 모두를 염두에 두어야 한다. 불안장애 당사자들과 가족들은 각자의 입장에서 관계의 변화를 되도록 정확히 감지하여 치료사에게 터놓고 이야기해야 할 것이며, 치료사들은 다시금 불안장애에 대해 포괄적으로 설명을 해주어, 당사자와 가족들이 전형적인 불안장애 증상을 숙지하고, 서로의 마음을 이해할 수 있도록 해주어야한다. 그렇게 하면 관계 개선에 도움이 될 뿐 아니라, 양쪽 모두의 스트레스가 경감된다.

불안장애를 가진 당사자를 위해 희생하거나 도움을 제공하는 가족과 친구들은 스스로의 한계를 존중할 뿐 아니라 이에 대해 상대와 터놓고 의사소통하는 것이 매우 중요하다. 이런 일이 절대로 이기적이거나 마음이 냉랭한 것이 아님을 명심해야 한다. 오히려 이런 일은 비행기에 탑승했을 때 확인하곤 하는 안전 지침과 비슷하다. 기내 압력이 떨어지는 위급한 상황이 벌어지는 경우 우선 자신의 산소마스크를 착용하여 호흡을 확보한 뒤 옆에 앉은 사람을 도와주어야 한다. 스스로 숨을 잘 쉴 수 있어야 옆 사람도 도울 수 있을 것 아닌가.

유감스럽게도 언뜻 좋을 것처럼 보이는 선의의 보살핌이 전혀 효과를 발휘하지 못하는 경우가 많다. 지나친 도움은 치료적으로 효과가 없거나, 오히려 장기적으로는 증상이 개선되지 못하게끔 역효과를 낼 수도 있다. 이에 대해서는 4장에서 자세히 살펴보기로 하자.

불안장애 환자를 돕는 가족과 친구는 우선 스스로의 힘으로 환자를 다시 좋아지게 해야 한다는 책임감을 느낄 필요가 없음을 명심해야 한다. 환자가 전문적인 치료를 받도록 고무하고, 어디서 어떻게 치료를 받을지 함께 알아봐 주는 것이 가장 효과적인 도움이다. 치료사와 연결시켜 주는 것이 "나는 엄청난 희생을 하고 있는데 너는 전혀 좋아지고 있지 않아." 같은 식으로 나타나는 악순환과 결별하는 시작점이 될 수 있다.

당사자와 그를 돕는 가족 간의 관계와 관련하여 숙지해야 할 중요한 측면이 많은데도, 여태껏 이런 측면들을 다룬 책들은 거의 없었다. 이 책에서는 우리가 외래에서 만난 환자들의 생생한 이야기뿐 아니라, 그들을 돌보고 뒷받침해 주는 가운데 간접적으로 불안장애에 연루되는 가족과 친구들의 목소리를 담고자 했다. 주변인들이 들려주는 이야기가 당사자들의 이야기를 보완해 줄 것이다. 이들의 이야기는 질병을 경험하고 그에 대처하는 일이 사람마다 많이 다르며, 불안장애로 인한 힘든 상황에서도 좋은 삶을 살아가는 것이 가능함을 보여줄 것이다.

자, 이제 각각의 불안장애의 증상과 특징을 살펴보고, 각각 어떤 특별한 점이 있으며, 서로 어떻게 차이가 나는지를 정확히 알아보기로 하자.

예기치 않은
공황 발작,

공황장애와 광장공포증

공황장애와 광장공포증은 상당히 다르지만 밀접한 연관이 있긴 하다. 광장공포증을 가진 사람들 중에는 공황 발작을 아예 겪지 않거나, 공포를 유발하는 상황에서만 공황 발작을 경험하는 사람들도 있다. 하지만 광장공포증이 있는 상태에서 세월이 흐르면서 예기치 않은 상황에 공황 발작을 겪기도 한다. 즉, 광장공포증을 유발하는 상황이 아닌데도 공황 발작 증세를 보이는 것이다. 반대로 공황 발작을 겪지 않기 위해 광장공포증을 유발할 수 있는 상황을 피하다 보니 광장공포증 환자가 되는 경우도 있다. 공황 발작이 나타나는 빈도는 회피행동을 통해 실제로 줄어들 수 있다. 하지만 심한 경우 그런 사람들은 더 이상 외출을

불안에 대처하는 법

하지 못하고, 다른 사람들의 도움이 없으면 일상을 제대로 영위하기 힘든 형편이 된다.

────○─────────── 반복적이고 예기치 않은 공황 발작

공황 발작은 전형적인 불안 증상인데, 인구의 10~30%가 경험하며, 그중 열 명 중 한 명꼴로 치료가 필요한 공황장애 환자가 된다. 최근 통계에 따르면 독일인의 2% 정도가 공황장애에 시달리는 것으로 나타났다. 공황장애가 발병하면 공황 발작이 반복되며, 언제 발작이 나타날지 예측할 수 없다. 즉, 특정 자극이나 트리거가 없이도 발작 증세가 나타나는 것이다. 아니 땐 굴뚝에 연기가 나는 것처럼, 쉬고 있을 때나 밤에 자려고 누워 있을 때도 공황 발작을 경험한다.

공황 발작이 시작되면 갑자기 강한 불안이나 불쾌감이 올라오며, 몇 분 사이에 증상이 최고조에 달하고 한동안 그 증상이 지속되다가 잦아든다. 공황 발작은 보통 30~60분간 지속된다. 이렇듯 예측 불가능한 공황 발작 외에 분명한 자극 내지 트리거가 있는, 예측 가능한 공황 발작도 있다. 거미공포증이 있는 사람이 거미를 보는 등, 특정 상황에서 공황 발작이 나타나는 것이다. 공황장애 환자 중 약 절반 정도가 예기치 않은 공황 발작뿐 아니라 예상할 수 있는 공황 발작을 경험한다. 공황 발작으로 진단하기 위해서는 다음 13가지 증상 중 네 가지 정도가 나타나야 한다.

1. 두근거림

2. 식은땀

3. 몸의 떨림

4. 숨 가쁨, 또는 호흡곤란

5. 질식할 것 같은 느낌

6. 가슴 통증 또는 조이는 느낌

7. 메스꺼움 또는 위장의 불편 증상

8. 현기증, 어지러움, 멍함, 실신할 듯한 느낌

9. 오한 또는 열감

10. 무감각 또는 스멀거림(지각 이상)

11. 비현실감 혹은 이인증

12. 자제력을 잃거나 실성해 버릴 것만 같은 두려움

13. 죽음에 대한 두려움

이 중에서 네 가지 이상의 증상이 나타나면 '완전한 공황 발작'이고, 세 가지 이하면 '불완전한 공황 발작'이다. 여러 증상이 나타날수록 발작이 더 심한 것이다. 하지만 공황 발작은 케이스마다 다르다. 공황 발작마다 증상의 종류에서 차이가 나는 경우가 많다. 공황 발작을 보이는 빈도와 증상의 경중도 많은 차이가 있다. 몇 달 동안 일주일에 한 번 정도 공황 발작을 경험하다가, 갑자기 한동안 매일 공황 발작이 나타나며, 이후 공황 발작이 전혀 나타나지 않거나 드물게 나타나는 시기가 찾아오기도 한다. 공황장애 환자 중 약 4분의 1이 야간 발작, 즉 수면 중에 나타나는 공황 발작을 겪는다.

공황 발작이 예기치 않은 상태에서 갑자기 격하게 나타날 수 있기 때문에, 당사자들은 늘 마음이 조마조마하다. 공황 발작 자체에 대해서도, 그 결과에 대해서도 전전긍긍이다. 이런 증상이 혹시 심근경색이나 뇌졸중의 전조 증상이 아닐까 걱정하며, 발작으로 말미암아 창피를 당하거나, 다른 사람들에게 좋지 않게 비춰질까 봐 두려워한다. 이러다 자신을 컨트롤할 수 없거나 '실성해' 버릴까 봐 몹시 불안해한다.

공황장애를 지닌 많은 사람들이 심신의 건강과 관련된 두려움을 느낀다. 살짝만 몸이 불편해도 이것이 약의 부작용은 아닐까, 어떤 병이 있어서 이런 증상이 있는 건 아닐까 두려워하고, 일상을 잘 감당할 수 있을지, 스트레스에 잘 대처할 수 있을지를 염려한다. 공황 발작을 제어하기 위해 사람들은 술이나 약물, 마약 같은 것을 의존하거나 식생활 등에서 극단적인 행동 방식을 보이기도 한다.

또다시 공황 발작이 일어날까 봐 두려워하는 경우도 있다. 이러한 '예기불안'은 당사자로 하여금 공황 발작이 일어날 위험을 높이거나 공황 발작과 비슷한 증상을 만들어내는 상황이나 활동을 한사코 피하도록 만든다. 그리하여 행동 방식이 달라지며, 땀을 흘리거나 심장박동이 증가하지 않도록 신체적으로 힘을 쓰는 활동을 피한다. 땀이 나고 심장이 두근거리는 것이 공황 발작의 중요한 증상이기 때문이다. 또한 공황 발작이 나타나면 즉각 도움을 받을 수 있게끔 삶의 조건을 재구성한다. 어떤 사람들은 일상의 반경을 점점 좁혀, 외출을 꺼리고, 대중교통을 이용하거나 장을 보러 가는 일도 마다한다. 그렇게 하여 공황 발작과 그 결과를 최소한으로 하거나 아예 예방할 수 있기를 바란다.

공황장애로 이어지는 공황 발작은 보통 20세에서 24세 사이에 최초로 나타나며, 소수의 경우는 어린 시절에 이미 나타나기도 한다. 60세 이후에 시작되는 경우는 별로 없다. 공황장애를 앓는 사람들은 사회적, 직업적, 신체적 제약이 심하여, 이것저것 비용이 많이 들고 병원에도 자주 간다. 공황장애와 광장공포증을 동시에 앓는 경우, 고통과 피해가 굉장히 크다. 공황장애를 앓는 사람 중 자살을 생각하거나 시도하는 비율도 상대적으로 높은데, 이것은 공황장애와 동시에 우울증을 겪기 때문이며, 이런 우울증은 불안장애로 말미암은 고통과 피해에서 비롯된 것일 수 있다.

○─────── 열린 공간이 두려운 광장공포증

특정 상황이나 대상, 혹은 동물이 두려움을 유발하는 불안장애를 공포증이라고 한다. 당사자가 특정 상황에 처하게 되면 불안 반응이 나타나는데, 어떤 경우는 상상만 해도 그런 반응을 겪는다. 이 중 광장공포증은 (실제로든, 예견으로든) 힘든 상황에 맞닥뜨리는 것에 대한 강한 불안과 공포가 작용하는 것으로, 다음 다섯 가지 상황 중 최소 두 가지가 증상을 야기한다.

불안에 대처하는 법

1. 버스·기차·배·비행기 같은 대중교통 수단, 혹은 승용차를 이용할 때
2. 주차장, 시장, 다리 같은 열린 공간에 있을 때
3. 상점, 극장, 영화관 같은 폐쇄된 공간에 있을 때
4. 줄을 서거나 군중 속에 있을 때
5. 혼자 집 밖에, 혹은 집에서 멀리 떨어져 있을 때

광장공포증이 있는 사람들은 이런 상황에서 자신에게 뭔가 끔찍한 일이 일어날까 봐 두려워한다. 위급한 경우 급히 몸을 피하지 못할까 봐 심장이 두근거리고 질식할 것 같은 공황 증상이 일어난다. 식은땀이 나고, 몸이 떨리고, '멍한 느낌'이 드는 등 다른 힘든 증상이 찾아올 때 도움을 받기 어려울까 봐 두려워한다. 공포의 정도는 두려운 상황이 다가올수록 더 커지고, 때로는 상황을 예상만 해도 이미 불안이나 공포 발작이 일어난다. 그러다 보니 당사자들은 두려운 상황을 적극적으로 피하거나, 다른 일에 집중하거나, 뭔가를 읽거나, 뭔가를 마시거나, 음악을 듣거나, 말을 시작하면서 주의를 다른 데로 돌린다. 또한 다른 사람과 함께 있을 때는 두려운 상황을 좀 더 수월하게 견딘다. 하지만 많은 사람들이 아예 집 밖으로 나가지 않으려 하고, 집 안에만 머무른다.

광장공포증은 대부분 만성으로 진행되어 치료 없이 증상이 완전히 사라지는 경우는 드물다. 여기에 다른 불안장애나 우울증, 술이나 신경안정제 남용과 중독 등 여타 심리적 질환들이 추가되면, 광장공포증은 더 복잡하게 진행된다. 광장공포증은 대부분 청소년기나 성인기 초기에 나타난다. 청소년과 성인의 약 2%가 광

장공포증을 겪는다. 광장공포증이 있는 사람들의 약 30~50%는 과거 공황 발작 경험이 있거나 공황장애를 가진 사람들이다. 거꾸로 말해 공황장애 환자의 다수가 이미 광장공포증을 가지고 있다고 보면 된다.

연령과 상관없이 광장공포증의 증상들은 대체로 비슷하다. 하지만 광장공포증을 느끼는 상황이나 두려움의 종류는 변화할 수 있다. 그리하여 아이들의 경우는 혼자 집 밖에 나가는 것을 무서워하기도 하는데, 이때는 그것이 광장공포증인지 분리불안증인지 구분해야 한다. 분리불안증은 대부분 성장하면서 일시적으로 나타나는 자연스런 불안 증상인데, 앞으로 이 책에서 좀 더 자세히 살펴보게 될 것이다.

반면 어른들은 오히려 상점 같은 곳에서 줄을 서 있어야 한다거나, 열린 공간에 머무는 것을 힘들어한다. 아이들은 길을 잃지 않을까 하는 두려움이 큰 반면, 어른들은 공황 증상이 나타나지 않을까 하는 두려움이 크고, 노인들은 종종 넘어지거나 쓰러지지 않을까 불안해한다. 그러나 경우를 막론하고 이런 두려움들은 주어진 상황이 야기하는 실제적인 위험에 대해 느낄 수 있는 불안을 훨씬 능가하는 것이어서, 광장공포증이 없는 사람들의 눈에는 참으로 이해되지 않고 지나친 것으로 보일 수도 있다.

물론 여러 신체 질환에서도 특정 상황을 기피하는 경우들이 있다. 파킨슨이나 다발경화증 같은 신경 퇴행성 질환의 경우 넘어질까 봐 무서워하는 것은 그 질병의 전형적인 증상에 속한다. 심혈관 질환 환자들도 갑자기 실신할까 봐 두려워하는 경우가 많다.

불안에 대처하는 법

다만 이런 불안이나 회피행동이 정상적으로 나타나는 정도를 넘어서는 경우는 신체적 질환에 추가하여 광장공포증이라는 진단을 받게 된다.

다음 필립 아우어의 사례 보고를 통해 광장공포증을 동반한 공황장애가 삶에 어떤 영향을 미치는지를 실감할 수 있을 것이다. 물론 이름은 책에 등장하는 다른 이름과 마찬가지로 가명으로 처리했다.

필립 아우어, 40세, 호텔 매니저

(진단: 광장공포증을 동반한 공황장애)

11년 전 번아웃 진단을 받고, 담당 의사의 조언으로 심층심리치료를 시작했어요. 그런데 그로부터 2년 후, 그러니까 지금으로부터 9년 전 처음으로 공황 발작이 찾아왔지요. 번아웃이 있었으니 마른 하늘에 날벼락 수준은 아니었고, 어느 정도 예견되었던 것이었어요. 하지만 처음에는 이것이 공황장애 증상이라고는 생각하지 못했어요. 어지럽고 가슴이 몹시 답답한 증상 정도로 나타났기 때문이죠. 9년 전 직장을 옮기면서 송별 여행을 갔을 때 이런 증상들이 나타났어요. 함부르크를 여행할 때였는데, 곧장 현지 병원을 찾아갔지만, 의사로부터 그다지 적절한 치료를 받지는 못했어요. 그냥 신경안정제만 처방받았지요.

그리고 얼마 뒤 진짜 공황 발작이 나타났어요. 당시 사귀던 루카스가 주재하는 커다란 행사 개막식에서였는데, 거기서 레드카펫 위에 쓰러지고 말았어요. 함부르크 호텔에서와 비슷한 증상들이었지만, 정도가 더 심했죠. 게다가 주체할 수 없이 울음이 북받쳐서 엉엉 울기 시작했어요. 도무지 진정할 수가 없었고 숨도 제대로 쉴 수가 없었어요. 곧장 자동차 사고라도 낼 것만 같은 그런 공포감이 밀려왔지요. 누군가를 뒤에서 들이받는 순간의 그 소스라치는 공포가 시종일관 느껴졌어요. 다행히 루카스의 부모님이 그곳에 계셨어요. 그분들이 나를 보살펴 주고 집으로 데려다주었어요. 집에 가서야 공황 증상이 좀 가라앉았죠. 하지만 '내일 병원에 가봐야겠네.'라고 생각하는 순간, 단지 사람들을 만나야 한다는 상상만으로도 무시무시한 불안이 다시 밀려왔어요. 가까운 거리도 걸어갈 수 없어서 택시를 잡아야 했지요.

나는 직장을 옮기는 과정에서 6주를 쉬었어요. 모든 것이 조금 괜찮아지는 듯했어요. 이 시기에는 주로 홀로 조용히 보냈어요. 그러고 나서 6주 뒤 새로운 직장에 출근했는데, 정말 큰 재앙이 시작됐죠. 상태가 너무나 나빠졌으니까요. 예기불안이 점점 더 심해졌고, 뭔가를 의무적으로 감당해야 하는 상황에 놓이면 극도의 패닉이 찾아왔어요. 가령 중요한 고객과 대화를 해야 한다고 해봐요. 쉽게 그 자리를 벗어날 수도 없고 "죄송하지만 이제 가봐야겠어요."라고 말할 수도 없는 상황이 되잖아요. 그런 상황이 가장 두려웠어요. 그럴 때마다 나는 완전히 진을 빼야 했지요. 그래서 고객과의 약속이 있으면 전날 제대로 먹지도 자지도 못했어요.

패닉 증상은 여러 가지로 나타났어요. 땀을 엄청 흘려서 머리가 다 젖을 정도였지요. 얼굴에도 땀이 흘러서 턱에서 땀방울이 뚝뚝 떨어졌어요. 심장이 두근대고, 맥박이 빨라지고, 얼굴이 붉어지고, 설사를 하고, 배가 아팠지요. 나는 속으로 간절히 애원했어요. '그만 멈춰! 아, 제발 얼른 끝나길!'

내가 당시 얼마나 노력했는지 나중에 돌아보며 나 스스로도 놀랐어요. 직장 동료들은 내가 그렇게 힘겨워하는 걸 전혀 눈치채지 못했을 거예요. 그 와중에 승진까지 했으니까요. 나는 이런 상황을 이해할 수가 없었어요. 나 스스로는 건강했을 때만큼 업무를 잘해내지 못한다는 생각이 들었거든요. 나는 철통같은 극기를 발휘하여 일을 했고, 병가도 쓰지 않고, 힘들다고 토로하지도 않았어요. 이건 한편으로는 바람직하지 않은 일이었어요. 계속해서 불안이 엄습하는 상황이 찾아왔죠. 그러다 보니 다시 일상으로 돌아오면 좀 안도했던 것 같아요.

세월이 흐르면서 한 번씩 좋아지기도 했지만, 기본적으로는 내내 비슷비슷했어요. 공황장애가 결코 없어지지 않을 것 같은 기분이 들었어요. 모든 것이 언제 끝날지 알지 못한다는 사실이 나를 더 불안하게 했죠. 다리가 부러지면 최소한 6주 정도 지나면 붙는다는 걸 알잖아요.

나의 이런 상태는 사생활에도 두루두루 영향을 미쳤어요. 부모님이 왔을 때는 상당히 스트레스를 받았고, 도무지 견디기가 쉽지 않았죠. 반면 친구들이 찾아올 때면 괜찮았어요. 공황 발작도 찾아오지 않았지요. 하지만 루카스와 함께 레스토랑에 가거나 뭔가 다른 것을 하려고 하면, 패닉이 밀려오지 않을까 불안하기만 했어요. 그러다 보니 무슨 일을 계획하고 함께 실행하는 것이 힘들었지요.

친밀함도 견딜 수 없었어요. 심지어 루카스에게도 친밀한 행동을 할 수 없었죠. 성생활 같은 것에 대해서도 관심이 떨어졌어요. 내가 복용하는 항우울제 때문이었을 수도 있어요. 이것이 지금까지 우리의 관계에 곤혹스럽게 남은 유일한 문제예요. 하지만 다른 한편으로 이 모든 기간을 거쳐 우리 관계는 더 돈독해졌어요. 루카스가 무슨 일이 있든 내 편이 되어 도와주었기 때문이에요. 내가 공황장애로 인생의 가장 밑바닥까지 떨어졌을 때 우리는 정식 부부가 되었어요. 그것은 내게 훨씬 안정감을 주었지요. 내 상태가 좋고, 내가 마음에 들 때만이 아니라, 기쁠 때와 힘들 때 늘 함께해 주는 누군가가 있다는 사실 말이에요.

루카스의 어머니도 제게 잘해주셨고, 무엇보다 그 모든 기간 동안 루카스가 아주 큰 버팀목이 되어주었어요. 공황 발작을 일으키면 그가 곁에서 나를 세심히 보살펴 주었어요. 2년 전 공항에서 심한 공황 발작이 있었어요. 나는 비행기를 탈 수가 없어서 그냥 집으로 돌아가려고 했어요. 그때 루카스가 말했어요.

"우리는 비행기를 탈 수 있어. 내가 함께해 줄 거야. 난 널 지금 집으로 돌려보낼 수 없어. 뭐가 그렇게 무서운지 몰라도, 여기에 널 죽이고 싶은 사람은 아무도 없어. 네가 경험하는 건 초현실적인 거야. 이제 우리는 비행기를 탈 거고, 파리에서 멋진 주말을 함께 보낼 거야."

루카스의 이런 말은 나로 하여금 상황을 곰곰이 생각하고, 견뎌내

불안에 대처하는 법

도록 도와주었어요. 그럼에도 속으로는 그에게 욕하고 엄청 화를 냈어요. 내 말을 곧이곧대로 듣지 않고 집으로 돌려보내 주지 않는 다고 말이죠. 하지만 며칠 뒤 나는 공항에서 나를 말려준 그가 너무나 고마웠어요. 우리는 아주 멋진 주말을 보냈고, 나는 그때 비행기에 탑승하지 않았다면 모든 것이 훨씬 더 안 좋아졌으리라는 걸 알았어요. 한번 포기하고 나면 다음에도 비행기를 탈 수 없을 거예요. 루카스는 진정으로 나를 도와주었고, 우리는 더 신뢰하는 동반자 관계가 되었어요. 나의 파트너는 내 삶에서 가장 소중한 사람이고, 나의 연대자이자 이 모든 걸 상의할 수 있는 나의 가장 좋은 친구예요.

나는 6년 전쯤 치료를 위해 다시 직장을 옮기기로 결정했어요. 커다란 호텔 체인에서 일하며 느끼는 압박감이 너무 컸으니까요. 이번에는 아주 작은 개인 호텔에 매니저로 들어갔어요. 내게는 정말 해방감이 느껴지는 일이었어요. 물론 일을 해야 하니 여전히 압박감이 있었지만, 그래도 내가 알아서 주체적으로 할 수 있고, 좋아하는 일을 할 수 있었어요. 연봉이 높은 직장에 있다가 불안정한 일자리로 옮겨가는 것은 용기가 필요한 일이었어요. 하지만 난 무조건 그래야 한다고 생각했어요. 옛 직장에서 경험했던 많은 '패닉 증상'들이 기억 속에 생생하게 남아 있었기 때문이죠.

요즘에는 가벼운 공황 발작이 올 따름이에요. 작년에 스트레스가 심했던 시기에 두 번 경미하게 공황 발작이 있었지만 잘 대처할 수 있었어요. 이제 나는 두려움이 어디에서 오는지 알고, 그것이 슬금슬금 다가오는 것도 알아차려요. 이것은 상당한 변화이고, 그로 인해 자신감도 되찾을 수 있었어요. 내가 행동치료에서 배운 훈련들이 도움이 돼요. 패닉 발작이 올 것 같으면 그 훈련을 해요. 무엇보다 마음챙김 훈련, 명상, 요가가 도움이 돼요. 지구력 운동도 도움이 돼요. 저녁에 퇴근하고 나서 조깅하러 나가면 스트레스가 날아가지요. 그런 일들을 게을리하고, 일 스트레스가 너무 많아 스스로를 잘 보살피지 못하고, 약도 제대로 먹지 않으면 빠르게 상황이 나빠져요. 하지만 나는 상당히 빠르게 다시 컨트롤할 수 있어요. 공황장애를 꽤 잘 관리하고 있다는 생각이 들어요.

광장공포증을 동반한 공황장애가 주변인에게 미치는 영향

누군가 공황 발작을 일으키거나, 갑자기 비행기 안에서 광장공포증이 밀려와 여행을 중단하려고 할 때, 그의 배우자나 부모나 친구는 어떻게 반응할까? 물론 각자의 경험은 다르다. 불안장애도 케이스마다 다르기 때문이다. 그럼에도 가족이나 가까운 친구가 보이는 전형적인 반응과 느낌들이 있다. 불안장애로 인해 가까운 이들의 일상에도 상당한 제한이 있기 때문이다. 가령 여행이나 식사를 중간에 중단할 수도 있다. 그 외에도 불안증으로 빚어지는 여러 가지 상황에 대처해야 하고, 기존의 계획을 변경하거나 계획을 세울 수 없기도 한다.

공황장애와 광장공포증은 당사자의 가족들에게도 상당한 희생을 요구한다. 당사자를 대신해 일상의 여러 일들을 떠맡아야 할 수도 있다. 장 보는 일과 운전을 도맡아 해야 하며, 영화 관람이나 주말 기차 여행처럼 예전에 즐겁게 함께했던 여가 활동을 포기해야 할 수도 있다. 그 밖에도 가족들은 처음에는 혹시나 신체적으로 심각한 병에 걸린 것은 아닐까 걱정을 하고, 당사자가 그런 의심 행동을 반복하는 경우 함께 고통을 겪는다.

필립 아우어의 동성 파트너인 루카스 아우어는 자신이 이런 상황에 어떻게 대처해 왔는지, 불안장애가 삶에 어떤 영향을 미치는지에 대해 다음과 같이 말하고 있다.

루카스 아우어, 36세, 필립 아우어의 배우자

(필립 아우어: 광장공포증을 동반한 공황장애)

필립은 9년 전에 첫 공황 발작을 겪었어요. 발작은 완전히 예기치 않게 찾아왔죠. 당시 필립은 직업상 출장을 많이 다녔고, 나 역시 바쁘게 일했어요. 나는 두 달간 커다란 행사를 준비하느라 정신이 없었죠. 정말 스트레스가 많은 시기였어요. 밤에 퇴근해서 새벽에 다시 출근하는 생활을 이어가야 했죠. 우리는 서로 얼굴을 마주할 기회가 별로 없었고, 대화도 거의 하지 못했어요.

축제 개막식에 1,500명의 손님이 왔고, 필립도 왔어요. 그리고 그

일이 일어난 거예요. 필립은 갑자기 쓰러졌고, 나는 너무나 놀라 어떻게 해야 할지 정신을 못 차렸어요. 뭔가 순환에 문제가 있어서 졸도를 했나 보다 했어요. 다행히 어머니가 그 자리에 참석한 덕에 필립을 돌봐줄 수 있었어요. 어머니는 나를 도와 그를 조용한 곳으로 데려갔고, 이어 집에도 데려다주었지요. 나는 실질적으로 별 도움이 되지 못했어요. 행사를 책임져야 했고, 행사는 타지에서 열리기도 했으니까요. 그래서 5일간 필립을 전혀 돌볼 수가 없었지요. 중간에 한 번씩 전화를 하긴 했지만, 이야기를 오래할 시간조차 없었어요. 이런 상황에서 그에게 도움이 되고 싶었지만 전혀 그럴 수가 없었죠. 우리 둘에게 정말 힘든 시기였어요.

행사가 끝나고 나서야 나는 다시 필립을 챙길 수 있었어요. 필립이 왜 그렇게 쓰러졌는지 내겐 여전히 미스터리였어요. 전에는 그런 일을 경험해 보지 못했으니까요. 불안장애 같은 것에 대해서도 제대로 들어보지 못했고요. 나는 불안이 그렇게 삶에 문제를 초래하리라고는 전혀 생각하지 못했어요. 어쨌든 멘털이 붕괴한 것은 확실했어요. 하지만 왜 그런 일이 생겼는지, 원인이 무엇인지 전혀 알 수가 없었죠. 지금까지도 정확히 무엇 때문에 첫 발작이 있었는지 모르겠어요. 많은 것들이 함께 작용했던 것 같아요. 내가 직업상 거의 집에 없었고, 우리가 베를린으로 이사를 앞두고 있었던 상황도 한몫했을 거고요. 필립이 베를린에서 새로운 직장을 구해서 우리는 이사를 해야 했어요. 그즈음에는 정말 공황 발작이 잦았어요. 외출했을 때 툭하면 그런 일이 일어났죠. 우리 둘 다 그로 인해 행동반경이 좁아졌어요. 저녁에는 공황 발작이 무서워 아예 레스

불안에 대처하는 법

토랑 같은 데는 갈 수가 없었고요. 그래도 시간이 흐르면서 좋아졌고 필립은 다시 출근을 할 수 있었어요.

발작이 일어날 때마다 나는 굉장히 무기력함을 느꼈어요. 일단은 내가 해줄 수 있는 게 아무것도 없었어요. 뭐라고 충고하거나 설득할 수도 없었지요. 그냥 완전히 무력하기만 했어요. 내가 없는 상황에서 공황 발작을 일으키면 그가 혼자서 감당해야 하는데 그에 대한 불안감도 밀려왔어요. 그러면 파괴적인 생각이 뇌리를 스칠 수도 있다는 생각이 들었죠. 물론 그가 자살을 생각한다는 느낌은 결코 받지 못했지만, 그래도 마음이 좋지 않았어요.

몇 년이 흐르는 동안 계속해서 예기치 않은 상황에 필립이 공황 발작을 일으키곤 했죠. 공황 발작은 늘 예측 불가능하게 찾아왔어요. 휴가를 가서 편안히 쉬다 식사를 하러 나가려거나 하면 그냥 공포가 밀려왔죠. 몇 년 전 공항에 가서 비행기를 타려고 했던 상황이 기억나요. 그때 필립은 공황 발작이 찾아와서 비행기에 탑승할 수가 없었죠. 나는 처음에 어쩔 줄을 몰랐어요. 하지만 차분히 그가 비행기를 타게끔 설득하려고 애썼죠. 결국 어찌어찌하여 다시 한 번 온갖 용기를 끌어모아 비행기를 탔어요. 그건 아주 좋은 결정이었다고 생각해요. 비행기를 끝내 못 탔다면 공항에 갈 때마다 이런 부정적인 일이 연상되었을 테니까요. 하지만 비행기를 타기까지 그날은 정말 힘들었어요.

이제 필립은 불안을 그런대로 잘 통제하고 있어요. 나 역시 사람이 많은 곳에 가자거나 특정한 일을 하자고 그에게 종용해서는 안 된다는 걸 알아요. 최근에는 공황 발작이 없었지만, 또 찾아온다 해도 놀라지는 않을 거예요. 심한 발작이 오면 어떻게 해야 하는지 아직도 정확히 알지 못해요. 치료에서 배운 메커니즘이 통하지 않을까 봐 걱정이 되기도 해요. 하지만 이제 발작에 대한 두려움은 없어요. 파트너로서 내내 그를 지지해 주고, 그가 원하지 않는 일을 하라고 강요하지 않는 것이 그에게 힘이 되었던 것 같아요. 그저 한결같이 믿을 수 있는 사람으로 곁에 있어주는 것, 회복 과정에서 제가 해준 일이 있다면 그런 부분인 것 같아요.

우리는 이제 함께한 지 15년이 되었어요. 첫 6년 정도는 필립은 아주 사교적이었어요. 공황 발작 같은 것이 일어날 기미조차 없었어요. 돌아보면 공황장애가 우리의 관계를 완전히 변화시켰어요. 필립도 예전과 다른 행동 패턴을 보여주죠. 자기 보호를 위한 행동 양식이죠. 하지만 그의 불안장애가 우리의 관계에 부정적인 영향을 미쳤다고 생각하지는 않아요. 오히려 함께 어려움을 헤쳐나가고, 시간이 흐르면서 내가 그의 상태에 적극 맞추어 갈 수 있었기에 유대 관계는 더 깊어졌지요. 나중에 필립에게 들은 말인데, 사실 첫 공황 발작이 찾아오기 전에 불안장애의 징후 같은 것이 살짝 엿보였다고 해요. 가령 호텔 같은 데에 가면 가슴이 좀 답답하고 기분이 안 좋았대요. 난 전혀 알아채지 못했지만요. 그는 가뜩이나 직장일로 힘든 시기에 내가 공연히 스트레스를 받을까 봐 그런 이야기를 입 밖에 내지 않고, 혼자 해결하려고 했던 거예요. 그는 늘 혼자 많은 것을 감내해 왔어요. 하지만 요즘에는 자신의 마음이나 상태를 표현하기도 해요. 때때로 거절도 하고요.

불안에 대처하는 법

근거 없는
걱정의 늪,

범불안장애

인구의 2%가 범불안장애(일반화된 불안장애)에 시달린다. 범불안장애는 어린 시절뿐 아니라 성인기에도 나타날 수 있다. 6~12세 사이에, 혹은 30대 중반에 시작되는 경우가 대부분이지만, 40대나 50대에 발병하는 경우도 있다. 범불안장애의 주된 특징은 일상의 다양한 일들을 걱정하고 불안해한다는 것이다. '일반화된' 혹은 '범凡'이라는 단어가 말해주듯이 건강, 안전, 연인 관계, 인간관계 등 삶의 모든 영역이 불안의 대상이 될 수 있다. 범불안장애에서는 보통 삶의 한 가지 측면이 아니라 여러 측면에 대한 불안을 동시에 호소한다. 자신과 관련된 걱정을 하기도 하고, 부모나 남매, 배우자, 자녀, 손녀, 친구 등 자신과 가까운 사람들에 대한 걱정을 하기도 한다.

자신 혹은 가족이 병에 걸리지 않을까, 사고를 당하지 않을까, 직장을 잃지 않을까, 사회적으로 추락하지 않을까를 걱정한다. 또한 연인 관계가 파경을 맞지 않을까, 주변 사람들이 등을 돌려 외톨이가 되지 않을까를 걱정하기도 하며, 때로는 환경 파괴나 자연재해, 전쟁, 테러, 전염병 등 지구 차원의 커다란 걱정을 하기도 한다.

<hr>

꼬리에 꼬리를 무는 불안의 연속

많은 경우 각각의 걱정들은 서로 연결되어 '걱정의 파도'를 만들어낸다. 그러면 이제 걱정의 동력도 커진다.

"내일 아침 다른 부서로 배치받으면 내가 그걸 흔쾌히 받아들일 수 있을까? 내가 뜨뜻미지근한 태도를 보이면 상사는 내 마음이 떴다고 여기겠지? 그러면 나는 다음 번 정리 해고 때 첫 번째 해고 대상이 될 거야. 틀림없어! 자동차랑 주택 할부금은 어떻게 하지? 오, 맙소사! 난 재정적으로 극심한 어려움에 처하게 될 거고, 가진 것들을 모두 팔아치워야 할 거야. 그러고는 거리에 나앉겠지. 가족은 뿔뿔이 흩어질 거고."

범불안장애에 시달리는 많은 사람들이 이런 식으로 생각을 끝까지 몰아붙이고 불행한 전망을 눈앞에 그린다. 근거 없는 불안이지만 이성적이고 객관적인 사고로 끊어내지를 못한다. 가족이나 지인 중 누군가가 병에 걸리거나, 언론에서 그런 소식을 접하면 건강에 대한 염려도 '재앙적 상상'으로 나아가는 출발점이 되곤 한다. "내가 (혹은 내 가족이) 이런저런 병에 걸리면 어떻게 하지?"라는 식으로 촉발되는 것이다.

WHO의 정의에 따르면 걱정이 최소한 여러 달 계속되고, '극심하고 통제할 수 없는' 경우에 범불안장애로 진단할 수 있다고 한다. 중요한 점은 객관적으로 볼 때 그토록 걱정할 만한 합당한 이유가 없다는 것이다. 가령 아들이 조만간 병에 걸릴까 봐 엄마가 무척 걱정을 하는데, 현재 아들이 쌩쌩하고 건강한 상태라면 그 걱정은 객관적으로 과도한 것이다. 당사자인 엄마는 다르게 느낄지라도 말이다.

다른 불안장애와 마찬가지로 범불안장애의 경우에도 회피행동이 나타난다. 이는 각각의 걱정과 연관된 트리거를 피하는 것으로 나타난다. 안전이나 건강을 걱정하는 경우 텔레비전이나 인터넷 뉴스를 더 이상 보지 않는 행동을 보일 수 있다. 세상에서 일어나는 나쁜 일들을 견딜 수 없기 때문이다. 공연히 걱정이 될까 봐 질병에 대한 상세한 정보를 외면할 수도 있다. 범불안장애를 가진 사람들은 가족이 외출 중이거나 여행 중인 경우 그 가족에게 미리미리 규칙적으로 연락을 취하거나, 상대방이 규칙적으로 무사하다는 인사를 전해줄 것을 요구한다. 그리고 안전을 확인할 수 없는 상황이 되면, 가령 상대가 휴대전화를 가져가지 않았거나, 연락이 되지 않으면 견디기 힘들어한다. 온갖 불길한 일들을 눈앞에 그리며, 상대가 연락이 안 되는 것이 사고를 당하거나 폭력에 연루되었기 때문일지도 모른다고 전전긍긍한다. 객관적으로는 배터리가 모두 닳았거나, 다른 일로 바빠서일 확률이 높은데도 그들의 상상은 반대편으로 달려간다.

범불안장애에 시달리는 사람들은 계속 걱정을 하다 보니 스트레스가 지속적으로 높은 상태로 살아간다. 그 결과 여러 특징적인 신체 증상이 나타난다. 공황장애나 광장공포증과는 다르게 범불안장애에서는 증상들이 발작적으로 일어나지 않고, 평소에 늘 동반되는 형태로 나타난다. 소화가 안 되고, 속이 더부룩하고, 위가 쓰리고, 설사를 하거나, 근육이 긴장 상태라서 종종 두통이나 관절통이 생기기도 한다. 이런 전형적인 동반 현상은 심리적 긴장이 신체적으로 표출되는 것이다.

범불안장애를 가진 사람들은 많은 경우 신체 증상만을 호소한다. 걱정은 늘 안고 살아오던 것이어서 당연하게 느껴지거나 아예 의식하지 못하기 때문이다. 처음에는 반복적으로 이런저런 병원(신경과, 류머티스내과, 정형외과)을 전전한다. 그러다 보면 건강상의 염려가 다시 심리적 증상을 부추기는 악순환이 일어난다. 이렇듯 여러 병원을 거치다가 의사들의 조언에 따라 신경정신과나 심리상담 전문가를 찾아가고, 그제야 범불안장애 진단을 받는다.

병원을 자주 들락날락하기 때문에 범불안장애를 가진 사람들은 건강염려증 환자로 취급되곤 한다. 하지만 범불안장애와 건강

염려증은 다르다. 범불안장애를 가진 사람들이 의사를 찾아가는 것은 혹시 이런저런 신체적 질병에 걸릴까 봐 두려워서, 구체적인 두려움과 관련하여 스스로 안심하기 위해 가는 것이다. 반면 건강 염려증을 가진 사람들은 자신들이 분명히 병에 걸렸다고 확신하며, 병원에서 그 병이 아니라는 진단을 받고도 대부분은 그 진단을 강하게 의심한다. 범불안장애를 가진 사람들은 한두 의사가 특정 질환이 아니라고 확인해 주면 아주 만족스러워하고 안심한다. 그럼으로써 특정 주제에 대한 두려움은 종종 약화되거나 완전히 사라진다. 하지만 다시금 뭔지 모를 신체 증상이 나타나거나, 주변에 누군가가 병에 걸리거나, 언론에서 그런 질병에 대한 보도를 접하면, 또다시 자신이 어떤 질병에 걸릴까 봐 불안해하고, 원점으로 돌아가 또 병원을 찾아다닌다.

범불안장애의 대표적인 동반 현상은 바로 수면장애다. 범불안장애 환자들은 잠자리에 누워 온갖 걱정의 회로를 돌리기 시작한다. 그러다 보니 잠이 안 오고 푹 자지를 못한다. 많은 경우 오랜 시간 잠을 이루지 못하고 생각의 쳇바퀴를 돌리거나 한밤중에 깨어나면 이런저런 생각이 몰려와서 잠을 다시 이루기 힘들다고 말한다.

그러다 보니 우울증과 혼동되기도 한다. 우울증 역시 수면장애와 골똘한 생각이 대표적인 동반 증상이기 때문이다. 하지만 우울증의 경우 생각은 과거의 사건이나 상황을 맴돌고 죄책감을 동반하는 경우가 많은 반면, 범불안장애에서의 생각은 미래를 향하고 "이런저런 일이 일어나면 어떻게 하지?"라는 식으로 진행된다.

커다란 압박감에 시달리는데도 당사자들은 자신의 걱정을 어느 정도 정당한 것으로 느낀다. 걱정을 하면 그 일이 일어나지 않을 것처럼 말이다. 주변에서 다른 이야기를 해도 막무가내다. 아이들은 종종 학교 혹은 사회적 관계와 관련한 걱정들을 한다. 초등학교 아이들은 주로 자신의 학업 능력과 관련한 걱정을 한다. 내가 학교에서 공부를 잘할 수 있을까? 그러다가 사춘기가 되면 동급생들과의 비교가 주를 이룬다. 내가 친구들을 사귈 수 있을까? 내가 왕따를 당하면 어쩌지? 전쟁이나 자연재해에 대한 불안도 대부분 취학 전 연령에서 시작되어 범불안장애를 특정 짓는 병증이다. 무엇보다 아이들이 영화나 언론을 통해 이와 관련한 끔찍한 장면을 본 경우에 그렇다. 사실 이런 불안은 아동과 청소년에게서 아주 흔하며, 정상적인 발달 단계에 속한다.

하지만 이런 불안이 너무 강하게 전면에 대두되거나 장기간 일상에 영향을 미치는 경우는 정신과나 심리치료사에게 진료를 받아야 한다. 아이들이 걱정 때문에 집중력이 저하되고 주의가 산만해지는 경우 주의력결핍과다행동장애ADHD로 의심될 수 있다. 이 경우 두 질환을 구분하고, 그 배후에 놓인 걱정을 진단적으로 잘 짚어내는 것이 중요하다. 범불안장애와 주의력결핍과다행동장애는 치료법이 굉장히 다르기 때문이다.

범불안장애를 안고 살아가는 저널리스트 바바라 슈미트의 체험담을 들어보자.

불안에 대처하는 법

바바라 슈미트, 56세, 저널리스트
(진단: 범불안장애)

3시 반에 화들짝 깨어나요. 한 네 시간 잤을까, 때로는 그보다 덜 자기도 하죠. 서서히 깨어나는 게 아니라 누가 전기충격을 가하기라도 한 것처럼 갑자기 소스라치게 깨어나요. 곧장 가슴이 서늘해지죠. 아무리 피곤해도 이젠 다시 잠들 수 없다는 걸 알아요. 그럼에도 마치 사지가 마비된 것처럼 잠자리에 누워 있어요. 나는 속으로 절망해서 한동안 의식이 없는 상태로 다시 옮겨갈 수 있기를 바라요. 의식이 없을 때가 내가 유일하게 잘 지내는 그런 상태죠. 나는 가만히 누워 있어요. 하지만 속에서는 슬금슬금 생각이 휘몰아치기 시작하죠.

생각의 부단한 질주, 더 나쁜 생각과 덜 나쁜 생각이 휘몰아쳐요. 속이 바짝바짝 타는 생각뿐이에요. 진행해야 하는 인터뷰 생각, 은행에 갈 생각, 점점 커서 멀어지는 아이들 생각…. 나는 정작 나 자신 안에 갇혀 그 주위만 맴도느라 아이들에게 다가가지도 못하고 소중한 시간을 허비하고 있다고 생각해요. 스스로 인생을 낭비하고 있다고 확신하는 건 참 안 좋아요. 마음 같아서는 현재에 충실하고, 감사하고, 아름다운 것을 누리는 것이 쉬울 법도 한데 도대체 왜 그럴까요?

나는 이제 곧장 뭔가를 해야 해요! 정신 차리고, 해결책을 찾아야 하고, 이런 상태에서 벗어나야 해요. 이건 질병이에요. 요즘엔 우울증이라고도 해요. 치료 예후가 좋은 질병이니 새로운 약을 한번 써보라고요? 하지만 어느 것도 빠른 효과를 내지는 못해요. 맞는지 안 맞는지 보려면 3~4주는 걸리죠. 혹시 약들이 모든 걸 더 악화시키는 것은 아닐까? 약을 싹 끊는 게 낫지 않을까? 요가를 더 많이 하고, 명상을 하고, 그냥 다 내려놓고 삶을 신뢰하면 괜찮아질까? 자가 치료를 하는 게 낫지 않을까? 대체 내 삶에서 그렇게 나쁜 게 뭐가 있어? 난 부족함이 없잖아! 내 감정이 문제지. 나를 지지해 주는 남편도 있겠다, 예쁜 집도 있겠다, 흥미로운 일도 하고, 아이들도 똑똑한데 뭐가 문제냐고.

나는 누구에게도 납득이 가게 설명할 수 없어요. 사람들은 예의 바르고 다정하게 마음을 헤아려 주려고 노력하죠. 하지만 극복할 수 없는 심연이 있어요. 그래서 나는 그냥 아무 이야기도 하지 않으려고 해요. 동료들이나 친구들에게도 얼마나 힘든지 표시 내지 않아요. 동생이 내게 효과가 좋다는 약 이야기를 해주었어요. 나는 곧장 의사에게 전화를 걸어보고 싶었죠. 하지만 병원이 문을 여는 시간까지는 다섯 시간이나 남아 있어요. 이제 공포 네트워크가 돌아가기 시작하죠. 어떻게 다섯 시간을 견디지? 나는 믿을 만한 계획이 필요해요. 도와줘요. 지금 당장!

나는 한 번 더 인터넷으로 약을 검색해요. 플루옥세틴, 시탈로프람, 부프로피온. 벌집 모양의 약물 분자식을 봐요. 때로는 자살 방법도 검색해 봐요. 드라이아이스로 목숨을 끊을 수도 있다는데, 드라이아이스는 인터넷으로 주문할 수도 있대요. 아무튼 알약은 너무 불확실해요. 물론 그냥 뛰어내리는 게 가장 좋은 방법이죠. 한

순간 용기를 내면 다 끝날 텐데요. 하지만 난 남편과 아이들에게 그런 큰 슬픔을 안길 수 없다는 걸 알아요. 나 역시 죽고 싶지 않아요. 사실 난 살기를 바라요. 그 외에는 바라는 것이 없어요.

나는 억지로 일어나야 해요! 움직이지 않고 누워 있는 건 가장 최악이에요. 뭔가를 하면 그나마 나아요. 하지만 잠드는 건 불가능해요. 그냥 다시 잠들 수만 있다면 얼마나 좋을까요? 눈꺼풀이 피곤해서 이렇게 꿈벅대는데도 왜 잠이 들지 않는 걸까요?

나는 쿨쿨 잠든 남편의 등에 나를 밀착시켜서 온기를 느껴요. 뭔가를 해야겠다 싶지만 남편이 깨지 않게 살금살금 해야 해요. 남편은 나를 도울 수 없어요. 그는 정말로 돕고 싶어 하고 인내하려고 노력하지만, 내 상태가 어떤지는 정확히 이해할 수 없다는 걸 알아요. 남편이 어렵사리 그의 좌절감을 표시 내지 않고 있다는 걸 느껴요. 남편은 가족들이 잘 지내게끔 넉넉히 배려하고, 모든 걸 해결해 주려는 사람이에요. 가족들이 행복한 것과 자신의 자존감이 직결되는 사람이죠. 처음 결혼해서부터 우리는 무의식적으로 한 가지 패턴에 합의를 했어요. 바로 남편은 능력을 발휘하고 돈을 벌어오는 사람이라는 거예요. 그래서 그는 내면을 돌아보는 호사 같은 건 자신에게 허락되지 않는 일이라고 믿지요.

어느 순간 드디어 나는 일어나요. 5시 반. 새벽 여명이 방으로 비쳐 들죠. 새들이 지저귀고, 바깥 풀들에는 이슬이 맺혀 있어요. 나는 주위를 빙 둘러봐요. 아름다운 세상이에요. 그러나 난 그것을 느낄 수가 없지요.

정원에서 호흡 연습을 해봐요. 숨을 들이마시며 열까지 세고, 서서히 팔을 양옆으로 벌리지요. 그러고 나서 숨을 내쉬면서 팔을 가슴 앞으로 모아요. 나무들 사이로 이웃집이 들여다보여요. 이웃집 부부가 가만히 테이블 앞에 앉아 있어요. 마치 에드워드 호퍼Edward Hopper의 그림처럼요.

간혹 러닝을 하기도 해요. 몸을 움직여 주면 몸에서 스트레스 호르몬이 분해되니까요. 나는 스트레스 호르몬에 대해 많은 걸 알아요. 세로토닌, 노르아드레날린에 대해서도 잘 알지요. 마음챙김에 기반한 스트레스 감소 프로그램에 대해서도 잘 알고, 점진적 근육 이완법도 잘 알아요. 나는 취약성 임계치에 대해서도 알고, 문제는 감정이 아니라 생각에 있다는 것도 알아요. 나는 좋다는 걸 다 해요. 하지만 아무것도 도움이 안 돼요. 때로는 이 모든 게 탁월해지고 싶은 소망이 전도되어 나타나는 현상이 아닌가 해요. 어쨌든 나의 절망은 절대적이고, 끝이 없고, 쉽게 극복될 수 있는 것이 아니에요.

나는 작은 공원에 들어가 정원을 따라 걸어요. 힘들었던 몇 달간 종종 이렇게 걸어서, 친근한 교외의 거리를 건너다보면 가슴이 진정돼요. 다시 돌아왔는데도 시간은 여전히 이른 아침이죠. 나는 소파에 쓰러져서 눈을 감아요. 때로는 정말로 몇 분간 선잠이 들기도 해요. 그러고는 욕실에 가서 거울에 비친 내 모습을 보지요. 겁에 질려 휘둥그레지고 퀭한 두 눈, 깊이 팬 팔자주름. 나는 전신을 떨어요. 때로는 구역질이 나오지요.

드디어 매일 아침의 루틴이 시작돼요. 찻물을 올리고, 아이들을 위한 아침을 만들고, 아이들이 학교에 가져갈 빵과 과일을 싸고….

나는 기계처럼 일해요. 아이들을 돌보고, 가사를 하고, 직업적인 일들을 하죠. 나는 거뜬히 모든 걸 할 수 있어요. 다만 속으로는 신경줄이 간당간당해요. 불안의 소용돌이 속으로 깊이 휘말려 들어가요. 식기세척기에서 접시를 꺼내 수납장으로 옮기면서 사실은 낭떠러지 위의 마른 나뭇가지에 매달려 있는 것처럼 점점 힘이 약해지는 걸 느껴요.

불안은 어릴 적부터 나를 따라다녔어요. 어릴 적에 이미 잠에서 화들짝 깨어 일어나면 잠자는 것도 아니고, 깨어 있는 것도 아닌 묘한 상태에 갇힌 기분이 들곤 했죠. 이런 상태에서 세상은 이상하게 뒤틀린 것처럼 느껴졌어요. 물건들은 엄청나게 컸고, 소리는 특이하게 울렸죠. 형태를 알 수 없는 거대한 형상이 땅에서 올라왔어요. 공포로 점철된 어둡고 넓은 방. 소아과 의사는 '야경증'이라고 했어요. 속이 바짝바짝 타고, 겁에 질리고, 잠을 이룰 수가 없었죠. 훗날 나는 이런 상태를 다시 경험하게 되었어요.

어렸을 때는 강아지처럼 엄마의 다리를 붙들고 늘어졌어요. 엄마는 "도무지 혼자서는 화장실도 못 갔다니까."라고 말하곤 했지요. 내 기억으로는 아마 난 엄마를 지켜야 한다고 생각했던 것 같아요. 엄마의 일거수일투족을 놓치지 않아야 할 것만 같았거든요. 엄마가 어떤 마음인지 가늠하는 게 힘들었어요. 엄마 스스로도 그것을 몰랐으니까요. 부모님의 결혼 생활은 꽤 안 좋았어요. 물론 두 분모두 내겐 말하지 않았지만, 나는 고스란히 느꼈죠. 나는 엄마의 고통을 담는 그릇이 되었어요. 모든 고통을 담기 위한 그릇….

아픔은 녹청처럼 내게 덕지덕지 끼었어요. 어릴 적 내 사진을 보면 아주 불안하게 크게 뜬 검은 눈의 여자아이가 있어요. 아주 심각해 보이죠.

엄마는 내가 아기였을 때 아주 빨리 잠들어서 밤에 나를 혼자 놔두고 영화관에 갈 수 있었다고 해요. 나는 아기 침대에 남겨져 밤에 깨어 있는 나를 상상해요. 내 몸은 그때 그 밤의 기분을 기억해요. 뭔가를 하고 싶은데 팔다리를 가눌 수 없는 그 무력감이 느껴져요. 나는 일찍이 기질에 대해, 운명과도 같은 유전자에 대해 알게 되었어요. 나는 외할머니의 손이 늘 떨리는 걸 봤어요. 양극성 장애로 인해 리튬을 복용했기 때문이죠. 할머니는 엄마가 아기였을 적에 거의 굶기다시피 했대요. 산후우울증을 앓았다고 해요. 문손잡이도 없는 방에 갇혀 전기충격 치료를 받은 적도 있다고 해요. 나의 지적인 할머니는 병원에서 양탄자를 짰대요. 훗날 내가 병원에 입원했을 때 엄마가 할머니 이야기를 해주었죠.

그 뒤 큰아버지가 자살 시도를 했다는 사실도 알게 되었어요. 나의 아버지는 일상을 살아내기 위해 다량의 발륨Valium을 복용했는데, 간혹 나도 발륨 조각을 얻곤 했어요. 그것을 먹었을 때 즉각적으로 기분 좋은 느낌이 퍼지는 것에 놀라곤 했죠. 그렇게 일찌감치 나는 향정신성 약물과 관계를 맺었어요. 어떤 때는 약물을 통해 구원을 얻을 수 있기를 기대했고, 어떤 때는 약물을 완강히 거부하기도 하고, 그 두 가지 사이에서 왔다 갔다 했죠.

청소년기와 성인기 초기에는 두려움이 많이 완화되고, 각종 경험에 대한 호기심과 열정으로 대체되었어요. 나는 열다섯 살에 히치하이킹으로 혼자서 모르는 사람의 차를 얻어 타고 미국 여행을 하

불안에 대처하는 법

는 것이 겁나지 않았어요. 구할 수 있는 마약은 다 해봤죠. 문제없이 좋은 성적으로 학교와 대학을 마쳤어요. 대학을 졸업할 무렵에는 남편을 알게 되었고 얼마 사귀고 나서 임신했어요. 계획한 일은 아니었지만 우린 기뻤죠. 결혼과 임신, 출산, 엄마가 되는 것도 두렵지 않았어요. 나는 몇 년간 집에서 살림을 하며 둘째를 낳았고, 남편은 가정의 생계를 책임졌죠.

그러다 둘째가 유치원에 가면서 나는 저널리스트로 일하기 시작했어요. 처음에는 프리랜서 작가로 일하다가, 잡지 편집자가 되었어요. 직업적으로 책임을 감당하게 되면서 모든 것을 잘하고 싶다는 마음과 함께 신경성 불안감이 커지기 시작했어요.

2008년, 44세의 나이에 내가 개발한 잡지 프로젝트를 실현시킬 기회가 왔어요. 나는 굉장히 기뻤지만, 긴장이 지나치게 고조되면서 기쁨을 빛바래게 만들었죠.

불안해도 일은 잘했어요. 하지만 일을 잘해도 성과를 만끽하거나 삶을 편안히 누릴 수는 없었죠. 점점 한 가지 생각이 나를 몰아가기 시작했어요. 만약 이러이러한 일이 일어나면 어쩌지? 그러면 곤란해질 텐데…. 이게 안 되면 어쩌지? 저게 저러면 어쩌지? 이렇게 늘 마음에 걸리는 것들이 있었어요. 어떻게 될지 알지 못한다는 것이, 궁금한 걸 들여다볼 수 없다는 것이 나를 미치게 만들었어요. 내가 아무리 애써도 늘 미지로 남아 있는 것들이 있다는 것이 말이에요.

어느 날 사무실에서 퇴근하는 길에 너무나 긴장한 탓에 공황 발작이 찾아오자 나는 신경정신과 병원에 찾아가기로 했어요. 의사는 내게 항우울제를 처방해 주었죠. 하지만 불안과 두려움은 더 심해 졌어요. 마치 내 안에서 아직 안 가본 심연으로 인도하는 문 하나 가 열린 것 같은 느낌이었어요. 새로운 차원의 경악이라고 할까요. 나의 지금의 느낌이 약이 만들어내는 부작용인지, 약이 만들어내 는 효과인지 알 수가 없었죠.

3주 정도 지났을까, 효과가 나타났어요. 아직도 카페에 앉아 있을 때의 그 상황이 생생해요. 갑자기 따뜻한 행복감이 스며들었어요. 그리고 그 상태가 지속되었어요. 이 모든 불쾌감이 내 뇌의 작은 화학적 불균형으로 유발되고, 이것이 약물로 상쇄된다는 것을 믿 어서기도 했죠.

그 외에도 좋다는 치료를 받기 시작했어요. 행동치료에 기반한 치 료도 받았어요. 우울증과 불안장애에 효과가 있다고 알려졌으니 까요. 하지만 이 치료법이 내게는 그다지 도움이 되지 않았어요. 나는 이성으로 문제를 해결하려 하고, 감정조차 지적인 이해로 제 어하려 하거든요. 이런 경향이 생각이 중단되지 않고 꼬리에 꼬리 를 물게 하는데, 치료 상담을 통해 이런 현상이 더 강화되었죠. 또 한 상황을 언어로 표현하는 데 재능이 있고 그런 걸 좋아하다 보니 이야기를 나누는 것이 오히려 감정에 부응하지 못하게 하는 방어 막이 되었어요.

무릎 통증 때문에 구조적 신체 기법도 실행했어요. 이 치료는 롤핑 Rolfing에 기본을 둔 것인데, 부상이나 잘못된 자세가 결합 조직을 경직시켜 통증을 유발한다고 여겨요. 정신적으로 잘못된 자세도 원인이 될 수 있죠. 이 치료는 압박과 마사지 기법으로 경직된 부

불안에 대처하는 법

분을 풀어주는 거예요. 내 경우에는 이런 치료에서 대화를 통해 다가갈 수 없었던 아주 강한 감정들이 분출되었어요. 치료사는 이런 감정에 여지를 주고 그것들을 지각하게 이끌었죠. 요즘 나는 어렵고 힘든 감정에 대한 두려움이 나를 불안장애로 이끈 심리적 원인이 아니었을까 생각해요. 이런 두려움 때문에 감정을 제대로 지각할 수 없는 데까지 이르렀죠. 나의 불편한 상태를 상세히 묘사했을 때 내 담당 의사가 당황스럽게 쳐다보며 "이건 불안 증세로군요." 라고 했어요. 나는 무척 놀랐어요.

이후 내게 가장 도움이 되었고, 여전히 도움이 되고 있는 건 내 감정과 접촉하는 형태의 치료예요. 내 감정을 있는 그대로 지각함을 통해서, 무엇보다 그 감정들이 오고 가는 것을 지각하는 것을 통해서 불안과 두려움은 잠잠해지죠. 나는 거의 매일 요가 니드라를 해요. 주의 깊고 호의적으로 있는 그대로를 받아들이는 명상법이죠. 이것은 큰 도움이 되었고, 불면증이 심했던 시기에 내게 휴식과 회복을 선물해 주었어요.

나는 1년 반 정도 약물치료로 비교적 안정되게 지냈어요. 요가를 많이 하고, 처음으로 인도로 여행 가서 요가 페스티벌에 참여하기도 했죠. 그런데 요가와 대체 의학의 세계에서 나는 딜레마에 빠졌어요. 마음챙김에 기반한 훈련들은 굉장히 효과적이었어요. 하지만 이들 세계에서는 향정신성 의약품을 제대로 된 치료를 가로막는 나쁜 약으로 폄하하곤 해요. 나도 그렇다고 믿었어요. 예전에 내 부모님도 신경정신과 약을 썼지만, 그들의 심적인 문제들에 제대로 대처하지 못했다는 생각이 들었거든요. 그래서 나는 약을 끊었어요.

하지만 그러고 나서 한 3개월쯤 지나자 상태가 굉장히 안 좋아져서, 약을 다시 복용하기로 했어요. 이번에는 약에 적응하는 것이 훨씬 더 힘들었고, 불안 상태는 굉장히 심해서 치료를 중단할 수밖에 없었어요. 이렇게 이랬다저랬다 우여곡절을 여러 번 반복했죠. 약을 바꿔보기도 하면서요.

절망감은 점점 심해졌어요. 여전히 나는 '우울증' 환자로 진단되었는데, 점점 더 뭔가 맞지 않는다는 생각이 들었어요. 여느 우울증 환자와는 달리 의욕이 없지도 않았고, 일상적인 일들을 감당하지 못하는 것도 아니었어요. 나는 믿을 만한 의사를 찾지 못했고, 계속해서 이 병원 저 병원을 전전하며 약 처방을 받았죠. 나의 삶의 반경은 점점 더 쪼그라들었고, 나의 관심사는 오직 내 상태에 촉각을 곤두세우고 관찰하는 것뿐이었어요. 일하든, 아이들을 돌보든, 남편과 외출하든, 뭘 하든 상관없이 내 관심사는 계속해서 내 상태만을 두고 빙글빙글 돌았어요.

남편이나 아이들이 어떻게 지내는지 전혀 지각하지 못했죠. 그들은 내 걱정을 해주고 이해해 주었지만, 일상에 늘 먹구름이 낀 듯한 상황이 그들에게도 힘이 들었을 거예요. 나는 입만 열면 계속 내 상태를 이야기했고, 견딜 수가 없었어요. 나의 이런 상태는 무엇보다 당시 열여덟, 열아홉 살이었던 우리 딸에겐 정말 힘겨웠을 거예요. 딸이 스무 살이 되자마자 독립해 버렸을 때, 나는 딸이 내게서 도망갔다는 걸 알았어요.

2012년 내가 정신과 병원에 입원하기로 했을 때, 가족들은 약간 홀가분해했어요. 내가 공식적으로 내 상태를 질병으로 받아들이게 된 것은 무엇보다 남편의 짐을 덜어주었어요. 늘 본인이 뭔가를 잘못하고 있고, 내가 잘 지내지 못하는 것이 자기 책임이 아닌가 생각했는데 그 부담감에서 해방될 수 있었지요.

나는 그동안에 여러 번 응급실에 실려 갔었고, 의사들은 여러 번 입원을 권유했어요. 처음에는 입원을 상상조차 할 수 없었어요. 하지만 입원할 무렵에는 주저하지 않았어요. 그것이 마지막 희망이었어요. 하지만 그런 다음 경험한 것은 내 인생의 최악의 시간이었어요. 나는 마치 다리가 부러져서 병원에 갔는데, 걷기를 다시 배워야 한다며, 복도를 끊임없이 왔다 갔다 하라는 지시를 받은 사람이 된 듯한 기분이었어요. 몸무게가 10kg이나 빠지고, 거의 쪽잠밖에 못 잤어요.

이틀에 한 번씩 교수와 레지던트들을 마주했는데, 레지던트들은 교수 앞에서 감히 입도 벙긋하지 못했어요. 나는 마치 재판정에 앉은 기분이었어요. 그들이 대체 무엇을 하려는 것인지 불안한 마음을 가늠할 길이 없었지요. 그러고는 두 달간 정말 끝도 없이 약물을 복용한 끝에 두 가지 제제의 조합으로 증세가 약간 좋아져서 집으로 돌아올 수가 있었어요.(그저 단순히 지쳐서 좋아진 것처럼 보였을 수도 있어요.)

그러다 다시금 한동안 좋아졌고, 약을 끊으니 불안이 도로 찾아왔어요. 이번에는 한 친구의 주선으로 베를린 샤리테병원 불안장애 클리닉에서 상담을 받을 수 있었어요. 그리고 처음으로 불안장애라는 진단이 정확히 내 증상과 일치한다는 걸 느꼈어요. 처방받은 약은 내게 잘 들었죠. 나를 편안히 진정시켰어요. 그럼에도 나는 입원 치료를 받기로 했어요.

이번엔 운이 좋았어요. 샤리테병원에서 치료를 받은 지 3년 지났는데, 나는 이 클리닉을 통해 정말 건강해졌다고 말할 수 있어요. 우선 환경이 너무나 좋았어요. 아름다운 공원, 아늑한 공간들, 친절한 직원들. 정말이지 오아시스와 같았어요. 그리고 적절한 치료를 받을 수 있었어요.

우선 안정제로 심신을 다스리고 다시 잠을 푹 잘 수 있었다는 점이 너무나 도움이 되었어요. 나는 공황 상태에서 빠져나올 수 있었고, 치료에 적극 동참할 수 있었지요. 개별적인 치료 외에도 그룹 치료에서의 과정 지향적, 경험적 접근이 나의 치료에 상당한 도움이 되었어요.

나는 낮은 용량이긴 하지만 여전히 약을 복용해요. 그러는 동안에 나 자신을 위한 여러 기법과 방법을 알게 되었죠. 기 치료와 신경정신과 치료를 연결시키는 데 더 이상 거리낌이 없어요. 〈Whatever works〉라는 우디 앨런의 영화 제목처럼, 뭐든 효과만 있으면 되는 거 아니겠어요. 내 개인적으로는 영적인 훈련이 중요해요. 나 자신의 존재보다 더 큰 존재와 연결되는 것이 내게 안정감을 주기 때문이죠. 이제 나는 알아요. 불안에 대항하는 수단이 통제가 아니라 믿음과 신뢰라는 것을요.

불안에 대처하는 법

범불안장애의 경우도 주변 사람들이 겪는 불편함과 부담감이 크다. 가족 및 친구들은 '도를 넘은' 걱정에 종종 무방비로 노출된다. 아무리 이성적으로 충고를 해봐도 장기적으로 별 효과가 없다. 똑같은 조언을 무수히 반복하지만, 조언하는 사람의 입만 아플 뿐, 범불안장애를 가진 사람은 자신의 시각을 바꾸지 않는다. 그래서 충고하고 조언하는 사람들은 마치 벽에 대고 말하는 듯한 기분이 든다. 그러다 보면 어느 순간 불안장애를 가진 사람은 정말 구제할 길 없이 자기중심적인 사람으로 보인다. 도대체가 자신의 문제에만 골몰할 뿐, 주변 사람들의 관심사가 끼어 들어갈 틈이 없기 때문이다.

가장 힘든 점은 범불안장애 환자가 스스로 안심하기 위해 보이는 행동으로 말미암아 주변 사람들이 고통을 당한다는 것이다. 출장길에 파트너가 체감상 백 번은 전화를 걸어온다고 상상해 보라. 당사자가 큰 병에 걸리지 않았음을 확인하기 위해 계속해서 가족이 함께 병원을 전전해야 하고, 업무상 실수가 없음을 확인하기 위해 부하 직원이 계속해서 이미 종료된 업무를 점검하고 또 점검해야 한다고 생각해 보라. 이런 일을 겪다 보면 주변 사람들은 정말로 범불안장애를 가진 사람을 이해할 수 없게 되고, 화가 나고, 때로는 정말 꼴 보기 싫어진다.

율리아 슈미트는 불안장애에 시달리는 어머니와 함께하는 삶을 이렇게 소개한다.

율리아 슈미트, 29세, 바바라 슈미트의 딸

(바바라 슈미트: 범불안장애)

어린 시절에는 엄마의 상태가 좋지 않다는 걸 몰랐어요. 엄마는 계
속 치료를 받았지만, 그것이 우리의 생활에 부정적인 영향을 끼친
다는 느낌은 들지 않았어요. 8년 전에야 비로소 그 사실이 분명해
졌죠. 처음에는 어디가 불편한 것인지 알지 못했어요. 나는 엄마가
슬프고 짓눌려 있다는 걸 느꼈어요. 엄마의 상태가 좋지 않다는 걸
알았죠. 당시에는 병명이 '우울증'이었어요. 그런 다음 엄마는 약
을 복용하고 치료를 시작했어요. 3년 전쯤에야 비로소 우울증이
아닌 '불안장애' 진단을 받았죠.

부모님, 남동생, 나, 이렇게 가족 모두 함께 살고 있을 때, 나는 엄
마의 가장 주된 대화 파트너였지요. 최소한 내가 느끼는 인상은 그
랬어요. 우리는 아주 긴밀한 관계였고, 늘 서로 이야기를 했어요.
엄마가 아주 좋지 않은 시기에도 그랬어요. 쉽지 않았어요. 엄마는
늘 자기 이야기만 했으니까요. 엄마가 얼마나 힘든지, 모든 것을
어떻게 생각하는지, 모든 것이 왜 좋아지지 않는지…. 아침에 일어
나면 엄마가 완전히 탈진한 모습으로 식탁에 앉아 있었어요. 그런
다음 이야기가 시작되죠.

"아, 또 잠을 못 잤어. 벌써 조깅을 다녀오긴 했어. 벌써 명상까지
마쳤어. 벌써 이것도 했고, 저것도 했어. 그런데도 상태가 좋아지
지 않아."

불안에 대처하는 법

나는 엄마가 아빠에게도 그런 이야기를 하며 하소연하고, 절망하고, 스트레스를 받고, 슬퍼하는 모습을 봐야 했어요. 그때마다 이렇게 생각했죠.

'지금 엄마 상태가 안 좋구나. 하지만 언젠가 좋아지겠지. 언젠가 다 지나가고, 우리 모두 다시 웃을 수 있겠지.'

하지만 좋아지지 않았어요. 끝나지가 않았어요. 엄마와 함께 웃을 수도 없었고, 다른 문제에 대해 상의할 수도 없었어요. 그러다 보니 엄마는 다른 모든 대화에 무관심했어요. 나는 엄마를 엄청 걱정해야 했죠.

어느 순간부터 엄마가 너무 이기적이라고 생각하게 되었어요. 불안이 밀려오면 엄마는 굉장히 불행해 보였어요. 불안해하고 잘 먹지도 않았죠. 다른 가족의 이야기는 들어주지 않고, 배려하지도 않고, 온전히 자기에게만 몰두해 있었어요. 정말 이야기를 많이 했는데, 늘 똑같은 이야기였어요. 내가 슬쩍 주제를 돌리면, 아랑곳하지 않고 금방 자기 이야기를 계속했죠. 다른 것이 끼어들 자리는 없었어요.

"왜 나는 이렇게 상태가 안 좋을까? 내가 뭘 할 수 있을까? 이런저런 방법이 좋다고 하던데…."

엄마는 늘 이 주제를 지적으로 접근했어요. 책을 읽고 조사를 하고, 인터넷을 뒤지고 엄청나게 여러 가지 생각을 했지요. 아주 많은 사람들과 그 이야기를 했어요. 그랬어요. 아주 많은 사람들에게 시종일관 자신이 힘들다는 이야기만 거듭했어요.

나는 줄곧 우리가 엄마를 도와야 한다고 생각했어요. 가사를 돕고,

엄마를 편하게 해주면 엄마가 좀 더 살기 편하지 않을까 여겼어요. 그러나 한편으로는 될 수 있으면 엄마랑 같이 있는 상황을 피하려고 했어요. 나도 나 자신과 내 건강을 보살펴야 한다는 생각이 들었어요.

그런데도 집에 있을 때는 늘 엄마를 돌보고, 같이 영화를 보거나, 뭔가 엄마가 즐거워할 만한 것을 하려고 고심했지요. 엄마의 상태를 나아지게끔 하기 위해 내가 무엇을 할 수 있을까 많이 생각했어요. 하지만 그 무엇도 소용없었어요. 엄마가 왜 저런 상태가 되었을까도 생각했어요. 우리 가족의 어떤 점이 엄마를 힘들게 하는 것은 아닐까. 하지만 아무것도 찾을 수 없었어요. 엄마를 뺀 우리 가족들은 그냥 평범한 사람들이었어요.

나는 어느 순간 이런 상황을 정말 견딜 수가 없었어요. 엄마가 여느 엄마들처럼 보통 엄마였으면 했지요. 필요할 때 나를 도와주고, 내 이야기를 들어주는 엄마였으면 했어요. 하지만 그건 불가능했어요. 내가 선을 분명히 그어야 한다는 걸 깨달았어요. 엄마의 상황 때문에 내 삶까지 망칠 수는 없었어요. 그래서 스무 살이 되자마자 집을 나와 독립했어요. 나는 나만의 공간이 필요했어요.

그런 다음 3년 전 엄마와의 연락을 끊었어요. 엄마는 그 당시에 죽어버리겠다고 말했어요. 마치 그 말이 농담이나 되는 듯한 어투였어요. 나는 시종일관 엄마 상태가 얼마나 안 좋은지에만 초점을 맞추고 모든 것이 그 중심으로 돌아가는 걸 더 이상 견딜 수 없었어요. 우리는 엄마 곁에서 엄마를 도와주려고 했어요. 그런데도 엄마는 우스갯소리처럼 목숨을 끊겠다고 해요. 그게 마치 우리 모두에

불안에 대처하는 법

게 우스운 일이라도 되는 것처럼요.

내가 엄마와 연락을 끊은 직후 엄마는 다시 한번 병원에 갔어요. 그러고 나서 그곳에서 빠르게 차도를 보였어요. 그 이후에는 다시 나빠지지도 않았고요.

그래서 우리는 다시 연락을 하고 지내게 되었어요. 처음에는 쉽지 않았어요. 내가 엄마에게 굉장히 상처를 받은 상태였거든요. 동시에 내가 더 이상 엄마를 돌보지 않는다는 것에 양심의 가책을 느꼈어요. 내가 연락을 끊어버린 것에 엄마도 상당히 충격을 받았다는 게 느껴졌어요. 나를 어떻게 대해야 할지 어쩔 줄 몰라 했지요. 물론 예전에도 나는 과거에 엄마가 어떻게 행동했는지, 그 상황이 내게 얼마나 힘들었고, 얼마나 고통스러웠는지를 다 이야기한 바 있었어요. 우리는 늘 솔직했죠. 무엇보다 엄마가 조금 좋아졌던 시기에는 정말 터놓고 내 생각을 나누었어요.

한동안 이 모든 일과 거리를 두는 것이 내겐 중요했어요. 이제 우리는 서서히 다시 가까워지고 있고, 요즘엔 다시 친한 모녀가 되었어요. 이제 엄마는 다시 내게 관심을 가져주고, 내게 잘해주려고 해요. 하지만 요즘에도 나는 엄마에게 예전처럼 다시 불안이 몰려오면 어쩌나, 다시 상태가 안 좋아지면 어쩌나 굉장히 걱정이 돼요. 한쪽에 늘 걱정이 드리워져 있어요.

엄마의 질병을 통해 나는 스스로 경계를 분명히 하는 것을 배웠어요. 이런 면은 사회복지사이자 코치로서의 내 직업에도 아주 중요해요. 나는 다른 사람들의 문제는 그냥 그들에게 남겨두어요. 그것을 내 것으로 끌어안고 감정 소모를 하지 않아요. 또 불안장애와 우울증이 정말로 의료적 치료를 필요로 하는 질병이라는 걸 알게 되었어요. 가족들이 엄마를 더 많이 돌보면 엄마가 좋아지지 않았을까, 이런 생각은 추호도 없어요. 나나 우리 가족에게 책임이 있다고는 더 이상 생각하지 않아요. 다른 질병들과 마찬가지로 전문적인 도움이 필요한 거죠. 약도 도움이 될 수 있다는 걸 엄마에게서 경험했어요.

나 스스로는 도움을 구하지 않고 혼자서 많은 것을 해결했어요. 엄마와 약간 거리를 두기 시작한 뒤 최근에서야 비로소 불안장애에 대해서도 이것저것 알아봤죠.

불안에 대처하는 법

실패가
두렵다,

사회공포증

      사회공포증Social Anxiety의 경우는 다른 사람들과 함께하면서 뭔가 난처한 행동을 하거나, 비웃음을 당하고 웃음거리가 되지 않을까 하는 두려움이 깔려 있다. 무엇보다 다른 사람의 주목을 끄는 자리에 서야 한다거나, 다른 사람들 앞에서 자신의 능력을 선보여야 할 때 문제가 된다. 특히 알지 못하는 사람들 앞에서 자신의 능력을 선보여야 하는 상황, 대중 앞이나 공공장소에 나서야 하는 상황은 참으로 두렵다.

    사회불안장애, 대인공포증이라 불리기도 하는 사회공포증은 무엇보다 다른 사람들에게 부정적인 평가를 받을까 봐 염려하는 마음에서 기인한다. 불안 반응의 전형적인 트리거는 모임에 가는 것(특히 주최자 외에 참석자들을 거의 알지 못할 때), 동료들과 회식을 하는 것 등이다. 청중 앞에서 강의나 프레젠테이션을 하거나, 면접을 보거나, 식당이나 바 같은 공공장소에서 먹고 마시는 상황도 사회공포증의 전형적인 트리거다.

두려움은 상황 자체에 국한되지 않는다. 해당 상황이 시작되기도 전에 이런 생각이 들곤 한다.

"웃음거리가 되면 어쩌지? 흥분해서 어쩔 줄 모르거나 이상하게 보이면 안 될 텐데. 난 재미없는 사람이니까 좋은 대화 상대가 되지는 못할 거야. 내가 모든 질문에 대답할 수 있을까?"

그러다 보니 보통은 몇 시간 전부터, 때로는 며칠 전부터 예기불안이 시작된다. 그 순간이 다가올수록 증상은 점점 더 안 좋아진다. 신경과민 증상이 나타나며, 종종 잠이 잘 안 오거나, 자다가 깨서 잠을 이루지 못한다. 위장장애를 겪거나, 신체의 다양한 부분에서 간지러움을 경험하거나, 두통이 생길 수도 있다. 해당 상황 바로 직전에는 예기불안이 최대치에 도달하여, 일이 엄청나게 어그러지는 것 내지는 엄청나게 창피를 당하는 장면을 자꾸만 마음속으로 떠올린다.

────○─────────── 불안의 악순환

사회공포증을 가진 경우는 도전을 감당하는 게 쉬운 일이 아니다. 용기를 내어 연인과 외식을 하러 나간다

불안에 대처하는 법

거나, 사람들 앞에서 강의를 한다거나, 새로운 사람을 만나면 다양한 메커니즘들이 작동해 다시 불안을 증폭시킨다. 우선 사회공포증을 가진 사람들은 그런 상황에서 계속 자신의 행동과 성과를 너무나 민감하게, 비판적으로 관찰한다. 그렇게 하여 자신에 대한 부정적 평가를 싹부터 죽이고자 하는 것이다. 그러다 보니 머릿속에는 다음과 같은 문장들이 등장한다.

"난 모든 질문에 곧장 대답해야 해. 너무 오래 머뭇거리면 내가 답을 모른다는 걸 보여주는 거야. 손가락을 비비꼬거나 의자에서 계속 몸을 이리저리 고쳐 앉지 않도록 조심해야 해. 그렇지 않으면 내가 불안으로 거의 숨이 막힐 지경인 것을 모든 사람이 알게 될 테니까. 오, 안 돼! 이제 나는 X씨나 Y부인의 시선을 피하고 있어. 시선을 무조건 견뎌야 하는데!"

하지만 자기 감시 형태의 이런 '모니터링'으로 말미암아 스트레스가 계속 높아지고, 신체적인 불안 반응 증상도 점점 더 많이 나타난다.

사회공포증을 가진 사람들이 곧잘 겪는 문제는 소위 홍조다. 즉, 스트레스 반응으로 말미암아 갑작스레 얼굴이 붉어지는 것이다. 스트레스 반응으로 혈액순환이 증가하는 바람에 피부가 붉어지곤 하는데, 특히나 일반적으로 혈류가 잘 통하는 머리와 목, 가슴 부위가 붉어진다.

사회공포증이 있는 사람들은 이렇듯 스스로도 통제하지 못하는 불안 및 스트레스 반응의 징후들이 겉으로 드러나는 것을 굉장히 두려워한다. 함께 있는 사람들이 이런 징후들을 보고, '아, 지금 저 사람이 불안해하는구나.' 하고 생각함과 동시에 자신을 부정적으로 평가할 것이 틀림없다고 생각하기 때문이다. 그리하여 홍조 현상은 다시금 근본적인 문제를 불거지게 만든다. 이것은 두려운 상황에서의 '적면공포증', 즉 '얼굴이 붉어지는 것에 대한 공포'가 사회공포증을 가진 사람들에게 특유의 문제가 되고, 병리학적 중요성을 지니는 이유를 설명해 준다. 이를테면 다음과 같이 악순환이 초래되는 것이다.

제3자를 통해 평가받는 상황 → 사회적 공포 → 스트레스 반응 → 안면 홍조 → 부정적인 평가를 받을 것에 대한 두려움 → 더 많은 스트레스 → 안면 홍조가 더 심해짐

하지만 사회공포증을 가진 사람들은 불안을 유발하는 상황 이전이나 상황 도중뿐만 아니라, 상황이 지나간 다음에도 이런 증상이 지속되게 만드는 사고나 행동 방식을 보여준다. 나중에 상황을 다시 한번 자세히, 비판적으로 떠올려보며 수프 속에서 머리 한 올이라도 찾아내려 하는 것이다. 그리고 제3자가 볼 때는 눈에 잘 띄지도 않는 세세한 부분에 엄청난 의미를 부여한다. 반복적으로 헛기침을 했다거나, 대답이 좀 늦어졌다거나, 상대방이 한 번쯤 이맛살을 찌푸렸다거나 하는 모든 일이 수치스럽고 창피한 일이요, 혹은 (새로운) 사회적 실패로 간주된다. 그런 자기비판적인 회고를 통해 불안 증상은 유지되거나 더 커지며, 악순환이 시작된다.

불안에 대처하는 법

독일의 경우 성인의 약 3%가 사회공포증에 시달린다. 사회공포증은 이르게는 초등학교에서부터 발현되는 데, 해당 아동들은 굉장히 내성적이고 조용한 성격적 특성을 보이며 자존감이 건강하게 발달하는 데 어려움을 겪는다. 어떤 사건의 중심에 서게 되면 종종 울음을 터뜨리기도 한다. 사회적 상호작용이 어렵기에 친구 사귀기를 힘들어하는 경우가 많다.

청소년기나 초기 성인기에는 사회적으로 퇴각하거나, 다른 사람들과 함께하는 활동을 피하면서 계속적인 발달이 상당히 위축될 수 있다. 그러므로 사회공포증은 조기에 치료해야 한다. 치료하지 않으면 대개 시간이 지나면서 증상이 악화된다. 신체적으로는 손 떨림, 홍조, 현기증, 구강 건조, 또는 속이 안 좋은 느낌과 같은 특별한 증상들이 나타난다.

성인기에 이르러 사회공포증을 가진 사람들은 사회적 불안 외에도 자신감과 자존감 결핍에 시달린다. 사회적 상호작용을 피하다 보니, 사회공포증은 특히 사회적 상황을 전반적으로 악화시켜 직업 활동을 하는 데도 커다란 문제에 봉착할 수 있다. 가령 직업적으로 무조건 고객을 만나야 하는데 사회공포증으로 인해 이런 활동이 불가능하면 고용주가 계약을 파기하여 일자리를 잃을 수도 있다. 때로는 동료들과 상호작용하는 것마저도 큰 부담으로 다가온다. 평가에 대한 두려움 때문에 면접을 보거나 구직 절차를 시작할 엄두조차 못 내다 보니 직업적 상승이 불가능한 경우도 발생한다. 드물게는 두려움으로 인해 반강제적인 사회적 고립에 빠지기도 한다. 여기까지 이르면 고통의 수준은 종종 새로운 차원에 도달한다.

사회적 접촉을 유지하거나, 교육을 지속하거나, 직장일을 시작하거나 계속해 나가기 위해 사회공포증을 가진 사람들은 계속해서 점점 더 강하게 밀려오는 공포와 싸우고, 두려운 상황에 스스로를 노출시킨다. 그리고 두려운 상황을 견딜 수 있게 종종 자신에게 안정감을 주는 전략을 행동 레퍼토리로 삼는다. 가령 사회적 상호작용을 하는 동안 계속해서 손을 바지주머니에 숨긴 채 손톱으로 손바닥을 쿡쿡 찌르거나, 손목을 압박붕대로 감기도 한다. 개인적이고 창조적인 행동 레퍼토리는 얼마든지 가질 수 있다. 이런 안전행동의 공통적인 목적은 상황이 주는 불안에서 다른 데로 주의를 돌릴 수 있게끔 신체적인 '반대 자극'을 주는 것이다.

"아, 대체 왜 그러는 거야? 그러지 좀 마. 네가 이 상황을 이겨내지 않으면 더 안 좋은 일이 생길 거야."라는 식으로 주변에서 가하는 압력도 과소평가할 수 없다. 주변의 압력은 당사자로 하여금 위에서 말한 비교적 무해한 안전행동을 습관으로 갖게 하고, 단기적으로 불안을 줄여주는 물질을 복용하게 만들 수 있다. 이런 물질 중에서 술이나 중독성이 높은 벤조디아제핀 계열의 신경안정제가 가장 문제성이 있는데, 이에 대해서는 4장에서 자세히 살펴보기로 하자.

사회공포증에는 베타차단제도 상대적으로 자주 투입된다. 메토프로롤, 비소프로롤 또는 도시톤 등이 베타차단제 성분인데, 심장 근육과 골격근, 즉 머리, 다리, 팔, 몸통의 근육에 대한 아드레날린 및 노르아드레날린의 영향을 감소시키며, 아울러 심박수와 혈압의 감소 효과를 낸다. 그래서 내과에서 베타차단제는 주로 혈압강하제로 사용되며, 골격근의 긴장을 감소시키기 때문에 '특발성 떨림'처럼 계속되는 근육 떨림이 있을 때도 증상을 호전시키기 위해 사용된다. 사회공포증이 있는 사람에게서 교감신경 활성으로 나타나는 심장 두근거림과 떨림 같은 신체적 증상도 베타차단제를 통해 완화될 수 있어서, 경험된 신체 증상과 불안 사이의 악순환의 고리를 어느 정도 끊을 수 있다.

과거에는 주변 평가에 대한 두려움에 시달리는 사람들에게 베타차단제를 널리 사용하곤 했다. 하지만 오늘날에는 뇌과학의 발달로 생물학적 측면에 효과적으로 작용하는 약물들을 사용하면서 그 중요성이 감소되었다. 사회공포증과 관련하여 베타차단제의 효과는 논란이 분분하다. 베타차단제가 불안을 유발하는 상황에 대처하게끔 하는 것은 확실하지만, 원인에 대한 치료는 되지 않고, 심지어 심리치료 효과를 저해할 수도 있어서다. 이에 대해서는 4장에서 더 자세히 살펴보고자 한다.

○━━━━━━━━ 사회공포증의 다양한 발현 형태

사회공포증에는 많은 측면이 있다. 때로는 평가에 대한 두려움이 두세 가지의 상황, 즉 일반적인 사회공포증의 수준을 확연히 웃돌 수도 있다. 그렇게 되면 당사자는 사회적 환경과 관련하여 말을 못하는 '선택적 함구증'의 진단 기준을 충족할 수도 있다.

WHO의 국제질병분류인 ICD-10에 따르면 최소한 두 가지 이상의 사회적 상황에서 두려움을 느껴 당사자가 굉장히 힘들어하거나 삶이 침해당할 때 사회공포증으로 진단할 수 있다. 당사자는 청중 앞에서 프레젠테이션을 해야 하는 상황, 사람이 많은 장소에서 식사를 해야 하는 상황, 다른 사람들과 상호작용을 해야 하는 상황 등에서 두려움을 느낄 수 있다. 한 가지 상황에서만 불안을 느끼는 경우라면 현재는 '특정공포증Specific Phobia'으로 진단하는데, 이에 대해서는 뒤에서 살펴보겠다.

하지만 앞으로는 2022년부터 발효된 새로운 국제질병분류인 ICD-11에 의거하여 한 가지 상황에서만 불안 반응을 보이는 사람도 그 불안이 능력 평가에 관한 것인 경우는 사회공포증으로 진단할 수 있다. 능력 평가에 대한 불안은 다른 사람 앞에서 말을 하거나 강연을 하는 것에 대한 두려움, 무대에 서는 것에 대한 두려움으로 표현될 수도 있어 음악가들이나 배우들에게 중대한 문제가 될 수 있다.

무대에 서는 것에 대한 두려움이 음악가들을 얼마나 힘들게 하는지는 최근 몇 년간 우리의 불안장애 클리닉과 샤리테병원 안에 있는 '베를린 음악가 의학센터Berliner Centrum fuer Musikermedizin: BCMM'와의 협진에서 여실히 드러났다. 베를린 음악가 의학센터에서는 무대공포증이 있는 음악가들을 우리 불안장애 클리닉에 의뢰하곤 하는데, 그중 두 사람이 이 책을 통해 자신들의 특별한 경험을 나누어주었다. 연주에 대해 부정적인 평가를 받을까 봐 두려워하는 예술가들은 베타차단제를 복용한 상태에서 무대에 오르거나 아니면 더 이상 무대에 서지 못한다. 사회적 상호작용을 피하고, 두려움 때문에 연주를 거절하는 것이 특히나 음악가들에게는 중대한 결과들을 초래할 수 있다. 연주 요청에 잘 응하지 않거나 일정을 취소하곤 하면 이 세계에서 빠르게 실업자가 될 수 있으며, 개인적·사회적으로 모든 불이익을 감수해야 한다. 사회공포증이 오케스트라 음악가 니나 브롬의 삶에 어떤 영향을 미쳤는지 이야기를 들어보자.

니나 브롬, 30세, 오케스트라 연주자

(진단: 사회공포증)

사실 나는 줄곧 불안했어요. 하지만 결코 그것을 입 밖으로 표현하지는 않았죠. 불안한 건 내게 그냥 당연한 것이었으니까요. 그것이 다른 사람들에게는 당연한 게 아니며, 주변 사람들에게 마음을 열고 다가갈 수 있는 사람들은 그런 문제로 힘들어하지 않는다는 걸 알긴 했어요. 하지만 나는 지금까지도 그렇게 하는 게 어려워요. 주변 사람들에게 난 늘 수줍고 종종 진지한 사람으로 여겨져요. 그러다 보니 불안 증세로 힘들긴 했어도 그것을 병적인 것으로 생각하지는 않았던 것 같아요. 그러다가 1년 반쯤 전에 비로소 불안장애, 사회공포증이라는 진단을 받았지요.

친구들, 가족들과 함께 있을 때는 무척 좋아요. 하지만 그러다가 잘 알지 못하거나 낯선 사람이 끼어들면 힘들어지죠. 나를 어떻게 생각하는지 알 수 없는 사람들이 다가오면 불안이 고개를 들기 시작해요.

어릴 적에도 그랬어요. 잘 모르는 손님이 찾아오거나, 우리 가족이 낯선 집을 방문해서 처음 만나는 아이들과 놀아야 하면 굉장히 불편해졌고, 상대 아이 앞에서 굉장히 조심스럽게 굴었죠. 아주 수줍고 조용했어요. 나이가 들면서 어떤 사람들은 나더러 약간 교만하고 차가운 인상이라고 했어요. 사람들과 싹싹하게 대화를 트지 못했으니까요. 나는 항상 사람들을 대하는 것에 두려움이 있었어요. 학창 시절에 친구들과는 아무 문제가 없었어요. 하지만 다른 반 아이들이 근처에 오면 신경이 곤두섰죠. 수업 시간에도 정말 싫었어요. 선생님이 내게 질문을 던지면 대답을 할 수가 없었어요. 머릿속이 갑자기 하얘진 것처럼요. 나는 굉장히 압박감을 느꼈고, 틀린 대답을 해서 창피를 당할까 봐 무서워서 아무 말도 할 수가 없었어요. 텍스트를 읽고 요약해야 할 때면, 텍스트에 집중하지 못해 대체 무슨 이야기인지 알아먹을 수가 없었죠. 선생님이 내 이름을 불러서 시킬까 봐 시종일관 가슴을 졸였어요.

성인이 되어서도 새로운 사람을 만나야 할 때면 스트레스를 받아요. 그냥 약속을 취소해 버리고 싶어요. 대부분 마지막 순간에 말이에요. 그러다 보니 사람들이 모이는 자리에 가지 않을 때가 많아요. 갔다가 기분이 안 좋아지는 걸 견디지 못할까 봐 불안하고 두렵죠. 동료들 모임이 있을 때도 가급적 끼지 않으려 하지만 늘 빠질 수만은 없어서 억지로 낄 때가 있어요. 그럴 때는 약간 친한 한두 사람에게 찰싹 달라붙어 있어요. 대화에 별로 참여하지 않고 가만히 있지요. 혹시라도 무슨 말이라도 하게 되면, 그 뒤 며칠간 사람들이 내 말을 잘못 알아듣지 않았을까, 내가 상황에 맞지 않는 말을 한 건 아닐까 전전긍긍해요. 내가 다른 사람들은 절대로 하지 않을 너무 사적인 이야기를 지껄인 건 아닐까 걱정을 하지요. 어쨌든 나는 가장 먼저 모임 자리를 박차고 일어나요. 얼른 집으로 도망갈 기회만 호시탐탐 노리니까요.

그리고 돌아와서는 모든 시선을 해석하고, 그게 무슨 뜻이었을까 자문해요. 행사에 가는 게 맞았는지, 안 가는 게 맞았는지, 맞다고 해야 했는지, 반대로 대답해야 했는지 등등 내가 내렸던 모든 결정들을 돌아보며 그게 맞는 결정이었는지 의심을 해요. 어차피 일어난 일이고, 그렇게 한 게 맞다고 타협을 하기까지는 며칠 걸리죠. 나는 동료들 사이에서 엄청 얌전하고 재미없는 사람으로 여겨질 거예요. 조금 친한 동료들에게는 저녁 약속 같은 건 내키지 않고, 그냥 조용히 혼자 있고 싶다고 양해를 구해요. 그러면 동료들은 이해해 주지요. 더 믿을 수 있는 몇몇 동료에게는 나의 불안 증상과 내가 복용하는 약에 대해서도 이야기를 했어요. 나와 친하게 지내고 싶어 하는 사람들이라면 알아야 하니까요. 그래야 나를 더 이해할 수 있고, 내가 퇴근 뒤에 동료들과 삼삼오오 짝을 지어 외출하지 않는 게 그들에 대한 개인적인 악감정이 있어서라고 오해하지 않으니까요.

연주가 있을 때면 무대에 나가기 전에 신경과민 증상을 보여요. 동료들이 나를 어떻게 생각할까, 내게서 어떤 인상을 받을까 하는 우려들이 머릿속을 스치지요. 넘어진다든가, 악기를 손에서 놓치는 바람에 조용한 무대에서 비명을 지르는 장면, 혹은 연주를 하다가 어마어마하게 큰 실수를 해서, 모든 단원들 앞에서 창피를 당하는 장면을 눈에 그려요. 동료들이 내가 이 자리에 어울리지 않는 사람이고, 이 자리에 있을 만큼 충분히 연주를 잘하지 않는다고 생각할까 봐 겁이 나요. 하지만 그런 다음 무대에 올라 연주를 하기 시작하면, 상태는 좋아져요. 침착해지고, 음악에 완전히 집중을 할 수가 있지요. 나는 말보다 음악으로 더 쉽게 의사소통을 할 수 있어요. 내가 오케스트라에 단원으로 지원했을 때 이런 점은 내게 늘 유리하게 작용했어요. 오디션에서는 말을 할 필요가 없이 연주만 하면 되니까요. 물론 오케스트라 생활을 하려면 동료들과 말을 해야 해요. 연습할 때는 연주에 관한 전문적인 부분들에 대해 이야기를 나눠야 하고, 쉬는 시간에는 일상적인 수다도 떨어야 하고요. 오케스트라에 들어가서 처음에는 사람들이 있는 자리에서 전혀 입을 열지 못했어요. 큰맘을 먹고 뭔가 이야기를 할 때는, 무슨 말을 해야 할지 사전에 충분히 생각을 했죠. 때로는 글로 적어보기도 하고요. 그런 뒤에는 좀 더 쉬워졌어요. 그래서 전체 동료들이 있는 데서도 이야기를 할 수가 있었죠.

이런 성공 경험은 내게 도움이 되었어요. 그럼에도 그런 상황에서 굉장히 스트레스를 받고 신경이 곤두서는 건 여전해요. 불안을 느낄 때면 압박감이 심해요. 무엇보다 가슴 부분이 굉장히 조이지요. 신경이 예민해져서 신경줄이 끊어질 듯해지면 복통과 설사가 나타나요. 불안증 자체의 외적인 증상은 없어요. 대부분은 내 머릿속에서 진행되지요.

이것에 대해 나는 2년 전부터 사귄 남자 친구하고만 이야기해요. 말하자면 그를 가장 괴롭히는 셈이지요. 그에게는 굉장히 솔직하게 이야기할 수 있어요. 그는 내 병에 대해 아주 잘 알거든요. 남자 친구는 나를 많이 도와줘요. 그래서 다른 사람들과 함께 어울릴 때도 그와 함께라면 평소보다 더 오래 모임에 앉아 있어요. 남자 친구와 함께 있으면 이런 일들이 한결 견딜 만해지지요. 중간중간 그 역시 뭔가를 나처럼 느끼는지 피드백도 받을 수 있고요. 나랑 똑같이 생각한다는 걸 알면 한결 마음이 편안해져요.

부모님은 내 불안 증상이 얼마나 심각한지 아마 제대로 모를 거예요. 내가 열두 살에 기숙학교에 들어간 이래, 부모님은 내 상태를 그리 많이 알지 못했어요. 엄마와 다른 자매들은 사람들과 훨씬 더 스스럼없이 어울려요. 사람들과 함께하는 걸 즐기지요. 나는 그런 점을 보며 늘 놀라곤 했어요. 때로는 자매들에게 전화를 걸어서 내가 마음이 불편해서 이런저런 곳에 가지 않으려 한다고 이야기해요. 그러면 그들은 내게 조언을 해주고, 내 마음을 안정시켜 주려고 해요. 그다지 큰 문제로 보지 않는 것 같아요.

가족이나 친구들과 함께 있을 때는 나도 달라져요. 훨씬 말을 많이 하고, 훨씬 솔직하고 자유로워지죠. 때로는 성질도 막 내고요. 완전 다른 사람이 돼요.

요즘 나는 나 자신의 편이 되어주고, 스스로를 되도록 판단하지 않으려 해요. 치료 덕분이기도 하죠. 불안을 더 용인해 주고, 가능하면 인정하고 받아들이려고 해요. 친숙한 주변 사람들에게는 내 상태를 좀 더 표현할 수 있게 되었어요. 무엇이 나를 몰아가는지, 내가 어떤 두려움을 가지고 있는지, 내 안에서 어떤 생각이 굴러다니는지….

더 이상 스스로를 의심하지 않고, 동료들과도 내 불안에 대해 터놓고 이야기할 수 있을 정도까지 되길 바라고 있어요. 나는 동료들에게서 그들이 나를 좋아하고, 전임자랑은 다르지만 내가 오케스트라 단원으로 있는 것을 좋아한다는 피드백을 받고 있어요. 물론 아직은 '정말 그런가' 반신반의하는 단계예요. 내가 조금이라도 실수를 하면 더 이상 아무도 나를 좋아하지 않을 거라는 불안은 여전히 가지고 있어요.

○─────── 사회공포증이 주변에 미치는 영향

우리의 경험에 따르면 사회공포증을 가진 사람의 가족이 겪는 가장 불편한 점은 바로 사회생활이 제한된다는 것이다. 함께 모임에 가거나, 새로 이사 온 이웃집의 초대에 응하거나 멋진 레스토랑에서 식사를 하는 일이 불가능하고 그런 모임에 가더라도 일찍 자리를 떠야 한다. 사회공포증을 가진 당사자의

불안에 대처하는 법

불안이 너무 커서 시간이 흐름에 따라 견딜 수 없는 수준이 되기 때문이다. 그리하여 때로는 고립되는 느낌이 들기도 한다. 가족들은 종종 '대변자' 역할을 해야 하는 부담도 언급한다. 사회공포증을 가지고 있는 경우, 스스로 관심사를 직접 피력하지 못하기 때문에, 필요한 말을 대변인이 해주어야 하는 것이다. 그러다 보면 당사자는 점점 자율성이나 독립성을 상실하고, 이것 또한 그 자체로 문제가 된다.

아울러 당사자가 사람들이 모인 자리에 간신히 동행하긴 했는데, 그 자리에서 계속 침묵하거나 눈에 띄게 괴로워하고 힘들어하면, 가족들 또한 마음이 안 좋아져 거의 참을 수 없는 지경에 이른다. 게다가 사회적 불안으로 말미암아 더 이상 직업 활동을 하지 못하여 가정 경제가 힘들어지거나 하면 역시나 상당한 문제가 빚어진다.

배우자나 다른 가족들은 당사자가 집에서는 엄청 수다스럽고, 거침없고, 똑똑하고, 절대로 소심하지 않은 것을 경험하다 보니, 사회에서 보이는 행동과 집에서 보이는 행동의 차이로 말미암아 헷갈리게 되고, 당사자를 오해하기도 한다. 내숭을 떤다거나, 일부러 그런 태도를 보이는 것이라고 말이다.

사회공포증을 가진 니나 브룸의 파트너도 어떤 경험을 했는지 이야기해 주었다.

크리스티안 립셔, 33세, 니나 브롬의 파트너

(니나 브롬: 사회공포증)

함께 살기 전부터 이미 나는 여자 친구의 불안 증세를 알고 있었어요. 나는 불안을 느끼면 비교적 터놓고 이야기하는 편이었기 때문에, 니나에게 내가 느끼는 걸 솔직히 이야기했어요. 니나도 그런 이야기에 굉장히 솔깃해한다는 느낌을 받았죠. 우리는 이 주제에 대해 이야기를 하고 의견을 나누기 시작했어요. 처음에는 피상적으로만 이야기하다가 점점 깊은 이야기를 나누게 되었죠.

처음에 니나의 불안 증세를 실감했던 것은 우리 악단이 니나의 집을 배경으로 사진을 찍으려고 했을 때였어요. 단원들이 니나의 집으로 몰려갔는데, 계속해서 뭔가를 사과하는 니나의 행동이 눈에 띄었어요. 뭔가가 정돈되어 있지 않거나, 뭔가를 미처 생각하지 못했다고 연신 사과를 해대었지요. 계속 사과를 하는 모양새가 부자연스러웠어요. 그런 다음 우리가 함께 지내게 되었을 때도 계속해서 그런 상황을 경험했어요.

니나는 특정 상황에서 보통 사람들보다 더 스트레스를 받아요. 그렇다고 내가 그녀의 지금 상태가 어떤지, 지금 불안이 얼마나 큰지를 느낄 수 있는 건 아니에요. 다만 아주 사소한 일들에서 니나가 스트레스를 받고 있다는 걸 느끼죠. 사람들과 함께 있는 자리에서 부쩍 조용하고 말이 없다던가, 다소 긴장해 있다던가, 얼굴 표정이 약간 안 좋다던가 하는 데서 말이에요. 그럴 때면 이 친구가 다시

달팽이집으로 들어가기 시작했구나 하고 생각하죠.

니나의 불안장애를 처음부터 알고 있었기 때문에 내겐 그리 큰 문제로 다가오지는 않아요. 나 스스로도 그런 상황을 잘 알기 때문에 호의 어린 태도를 보여줄 수가 있지요. 난 니나에게 무슨 일이 일어나는지 알아요. 어떻게 그런 일이 일어나는지도 알고, 그럴 때 기분이 어떤지도 알죠. 그래서 일단 있는 그대로 받아들여 줄 수 있어요. 마음은 아프지만, 헷갈리지는 않아요. 그냥 자연스럽게 받아들이죠. 나 역시 특정 상황을 힘들게 생각하고, 그럴 때면 '나 스스로도 무척 예민하기 때문에' 얼마나 힘든지, 상황이 얼마나 스트레스로 다가올 수 있는지를 아니까요. 이런 점은 우리 둘의 유대관계를 더 돈독히 해줘요. 그리고 니나가 나를 비춰주는 거울처럼 작용해 나는 오히려 이런 상황에서 부정적인 감정에 휘말리지 않고 고요함을 유지할 수 있지요. 드물게 짜증 날 때도 있어요. 니나가 더 이야기를 해줬으면 하는데, 마음 빗장을 걸어 잠그고 함구할 때가 그렇죠. 하지만 대부분은 니나의 반응을 충분히 이해할 수 있고 그리 거슬리지 않아요.

때로는 나 역시 나 자신에게 꽂혀서 내가 사람들에게 어떻게 보였을까 하는 것에 대해 생각을 많이 하는 상황들이 있어요. 그럴 때는 니나를 배려할 힘이 남아 있지 않죠. 하지만 그래도 니나가 숨을 어렵게 몰아쉬며, 내게 시선을 맞추려 하는 걸 알아채면 그녀를 살피며, 눈빛으로 신뢰를 주고자 해요. 나 자신이 시범을 보이듯 심호흡을 하면서 니나의 손을 잡고는 모든 것이 괜찮고 견딜 수 있으며, 공연히 불안에 휘말려들 필요가 없다는 신호를 주지요. 하지만 그런 순간에도 내 신호가 니나에게 정말로 도움이 된다고 생각하지는 않아요. 물론 내 신호를 인지하지만, 그것이 니나의 기분에 직접적인 영향을 미치지는 못하는 것 같아요.

나중에 다시 단둘이 있게 되면 니나는 참았던 말을 다 쏟아놓으며 울고불고하지요. 그럴 때는 정말 안타까워요. 그런 다음 감정이 잦아들면 그녀는 내게 자신의 감정과 불안을 이야기하고, 우리는 친밀한 대화로 마음을 나누지요. 니나의 불안이 우리의 관계에 부정적인 영향을 미친다고 생각하지 않아요. 결과적으로는 오히려 긍정적인 영향을 미치지요. 둘이 함께하니까요.

우리는 각자의 모든 면모를 숨김없이 보여요. 약한 부분도요. 피하려 하지 않아요. 고스란히 내보이다 보니 좋을 때든, 나쁠 때든 상관없이 결속력이 강하지요. 니나와 함께 있으면 좋아요. 비슷한 부분을 공유한다는 느낌이에요. 다만 우리의 불안이 드물게 서로를 거스를 때가 있어요. 그럴 때는 스트레스가 와요. 나는 간혹 혼자만의 시간을 필요로 할 때가 있는데, 니나는 그걸 강한 거부로 느껴요. 그럴 때면 우린 잠시 삐걱거리기도 해요. 그동안 보지 못했던 니나의 공격적이고 투쟁적인 면모가 눈에 들어오죠. 한 번씩 그런 일이 일어나요. 하지만 그 시간이 지나면 대부분의 시간들은 서로 잘 지내고, 친밀하고 가까워요. 우리는 상대를 있는 그대로 인정해 주고, 하고 싶은 대로 하게 해주죠.

특정한 상황은 니나에게, 혹은 우리에게 스트레스가 된다고 내 머릿속에 입력되어 있어요. 그러면 나는 그런 상황들을 피하죠. 또는 니나를 동반하지 않고 한 번씩 모임에 가기도 하고요. 니나가 나를 위해 가주려는 마음이 있어도 괜찮다고 해요. 어디엔가 함께 갔을 때 니나가 불안해할까 봐 지레 내가 불안한 증상은 없어요. 니나가 불안해한다고 해서 나까지 불안해지지는 않아요. 물론 니나의 불안 증세에 대처하는 것이 때로 힘들긴 하지요. 무엇보다 불안 증세가 오래가고, 그녀를 진정시키려는 노력이 오히려 역효과를 낼 때면 말이에요.

하지만 그것 때문에 나 자신이 불안하지는 않고, 그런 상황에 대해 스스로 걱정을 하지는 않아요. 나 역시 치료를 받고 있는데, 진료 시간에 그런 내용을 언급할 필요성을 전혀 느끼지 못하는 것만 봐도 알 수 있죠. 심리치료를 가면 나를 힘들게 하고 불안하게 하는 것에 대해 나는 완전히 터놓고 이야기해요.

생각만 해도
두렵다,

특정공포증

특정 대상이나 상황에 대해 두드러진 불안을 느낄 때 이를 특정공포증이라 한다. 특수공포증, 단순공포증이라고도 한다. 아이들은 이런 공포를 느낄 때 울거나 화를 내고, 얼어붙거나 달라붙는 식으로 표현한다.

특정공포증의 경우는 대상이나 상황과 맞닥뜨리는 것이 거의 언제나 직접적인 공포 반응을 자아낸다. 그 때문에 당사자들은 공포를 불러일으키는 상황이나 대상을 가급적 피하려고 한다. 불안 정도가 그 상황이나 대상이 실제로 동반하는 위험 정도를 훨씬 웃돌기 때문에, 주변 사람들은 이를 과도한 것으로 평가한다.

그러나 이런 증상들이 당사자의 삶을 제한하고 침해하면 불안장애로 본다. 다른 심리 질환과 비슷하게 해당 증상이 어느 정도의 시간을 두고 계속, 전형적으로 6개월 이상 이어질 때만 특정공포증으로 진단할 수 있다. 다만 아이들의 경우는 정상적인 발달과정에서 어떤 상황이나 대상에 일시적으로 공포를 겪는 경우가 비교적 흔하다는 것을 감안해야 한다.

특정공포증은 다음과 같은 유형으로 구분된다.

○ 동물형: 거미, 곤충, 개, 또는 다른 동물에 대한 공포증

○ 자연환경형: 높은 장소, 폭풍우, 물, 화재 또는 기타 환경 조건에 대한 공포증

○ 혈액형·주사형·상처형: 피, 주사, 채혈, 수혈 같은 침습적 의료 행위 등에 대한 공포증

○ 상황형: 엘리베이터, 비행기, 밀폐된 장소 등 폐쇄적인 공간에 대한 공포증(광장공포증과 달리 한 가지 상황만 무서워하거나 피하고자 한다.)

○ 기타형: 위에 언급한 상황 외 다른 상황에 대한 공포증(가령 질식이나 구토에 대한 공포 등)

여러 유형의 공포증을 동시에 보이는 경우도 흔하다. 특정공포증을 가진 사람들은 평균적으로 세 가지 대상이나 상황을 두려워하며, 약 4분의 3이 두 가지 이상의 상황이나 대상을 두려워한다. 체감하는 두려움의 정도는 두려워하는 대상이나 상황이 공간적, 혹은 시간적으로 얼마나 가까운지에 따라 좌우되는데, 때로는 두려움을 일으키는 트리거를 상상하거나 떠올리기만 해도 공포가

유발된다.

공포 반응은 종종 전형적인 공황 발작과 비슷한 증상으로 나타
난다. 어느 정도로 공포를 느끼는지는 공포의 대상이 나타나는 상
황이 중요하다. 특정공포증을 가진 사람은 두려움을 피하기 위해
그 상황이나 대상과 대면하지 않으려는 행동을 보이며(회피행동),
이런 행동들이 사회적, 직업적으로 제한을 줄 수 있다. 가령 출장
을 가야 한다거나(비행기), 병원을 방문해야 한다거나, 또는 다른
일을 해야 하는데 이런 일들을 할 수 없을 때가 있다.

다른 불안장애와 비슷하게 대부분의 특정공포증은 남성보다
여성에게서 두 배로 많이 나타나지만 혈액형·주사형·상처형은
남녀 모두 비슷한 정도로 나타난다. 혈액형·주사형·상처형 공포
증이 갖는 또 하나의 특이점은 당사자가 잠시 의식을 잃을 수도
있다는 것이다(실신). 다른 유형의 특정공포증은 교감신경계의 활
성화를 동반하는데 이 유형은 반대다. 다른 불안장애를 겪는 사람
들도 실신을 할 수 있지만, 사실 혈액형·주사형·상처형에서만 간
혹 나타날 따름이다. 이것은 미주신경성 실신, 즉 미주신경이 강
력하게 활성화됨으로써 혈압이 대폭 떨어져 일어나는 실신이다.
이미 언급했듯이 이외의 공포 반응은 늘 교감신경계의 강력한 활
성화를 동반한다.

특정공포증은 다양한 방식으로 발병한다. 스스로 위협적이거
나 충격적인 경험을 한 뒤에 생겨나기도 하고, 다른 사람이 그런
사건을 겪는 것을 목격한 뒤에 생기기도 한다. 특정 상황(가령 지
하철에서)에서 예기치 않은 공황 발작을 하거나, 비행기 추락 등에

대한 언론 보도를 접한 뒤에 특정공포증이 생기기도 한다. 하지만 많은 사람들이 자신을 특정공포증으로 몰아넣은 특별한 사건을 상기하지 못하는데, 일부는 아주 어려서 그런 일을 겪었기 때문이기도 하다.

특정공포증은 발병 평균 연령이 7세에서 11세 사이이고, 상황형이 환경형이나 혈액형·주사형·상처형보다 더 늦게 발현되는 경향이 있다. 특정공포증이 성인기까지 지속되는 경우 적극적인 치료 없이 다시 회복될 가능성은 거의 없다.

여기 한 트럼펫 연주자가 무대공포증 형태의 특정공포증이 삶에 어떤 영향을 미치는지 이야기를 들려줄 것이다.

장 피서, 28세, 음악가

(진단: 특정공포증)

트럼펫과 음악은 내 삶이에요. 전체 하루 일과가 그것을 중심으로 짜여요. 휴식 시간 포함해서 네 시간의 연습 시간을 확보하려면 하루에 대략 예닐곱 시간이 필요해요. 유감스럽게도 내리 트럼펫만 불고 있을 수는 없기 때문이죠. 입 근육이 그것을 허락하지 않아요. 그럼에도 나는 종종 입 근육을 혹사시키곤 해요. 전에는 여덟 시간에서 열 시간 정도 연습을 하기도 했어요. 더 잘하려고, 더 잘해서 무대공포증을 없애려고 했던 거지요. 부모님과 선생님들은 그만하라며, 나를 쉬게 하려고 애를 썼어요. 하지만 나는 말을 듣지 않았어요. 부모님과 선생님들이 내게 연습하라고 압박을 했던 것이 아니에요. 압박은 나 스스로 만들어냈죠. 부모님은 그것을 알고, 누군가에게 뭔가를 증명해 보일 필요가 없다고 말했어요. 물론 나는 나 자신에게 증명하려고 했어요. 나 자신이 나의 최대의 라이벌이었죠.

조용하고 작은 방에서 나 혼자 연습을 하는 건 엄청 즐거웠어요. 하지만 연주하기 위해 무대에 서는 것은 점점 어려워졌어요. 사춘기 때부터 그런 증상이 시작되었죠. 열둘, 열셋에 나는 트럼펫을 열심히 연습했고, 내가 트럼펫을 아주 잘 불 수 있다는 걸 알았죠. 하지만 두세 사람 앞에서만 연주해도 이미 평가받는 듯한 느낌이 들고 스트레스가 심했어요. 사람들이 있으면 너무나 곤혹스러웠죠. 발가벗겨진 것 같은 느낌이었어요. 최선을 다해 연주해도 전혀 마음에 들지 않았고, 내 실력에 점점 불만족하게 되었어요. 다른 사람들의 평가와는 상관없이, 나 스스로 충분하다고 생각하지 않았어요.

잘못된 음 하나하나가 재앙으로 다가왔어요. 그런 일이야 늘 있는 것인데도 나는 점점 더 괴로웠어요. 매번의 연주가 내게는 에베레스트산과 같았죠. 연주를 앞두고는 2주 전부터 제대로 잠을 이루지 못했어요. 두려움이 나를 점점 갉아먹었죠. 나는 연주가 무조건 완벽하기를 바랐어요. 정말 모든 음이 정확하기를 바랐어요. 두려움은 나의 전 인생을 송두리째 삼켜버렸고, 두려움과 나는 건강하지 못한 공생을 시작했죠.

두려움 때문에 사회성도 많이 잃어버려 유대관계를 맺는데도 오랫동안 문제를 겪었어요. 일시적으로는 가볍게 자폐 성향이 나타나기도 했죠. 음악가로서 나는 가뜩이나 늘 연습실에서 혼자 지내고 많은 것들을 혼자 하니까요. 그런 다음 가족이나 여자 친구랑 함께 있게 되면, 나는 멍하니 정신 나간 상태가 돼요. 이런저런 것에 대해 별다른 말은 하지 않고, 머릿속에서는 늘 다음 연주를 실수 없이 하려면 연습을 해야 한다는 생각밖에 없었어요. 주변 사람들은 나의 상태를 인지하고 처음에는 너그러이 대해주었어요. 그들이 봐도 내가 굉장히 초조해 보였으니까요. 내게 좀 쉬고, 가끔은 그냥 될 대로 내버려 두라고 충고를 했죠. 하루 정도 연습하지 말고 신경을 끄라고 말이에요.

하지만 나는 그런 말을 들을 때 이해받고 있다는 느낌이 들지 않았어요. 내가 왜 그래야 하는지 알지 못했죠. 나는 너무나 완강했어요. 완벽주의와 모든 사람의 마음에 들고자 노력하는 성향이 합쳐져 거의 폭발적인 수준으로 불안이 배가되었죠. 스스로에 대한 높은 요구가 고집과 짝을 이루어서 쉽사리 내려놓고 포기할 수가 없었어요.

열세 살 때 첫 청소년 콩쿠르에 참여했던 기억이 나요. 그때 처음 '아, 사람들이 앉아서 듣고 평가하는 데서 연주를 하는 건 굉장히 다르구나.' 하는 걸 깨달았죠. 처음에는 이런 마음이 일시적으로 지나가겠거니 했어요. 조금 더 나이가 들어 경험이 쌓이면, 연주에서 기교적으로 노련해지면 나아지겠거니 했지요. 그래서 늘 그런 마음을 억압했고, 연주하러 무대에 오를 때마다 겪는 일들을 적극적으로 문제 삼지 않았어요. 그러다 보니 상태는 점점 더 안 좋아졌죠.

열여덟 살에 음악학교에서 작은 연주를 선보일 기회가 있었어요. 나는 다시 한번 나의 실력에 만족하지를 못했죠. 원하는 소리가 나지 않았고 긴장으로 몸이 몹시 떨렸어요. 연주를 마치고 침울한 얼굴로 무대에서 내려온 나는 그 공간을 박차고 나왔어요. 내가 정말 화가 났다는 걸 모두가 알아챌 수 있었죠. 나는 점수를 찢어서 쓰레기통에 넣고는 마구 달아났어요. 그러고는 차에 올라타고 미친 듯이 운전을 했죠. 참으로 위험한 일이었어요. 나뿐 아니라 다른 운전자들에게도 말이에요. '으아, 진짜 위험해.'라는 걸 의식했어요. 부모님과 선생님들도 내 행동이 도를 넘었고, 정말 좋지 않다며 우려를 표명했죠.

그때 처음으로 심리치료를 받으러 갔어요. 공공기관에서 진행하는 상담도 몇 번 했지요. 상담사는 "넌 모두의 마음에 들려고 하고, 스스로를 굉장히 압박하고 있어. 그러니 좀 내려놓고 편안하게 해. 그러면 좋아질 거야."라고 했죠. 하지만 원래의 문제는 해결되지 않고 그대로 남아 있었어요.

그러고 나서 얼마 뒤 크리스마스 오라토리오에서 솔리스트로 연주회에 서게 되었을 때였어요. 나는 스트레스를 받은 나머지 목이 거의 꽉 막혀버렸고 소리가 더 나오지 않았어요. 연주회가 시작되었을 때 이미 벼락을 맞은 것처럼, 마비된 것처럼 완전히 멍해 있었어요. 시간이 지날수록 증상은 점점 심해졌죠. 땀이 비 오듯 흘렀고, 트럼펫에서는 아무 소리도 나오지 않았어요. 청중들에겐 가수들과 오케스트라 소리만 들릴 뿐 트럼펫 소리가 들리지 않았을

불안에 대처하는 법

거예요. 나는 모든 패시지마다 새롭게 힘을 내보려고 애를 썼어요. 하지만 되지가 않았어요. 좋아지지가 않았어요. 정말 울부짖고 싶을 정도로 안 좋았죠. 나는 〈환호하라, 기뻐하라〉를 연주했는데, 거의 울음이 나올 지경이었어요. 트럼펫에서 나오는 소리가 너무나 안 좋아서 그냥 뛰쳐나가 버렸어요. 출연료를 받을 엄두조차 나지 않았죠. 모든 것이 너무나 창피했어요. 내가 보기에 연주는 정말 최악이었어요. 모두가 속으로 '대체 저 트럼펫 연주자 누구야? 초보야, 뭐야?' 하며 어리둥절해한다는 것이 느껴졌죠. 완전히 망했다고 보면 돼요.

당시에 나는 연주하기 전과 연주를 하는 동안에 심장이 쿵쾅거리고, 잠이 안 오고, 손에 식은땀이 났어요. 식은땀이 나서 트럼펫에 번질번질 묻을 정도였죠. 하지만 나는 그 모든 것을 여전히 단순한 무대공포증으로 여겼어요. 사실 단순한 무대공포증이 아니라는 건 오래전에 확실히 알았는데 말이에요. 나는 더 연습해야 한다고 생각했어요. 자다 일어나도 완벽하게 연주할 정도가 되면 훨씬 나아질 거라고 믿었어요. 계속해서 이를 악물고 미친 듯이 연습을 했죠. 상태가 극단적으로 오르락내리락했지만, 여전히 나는 더 많이 연습하면 해낼 수 있으리라고 확신했어요. 하지만 그런 다음에 결과가 만족스럽지 않자 좌절을 했고, 이제 모든 것이 의미가 없으니 그만해야겠다는 생각이 들었어요.

사실 음악보다 내가 더 좋아하는 것은 없었어요. 하지만 무대에 서는 것에 대한 불안증 때문에 나는 트럼펫 연주를 그만두고 무엇이든 다른 것을 해볼 생각을 했죠. 중요한 것은 불안과 공포를 끝내는 것이었어요. 그래서 경제학과에 다시 입학하려고도 했어요. 하지만 그 직전에 틀었죠. 결국 그건 내 길이 아니었어요. 나는 트럼펫 외에 하고 싶은 것이 아무것도 없었으니까요.

수면장애는 점점 더 심해졌어요. 소화도 안 되고, 배변 습관이 불규칙해졌고요. 무대에서 느끼는 증상이 이제 밤에도 찾아왔어요. 나는 악몽을 꾸고 식은땀을 흘리며 잠에서 깨어나곤 했죠. 너무 상태가 안 좋아서 여자 친구가 이제 더 이상 방치할 수는 없겠다는 이야기를 했어요. 그것이 3년 전이에요.

그러고 나서 나는 샤리테병원에 갔고, 그곳에서 '불안장애' 진단을 받았어요. 샤리테병원에 음악가들을 치료하는 의학센터가 있어서 정말 좋았어요. 나와 비슷한 음악가들을 많이 만날 수 있었죠. 이곳에서 모든 톱니가 맞추어졌어요. 나는 빠르게 도움을 받게 되었죠. 그때부터 내 상황은 훨씬 좋아졌어요. 가족들도 내가 왜 그러는 것인지 드디어 알게 되어 좋아했어요. 불안장애 진단에 대해 들으면서 가족들은 나와 마찬가지로 '아, 맞다. 바로 그 때문이었어!' 라고 생각했죠. 갑자기 모든 것이 이해되었다고 해요. 가족들은 대체 왜 그러는 거냐고 캐묻기를 중단했어요.

그 뒤 오케스트라에 정규직으로 들어가게 되면서 내 상태는 다시 한번 훨씬 나아졌어요. 나는 의식적으로 정규직을 구하고자 했고, 솔리스트가 아니라, 제2트럼펫 주자로 들어갔어요. 그러자 훨씬 더 상태가 좋아졌어요. 공연에 대한 불안감은 아직 있지만, 훨씬 줄어들었어요. 불안은 승객과 같아요. 조용한 동반자죠. 완전히 사라지지는 않아요. 하지만 난 어떻게 대처해야 하는지 알아가고 있

불안에 대처하는 법

어요. 요즘엔 콘서트 일정을 무리하게 잡지 않아요. 다른 사람들과 함께 불안 증세에 대해서 이야기도 하고요. 남자들은 대개 자신의 불안과 두려움을 고백하고 도움을 청하는 데 힘들어하는 경우가 많다지만, 다행히 나는 그런 축에 속하지는 않아요.

특정공포증이 주변에 미치는 영향

특정공포증을 가진 사람의 가족들은 여러 어려움을 겪을 수 있으며, 어려움의 정도는 특정공포증의 종류와 심한 정도에 따라 달라질 수 있다. 특정공포증이 가족들의 삶에 얼마나 큰 영향을 미칠 수 있을까? 가령 고소공포증에 시달리는 사람의 배우자가 등산을 과히 좋아하지 않거나, 높은 탑이나 실내 암벽 등반장 같은 데 가고 싶어 하지 않는다면, 고소공포증이 배우자와의 관계에 별 영향을 끼치지 않을 것이다. 하지만 강아지를 엄청 좋아해서 여러 마리를 기르는 사람이 하필이면 강아지 공포증이 있는 상대를 사귀게 된다면, 이 일은 파트너 관계나 우정에 상당한 도전이 될 수 있다.

특정공포증에서도 증상과 예기불안, 안전행동과 회피행동이 주변 사람들의 삶에 상당한 제한을 초래할 수 있다. 그리하여 파트너, 친구, 자녀, 부모의 삶에도 심각한 영향을 끼칠 수 있다. 아들의 무대공포증을 겪은 클라우디아 피셔의 이야기를 들어보자.

클라우디아 피셔, 54세, 장 피셔의 어머니

(장 피셔: 특정공포증)

아들이 불안장애에 시달린다는 걸 나는 최근까지 몰랐어요. 전에
는 아들의 증세가 불안장애라고는 전혀 생각하지 못했어요. 내가
인지한 것이라고는 아들은 아주 어릴 적부터 욕심이 많았다는 거
예요. 유치원에서도 그랬고 초등학교에 들어가서도 지고는 못 사
는 성격이었죠. 늘 최고 점수를 두고 친구와 경쟁했어요. 장은 항
상 최고가 되고자 했고, 최고 득점을 받으려고 사력을 다했어요.
누굴 닮아 그런 건지 우리는 이해할 수 없었어요. 제 아빠도 나도
그렇게 욕심이 많은 성격이 아니었거든요. 하물며 학교 다닐 때는
더더욱 그랬죠.

이런 야심이 나중에 음악으로 인해 절정을 이루게 될 거라고는 생
각하지 못했어요. 트럼펫 연주를 하면서 아들은 정말 바뀌었어요.
초조함과 소심함이 더 심해졌죠. 학교에서는 시험 전에 결코 불안
해하지 않았어요. 하지만 음악에 대해서는 달랐죠. 트럼펫으로 시
험을 봤을 때가 기억나요. 장은 연주를 했고, 곧장 점수가 나왔어
요. 60점 만점이었는데, 만점을 받지 못했어요. 그랬더니만 완전히
난리가 났죠. 성적표를 바닥에 내동댕이치고 뛰쳐나갔어요. 아들
이 그렇게 반응하는 것이 정말 어처구니없었어요. 난 그것이 불안
과 관계있다는 걸, 완벽하지 않은 걸 용납하지 못하는 마음과 관계
있다는 걸 몰랐어요. 그래서 장의 행동을 이해하지 못했죠.

그도 그럴 것이 장이 받은 점수는 정말 좋은 점수였고, 결국 1등 상을 받았거든요. 반에서 최고였어요. 하지만 장은 자신에게 만족하지 못했어요. 자신에게 만족하지 못한다는 것이 장의 최대의 문제라고 생각해요.

그런 다음 열여덟 살 생일쯤에는 이미 상당히 심해졌어요. 하지만 난 장이 불안해서 그런다고는 생각하지 못했어요. 오히려 뭐랄까, 번아웃 같다는 느낌이 강했죠. 그래서 우리가 개인적으로 아는 심리학자와 몇 번 상담을 했어요. 그 뒤에는 좀 잠잠해졌어요. 하지만 얼마 뒤 또다시 찾아왔어요. 정확히 언제 그것이 시작되었는지 이야기할 수 없어요. 늘 주기적으로 왔어요. 뒤돌아보면 사춘기는 굉장히 순하게 지나갔어요. 위기는 오히려 나중에 찾아왔죠. 십대 시절에도 이미 약간의 굴곡이 있었지만, 그리 나쁘지 않았어요. 장은 트럼펫에 완전히 집중했어요. 아홉 살에 이미 학교 작문 시간에 커서 트럼펫 연주자가 되겠다고 적었죠. 나중에는 콘서바토리 영재 과정에서 수업을 받기 위해 그렇게 좋아하고 잘했던 축구까지 그만두었어요. 한 치의 의심도 없이 트럼펫 연주자가 되겠다고 진로를 결정했죠.

무엇보다 연주를 앞두고 연습할 때면 정말 어마어마했어요. 엄청나게 연습을 많이 했고, 늘 트럼펫을 들고 다녔죠. 휴가 때도 말이에요. 연습이 불가능한 상황에선 스트레스를 많이 받았어요. 장은 이미 어릴 적부터 연습을 너무 많이 하는 바람에 때로는 말려야 했어요. 그런 다음 연주가 예상대로 되지 않으면 상태가 아주 안 좋아졌죠. 언젠가 장이 어느 콘서트에 솔리스트로 나가야 했어요. 그런데 장의 생각만큼 연주가 잘 되지 않았나 봐요. 우리는 부모니까 당연히 알았죠. 하지만 다른 사람들은 몰랐을 거예요. 불안해서 연주를 잘 못한 건지, 컨디션이 안 좋았던 건지요. 그럴 수도 있었으니까요. 그런데 연주를 마치자마자 장이 뛰쳐나가서는 자동차를 몰고 그냥 가버리는 게 아니겠어요? 무대 인사도 하지 않고 말이에요. 집으로 간다고, 너무 창피해서 더 이상은 할 수 없노라고 문자를 보내왔더라고요. 난 요즘에도 간혹 그런 상황이 두려워요. 솔로 연주를 한 뒤 또 그렇게 괴로워하는 일이 일어날까 봐서요. 아들이 오케스트라에서 작은 솔로 파트라도 연주할 때면, 난 객석에 앉아 마음을 졸이며 모든 것이 잘되기를 바라요.

이런 증상은 일시적으로 모자 관계를 힘들게 만들기도 해요. 가족들은 장을 늘 잘 도와줬어요. 하지만 더 이상 가까이 가지 못할 때도 있었어요. 원래 장은 엄청 사교적인 아이였어요. 연주 여행이라도 가면 문자도 많이 하고, 사진도 많이 보내주고 그랬어요. 하지만 음악에 꽂혀서 연주가 불만족스러울 때면, 아무하고도 이야기를 하지 않았어요. 누군가랑 이야기하는 걸 거부하고 완전히 자신의 마음문을 닫아버렸죠. 그럴 때면 나는 굉장히 힘들었어요. 모든 걸 허심탄회하게 이야기하고, 안 좋은 감정들을 털어버리길 원했거든요. 무엇보다 장을 도와주려고 했지요. 하지만 장에게 도움이 되지 않았어요. 장은 그냥 혼자 있고 싶어 했고, 혼자만의 공간으로 들어가 버렸어요. 난 무력감을 느꼈죠. 그러다가 어느 순간 다시 나와서 울부짖거나 소리를 지르거나 하지만, 처음에는 골방으로 들어가 나오려고 하지 않았어요. 그렇게 마음문을 닫아버리면

　　　　　　　　　　　　불안에 대처하는 법

나는 무척 난감해요. 그럴 때 장은 누구의 도움도 원하지 않아요. 친구들조차 가까이 다가갈 수 없지요.

이런 상황은 한동안 남편과의 관계도 안 좋게 만들었어요. 남편과 나는 그런 상황에 굉장히 다르게 대처했기 때문이죠. 남편은 꽤 이성적인 사람이라, 이제 아들이 모든 상황을 스스로 알아서 헤쳐나가야 한다고 생각했어요. 하지만 그건 내게 아주 힘든 일이었어요. 나는 '암탉'처럼 자식을 품는 스타일이기 때문이죠. 나는 친구들과 이런 상황에 대해 많이 이야기했어요. 친구 중 한 사람이 행동치료사라서 내게 도움을 많이 주었어요.

지금 돌아보면 미래에 대한 불안도 장을 힘들게 한 요인이었다는 생각이 들어요. 오케스트라에 고정된 일자리를 얻은 뒤부터 장은 훨씬 안정되고, 더 이상 초조해하거나 안달복달하지 않아요. 직업적으로 어떻게 될지 모른다는 것, 부모에게 금전적으로 아직 종속되어 있다는 점이 그를 굉장히 힘들게 하지 않았나 하는 생각이 들어요. 모자 관계는 이제 훨씬 좋아졌고 편안해졌어요. 그런 상황에서 인내심을 발휘하는 것이 얼마나 중요한지를 이제 알아요. 장의 행동을 너무 개인적으로 받아들이고, 장이 불안하고 두려워하는 것이 내 책임인 것처럼 고민해서는 안 돼요. 나는 장이 말하면 그 말을 잘 경청하려고 해요. 그리고 장이 혼자 하려고 하면 그것을 존중해요. 하지만 여전히 쉽지는 않아요.

비이성적인
애착,

분리불안증

성인기의 분리불안증은 최근에 보완된 국제 질병분류 ICD-11에서 처음으로 받아들여진 두 가지 새로운 불안 장애 중 하나다. 물론 분리불안 자체는 새로운 현상은 아니며, 모든 분리불안을 병적인 것으로 받아들일 것도 아니다. 아이들이 보이는 분리불안은 오래전부터 알려져 왔었고, 어릴 적에 일시적으로 나타나는 한 굉장히 정상적인 일로 취급되었다. 거의 모든 아기들이 6개월에서 18개월 사이에 부모나 가까운 애착 대상들이 공간적으로 멀어지면 불안해한다.

이런 행동은 진화에 뿌리를 두고 있다. 이 시기의 아기들에게 애착 대상은 무엇보다 그들을 보호하는 사람들이다. 그들 없이는 아직 독립적으로 생존할 수 없고, 위험한 상황에서 벗어날 수도 없기 때문이다. 그리하여 아기들은 애착 대상과 분리되면 소리를 지르거나 울고, 애착 대상이 다시금 등장하여 눈에 보이면 울음을 그친다.

하지만 분리불안이 이 시기를 넘어 계속되거나 그 뒤에 비로소 시작되거나 하면, 더 이상 발달심리학적으로 '정상적인' 범주에 들지 않는다. 불안을 느끼는 당사자나 애착 대상의 삶에 지장을 초래하거나 힘들게 하는 분리불안은 병리적인 것으로 여겨진다. 연구에 따르면 아동기의 병리적인 분리불안증은 대부분 7세 정도에 시작되고 사춘기 정도가 되면 감소된다. 이 연령이 되면 아이들은 불안한 상태를 이미 말로도 잘 표현할 수 있다. 그리하여 자신들과 떨어져 있는 시간에 부모가 사고를 당하거나 폭력에 연루되지 않을까 하는 두려움을 드러내곤 한다. 어린이집이나 학교에 가기 싫다고 떼를 쓰거나 공격적인 행동을 보일 수 있고, 친구나 친척 집에도 부모 중 한쪽이 반드시 동행해야만 가곤 한다.

복통이나 두통 같은 신체적 불편도 아동기 분리불안증의 전형적인 증상이다. 이런 신체적 불편은 부모와 떨어져야 하는 상황을 앞두고 이미 나타나기도 하고, 나중에 다시 한번 심해질 수도 있다. 분리로 인한 불안과 스트레스 수준은 신체적 증상으로 나타난다.

이런 증상들이 아이들을 굉장히 힘들게 하고 사회적 관계를 형성하는 데 지장을 초래할 수 있음은 물론이다. 그 밖에도 행동반경과 삶의 질이 제한되는 것이 부모와 자녀 사이의 관계에 부정적인 영향을 초래할 수 있다. 또한 분리불안 증상을 보이는 아이를 어떻게 해야 좋을지에 대해 부모 사이의 의견이 배치되는 경우, 부모 사이에도 불화가 나타날 수 있다.

분리불안증은 어엿한 독립적인 질환으로서 성인기까지 이어질 수 있고, 경우에 따라서는 성인기에 비로소 시작될 수도 있다. 최근의 데이터는 성인기에 진단되는 분리불안증의 40%가 18세 이후에 비로소 처음 나타난 것임을 보여준다. 물론 성인기에 겪는 분리불안증은 대체로 더 이상 부모와의 분리로 인한 것이 아니고, 그 시기 당사자에게 가장 중요한 사람과의 분리로 인한 것이다. 배우자나 자녀, 혹은 형제자매가 불안의 중심에 있을 수 있다.

이런 경우 분리불안을 가진 당사자들은 대부분 사고나 폭력 범죄 같은 일로 애착 대상을 잃어버릴지도 모른다는 걱정에 휩싸인다. 배우자가 출장이나 휴가를 떠나서, 혹은 딸이 외국에 체류하게 되어서 오랫동안 공간적으로 떨어져 있거나, 그런 상황을 앞둔 상태에서 당사자의 걱정은 현저히 증가하고 구체적인 불안의 형태를 띤다.

하지만 분리불안증이 '예외적인 상황'으로만 말미암는 것은 아니다. 그냥 출근하고 학교에 가고 주말에 쇼핑을 가는 일상에서도 분리불안증이 나타난다. 반대로 당사자가 외출하고 애착 대상이 집에 있는 상황도 커다란 문제로 다가온다. 이럴 때 당사자는 애착 대상을 홀로 남겨두는 것이 굉장히 힘들거나 불가능하다. 그리하여 혼자서 일상적인 일들을 해결하거나 배우자나 자녀 없이 혼자서 외출하는 상황을 피하거나 거부한다. 계속해서 그들 곁에 있기 위해서다.

당장에 어떻게 대처할 수 없는 분리불안증에서 불안 증상은 공황 발작 수준으로 발전할 수 있고, 대부분 범불안장애와 비슷하게 안전을 도모하려는 행동으로 이어진다. 그리하여 당사자들은 자신들의 애착 대상과 전화 접촉을 한다. 안전을 확인하기 위해서다. 분리불안증이 범불안장애와 비슷한 또 다른 점은 잠이 들기 어렵거나 자다가 깨어나는 등 수면 문제를 겪는 것이다. 여기서도 애착 대상과의 분리나 상실 같은 불안으로 점철된 생각들이 꼬리에 꼬리를 물고, 대부분 지속적인 스트레스 증상들이 나타난다. 하지만 범불안장애와 달리 분리불안증의 경우는 주로 분리에 대한 측면과 관계되고, 다른 삶의 영역과 관련해서는 이렇다 할 걱정이 없다.

성인 중 분리불안증에 시달리는 인구가 얼마나 되는지는 정확한 통계가 없지만, 미국의 한 연구에 따르면 미국의 경우 인구의 약 1%가 분리불안증을 가진 것으로 나타났다. 대부분의 불안장애처럼 분리불안증 역시 아동이든 성인이든 남성보다는 여성의 비율이 더 높은 것으로 나타났다. 하지만 이런 경향은 연령이 증가할수록 상대적이며, 최근의 연구 결과에 따르면 18세 이후에 발병할 가능성이 더 높은 것으로 나타났다.

초기 성인기에 들어 발병한 분리불안증이 한나 슈탐의 삶에 어떤 영향을 미치고 있는지 이야기를 들어보자.

한나 슈탐, 35세, 교사

(진단: 분리불안증)

모든 것은 16년 전 부모님이 헤어지면서 시작되었어요. 부모님은 25년간 함께한 후에 아주 불미스럽게 헤어졌죠. 내겐 청천벽력과 같은 일이었어요. 늘 부모님을 나의 이상형처럼 생각해 왔던 터라 정말 충격을 받았죠. 나는 아름다운 유년기를 보냈고, 부모님과 관계가 아주 좋았는데, 부모님의 이혼으로 일상이 무참히 깨졌어요. 엄마는 갑자기 집을 떠나 새로운 파트너에게 옮겨갔고, 동시에 언니도 독립해 집을 나갔죠. 나는 두 남동생과 함께 아빠와 집에 남겨졌고 갑자기 많은 것을 감당해야 했어요. 정신적으로 아빠 곁에 있어야 했고, 동생들을 보살펴야 했죠. 엄마와의 관계는 곧 회복되었어요. 하지만 예전처럼 언제나 함께할 수가 없었고 힘들었죠. 엄마, 아빠가 헤어졌을 때 남동생들이 열네 살, 열여섯 살이었어요. 아빠는 모든 것에 회의를 느끼고 많은 걸 소홀히 하기 시작했어요. 그냥 될 대로 되라는 자세로 일관했죠. 남동생들은 말썽을 일으키곤 했지만, 아빠는 아무런 개입도 하지 않았어요. 그저 무기력하고, 자신의 고통을 추스르느라 절절맸죠.

남동생들과 나는 아빠를 2년간 지탱하다시피 했어요. 아빠를 위해 같이 있어주었고, 늦은 밤에도 우리를 부르면 곁에서 아빠의 이야기를 들어주었죠. 엄마와 헤어진 사건은 아빠에겐 정말 힘겹고 충격적인 일이었나 봐요. 아빠는 전처럼 일도 제대로 하지 못하고 줄곧 집에 있었어요. 이 모든 상황은 우리 모두를 힘들게 했죠. 하지만 난 집을 떠나 독립한다는 생각은 결코 할 수가 없었어요. 아빠가 허락하지 않을 거라 여겼어요. 아빠는 자신에겐 내가 필요하며, 이제 가족 중 우리 넷만 오롯이 남았다는 걸 늘 강조했어요. 집을 나간 언니는 이미 가족에서 제외되었죠. 나는 압박감이 심했지만, 다른 한편 이런 상황을 통해 아빠와의 관계는 더 내밀해졌어요. 당시 엄마에게 더 이상은 그 모든 것을 감당하기가 힘들다고 호소한 적도 있어요. 엄마는 집을 나와야 한다고 했어요. 하지만 나는 그럴 수 없었어요. 어떻게 그렇게 할 수가 있겠어요. 아빠에겐 내가 그렇게도 필요한데 말이에요. 집을 나가면 나는 엄마나 언니와 마찬가지로 가족이 아닌 것이잖아요.

엄마와 헤어진 지 2년쯤 지났을까, 아빠가 갑작스럽게 병으로 돌아가시고 말았어요. 처음에는 괜찮아질 거라고 했어요. 하지만 그러고 나서 아빠가 혼수상태에 빠졌어요. 나는 금전적인 문제와 아빠의 치료에 대해 모든 것을 결정해야 했어요. 고작 스물한 살짜리로서는 부담이었어요. 무엇보다 내가 아빠에 대해 결정해야 한다는 사실이 그랬죠. 그러고 나서 아빠는 다시 깨어났지만 전처럼 돌아갈 수는 없었어요. 아빠는 식도암이었고, 남은 시간이 얼마 없었어요. 나는 매일 병원에 갔고, 병원에서 거의 살다시피 했어요. 아빠에겐 우리밖에 없으니 혼자 남겨두어서는 안 될 것 같았어요. 아빠는 엄마를 보고 싶어 했지만 한 번도 연락을 하지 않았어요. 하지만 엄마도 연락을 할 수가 없었어요. 그런 뒤 아빠가 다시 집에 왔고, 우리는 아빠를 보살펴야 했죠. 쉽지 않은 일이었어요. 아빠는 아무것도 혼자 할 수 없었어요. 나는 아빠가 돌아가실 때까지 간병을 해야 했죠.

같은 해에 엄마도 암에 걸렸어요. 의사들은 엄마가 살아남지 못할 거라고 했지만 기적처럼 엄마는 살아남았어요. 한동안 나는 같은 해에 부모님 두 분을 모두 잃어버리는 건 아닐까 굉장히 무서웠어요. 이 일은 내게 상당한 영향을 미쳤어요. 10년 전이었는데 당시 사귀던 남자 친구와도 헤어졌죠. 그 친구가 나의 이 모든 상황들을 더 버거워했거든요. 이 시기부터 내가 사랑하는 사람들에게 무슨 일이 일어나지 않을까, 모두가 나를 떠나버리지 않을까 점점 더 불안해지기 시작했어요.

아빠가 돌아가시기 두 달 전쯤에 나는 집을 나왔어요. 당시 살던 그 집이 은행에 넘어갔으니까요. 아빠가 돌아가신 뒤에는 막내 남동생이랑 같이 살았어요. 동생에겐 아무도 없었고, 투병 중인 엄마에게는 갈 수 없었기 때문이죠.

그때쯤이었어요. 동생의 일거수일투족을 알아야 마음이 편한 증상이 시작되었어요. 동생은 외출할 때마다 어디 가는지 내게 알려야 했고, 돌아올 때면 이제 돌아간다고 기별을 해야 했어요. 마지막에 나는 거의 모든 걸 통제해야 직성이 풀렸어요. 동생이 우유를 사러 가면 도중에 전화를 해서 그가 우유를 기억하고 있는지 체크

불안에 대처하는 법

했어요. 기억하지 못해도 나쁠 건 없었는데도 말이에요. 하지만 그렇게 해야만 마음이 놓였죠. 이 모든 것에 대해 동생과 터놓고 이야기를 했고, 동생이 따라주는 것이 고마웠어요.

그러다 8년 전에 나는 거처를 옮겼고 좋은 친구가 내 동생이랑 함께 살기 시작했죠. 나는 근처에 나만의 공간을 구했어요. 그건 동생과 나 둘에게 매우 좋았어요. 내가 너무 심하게 엄마 역할을 하고 있었으니까요. 그런 상황은 동생에게도, 내게도 더 이상 좋지 않아요. 나는 이후 혼자만의 삶을 즐겼어요. 하지만 굉장히 불안하기도 했어요. 당시 나는 13년째 고양이를 키우고 있었어요. 예전에 아빠랑 같이 이름을 지어준 고양이었죠. 고양이는 나와 내내 함께 했고, 나의 전부였어요. 정말 위로가 되는 고양이였어요. 그러다가 내가 일을 하기 시작하면서 고양이를 한 마리 더 데려왔죠. 그런 다음 첫 고양이가 2년 전 세상을 떠났을 때는 정말이지 미칠 것만 같았죠. 슬럼프를 겪었어요. 내게 그 고양이는 완벽했어요. 나랑 둘도 없는 친구였고, 늘 내 옆에 와서 누웠고, 내 상태가 안 좋으면 잘 알아주었어요. 정말 슬픔이 북받쳤어요. 거의 비슷한 시기에 할머니도 돌아가셨는데 고양이가 죽은 게 더 안 좋을 지경이었어요. 할머니는 96세였고 노쇠하셔서 돌아가셨어요. 할머니가 돌아가신 것도 안 좋았어요. 할머니는 아빠의 어머니였고, 할머니와 함께 아빠의 마지막 부분이 세상에서 사라져 버렸으니까요.

그러고 나서 친한 친구도 암에 걸렸어요. 이건 정말 너무나 버거운 일이었어요. 우선 내 남동생이 정신신체의학 클리닉에 드나들었고, 나도 그렇게 했죠. 이즈음 그 친구가 죽었어요. 처음에 가족들은 내가 충격을 받고 병원 치료를 제대로 받지 않을까 봐 그 사실을 말하지 않았어요. 하지만 그 소식을 듣고 나는 가족들에게 장례식에는 가게 해달라고 했고, 이후 치료를 계속하겠다고 약속했지요.

지금도 난 엄마가 돌아가실까 봐 걱정이 되고 불안해요. 때로는 동생이나 시어머니에게 무슨 일이 생길까 엉뚱한 걱정에 빠지기도 하지요. 시어머니와 사이가 좋거든요. 친한 친구들에 대해서도 걱정을 해요. 친구들이랑 만나고 헤어진 다음에는 집에 잘 도착했는지 내게 문자를 하라고 하지요.

남편의 경우는 정말 심하게 체크를 해요. 남편은 내게 어딜 가는지, 도착했는지 늘 보고를 해야 하고, 외출하면 중간중간 연락을 취해야 해요. 남편은 괜찮다고, 그렇게 연락하는 게 힘들지 않다고 말해요. 우리는 매일매일 잘 도착했는지 서로 소식을 주고받아요. 우리 둘 다 그럴 필요를 느껴요. 하지만 내 경우는 아주 심해요. 그래서 중간에 그에게 무슨 일이 일어났을까 봐 거의 공황 발작이 나타날 지경까지 되지요. 그가 없으면 내 삶이 어떻게 될지 상상을 하고요. 남편이 없으면 살 수 없을 것 같은 기분이에요. 물론 남편에겐 그것이 굉장한 부담이죠. 그가 나의 전부라는 사실 말이에요. 그 역시 내가 자신의 전부라 말하긴 하지만, 그럼에도 남편이라는 존재는 내게 있어 최대의 불안 요소예요. 우리는 이제 5년째 함께 살고 있어요. 4년 전부터는 결혼한 상태고요. 안 지는 10년 되었어요. 우리는 정신신체의학 클리닉에서 알게 되었어요. 당시 그의 친구가 그 병원에 입원해 있어서 그가 드나들었거든요. 그러고 나서 2~3년 뒤쯤 우리가 사귀게 되었죠.

최근에 남편은 직업상의 이유로 거의 여덟 시간을 자동차 운전을 해야 했어요. 그날 나는 고속도로에서 무슨 일이 생길까 봐 거의 패닉이었죠. 남편은 면허를 딴 지 2년밖에 안 되었어요. 나는 계속해서 그에게 메시지를 보냈죠. 그가 운전 중이라 답을 할 수 없다는 걸 알면서도요. 쉬어가는 걸 잊지 말고, 목적지에 도착하면 내게 전화하라고 메시지를 남겼어요.

불안 외에 나는 우울감도 가지고 있어요. 우울감이 엄습하면 갑자기 울기 시작하지요. 왜 그런지 알지도 못하면서요. 그러면 목이 메이고 두려워요. 때로는 앞날이 마냥 걱정이 되고, 때로는 남편 없는 미래가 두려워요. 한번은 슈퍼마켓에 갔는데 갑자기 공황 발작이 찾아왔어요. 멍청하게 울부짖으면서 두렵다는 이야기밖에 할 수가 없었어요. 그때 남편이 다행히 아주 침착하게 나를 도와줬어요. 우리는 이야기를 많이 해요. 남편이 어떻게 잘 견디는지 모르겠다는 이야기도 하죠. 남편은 그리 힘들지 않다고 이야기하는데, 난 그 말을 곧이들을 수가 없어요. 남편은 나를 안정시켜 주고, 나를 이 땅에 발붙이고 살게 해주는 존재예요. 그는 나로 하여금 뭔가 잘못되었다거나 이상한 사람이라는 기분을 느끼게 한 적이 없어요. 늘 내 삶을 있는 그대로 받아들여 주지요. 이야기를 많이 하는 건 좋아요. 정말 모든 것에 대해서 하죠.

돌아보면 내가 그 오랫동안 어떻게 '기능했는지' 약간 놀라워요. 나는 직업적으로 그다지 태만하지 않았어요. 여러 교육과 연수를 수료했죠. 계속 좋은 성적으로요. 부모님께 내가 해낼 수 있음을 보여주려는 마음이 중요한 동기부여가 되었어요. 요즘에는 내가 다른 사람들을 너무 걱정한다는 걸 느끼면 스스로 그러지 않도록 경계 설정을 더 잘할 수 있어요. 일상에서 마련해 주는 작은 오아시스들이 내게 좋은 역할을 해요. 고양이를 쓰다듬어 준다든가, 여유 있게 목욕을 즐기고, 친구들과 수다를 떨어요. 이제는 나의 불안장애가 질병이라는 걸 받아들여요. 어쩔 수 없고, 부끄러워할 필요도 없어요. 이건 그냥 내 인생이고, 인생에서 겪는 일들이니까요.

분리불안증이 주변에 미치는 영향

분리불안증이 있는 사람들이 애착 대상에게 강하게 집착하다 보니 상대는 구속당하는 느낌을 받는 경우가 많다. 배우자나 자녀, 친구들이 어디에 있는지, 잘 있는지를 계속 점검하고, 안전을 확인하는 행동은 이들의 자율성을 침해하고, 관계 가운데 자유롭게 숨 쉬지 못하게 하며, 불평을 하게 만든다. 그 반작용으로 아들은 외국에 오랫동안 체류하러 갈지도 모르고, 배우자도 더 이상 참지 못하고 '작전타임' 시간을 갖자고 할 수 있다. 친구는 거리를 두고 '휴지기'를 가지려 할 것이다. 그렇게 되면 분리불안을 가진 당사자의 두려움은 모순적인 방식으로 확인되거나 더 불타오르게 된다. 특히 진정시키고자 대화를 해도 말이 통하지 않는 분리불안의 '비이성적인' 특성은 장기적으로 주변 사람들을 너무 힘들게 한다.

분리불안증을 가진 아내와 함께 사는 크리스토프 슈탐의 이야기를 들어보자.

크리스토프 슈탐, 30세, 한나 슈탐의 남편
(한나 슈탐: 분리불안증)

아내가 불안장애를 앓고 있다는 건 처음부터 알았어요. 우리는 정신신체의학 클리닉에서 만났지요. 당시 친구가 그곳에 입원해서 방문하러 갔다가 서로 알게 되었어요. 그리고 몇 년 뒤 한나와 나는 연인이 되었어요. 한나는 처음부터 자신의 불안장애에 대해 터놓고 이야기했어요. 하지만 그걸 아주 생생하게 경험한 건 6개월 정도 지나서였어요. 처음에 나는 한나가 대체 왜 그러는지 이해할 수가 없었어요. 별것 아닌 일이 아주 큰 일이 되었죠. 당시 나는 행선지를 말하지 않고 친구를 만나러 갔고, 한나는 내게 전화를 여러 번 했어요. 나는 그냥 친구랑 놀다 보니 휴대폰을 보지 못했던 것뿐인데, 한나는 곧장 아주 불미스런 일을 생각했어요. 나는 그것이 도무지 이해되지 않았고, 너무 지나치다는 생각이 들었어요.

처음에는 한나가 갑자기 그렇게 불안해하는 게 얼마나 말이 안 되는 일인가 생각했어요. 그러다가 시간이 흐르면서 한나를 더 많이 이해하게 되었어요. 한나도 어쩔 수 없겠죠. 나는 더 배려심을 가지고 그녀를 대했고, 친구들 만나는 횟수를 줄였죠. 억지로가 아니라 내 의지로요. 그러고는 집에 와서 아내와 주로 시간을 보냈어요. 어떤 친구들은 나의 이런 행동을 이해하지 못해요. 그래서 "대체 왜 벌써 집에 가야 해? 네 아내가 혼자 좀 해결할 수 없어?"라고 묻지요. 아니, 한나는 그러지 못해요. 나는 그게 그다지 이상하지 않아요. 하지만 여느 배우자 관계에서는 이런 일이 문제가 될 수도 있겠다는 생각이 들긴 해요. 서로 대화를 많이 나누고, 유머 코드가 통해서 우리는 계속 붙어 있는 게 그리 힘들지 않지만요.

나는 대부분은 한나 곁에 있으면서 그녀를 뒷받침해 줄 수 있어요. 때로는 그러면 정말 도움이 되지요. 한나는 늘 내가 필요하다고 이야기해요. 우리는 모든 것에 대해 늘 이야기하기 때문에, 나도 한나를 더 이해할 수 있어요. 그럼에도 내가 어떻게 해야 할지 모를 때도 있어요. 말로 잘 되지 않을 때가 있지요. 그러면 그저 한나를 안아주고 코코아를 타주거나 하면서 시간을 견뎌요. 어느 순간 저절로 괜찮아지게끔요. 예전에는 불안이 도질 때면 상태가 더 안 좋았지만, 요즘에는 그나마 나아졌어요.

처남이 외국에 갔을 때 한나의 불안은 훨씬 심해졌어요. 그때는 처남과 특히 자주 연락을 취하면서 내게도 걱정이 되어 힘들다고 했어요. 한나가 자신의 생각을 이야기하지 않을 때면 기분을 보고 눈치를 채요. 어떤 때는 갑자기 아무것도 아닌 일로 울기 시작하죠. 그럴 때 나는 무슨 일이냐고 묻고 한나는 걱정이 된다고 이야기를 해요. 그 밖에는 한나가 불안해해도 잘 모를 때가 많죠. 그것이 상당히 힘들게 하는 점이에요. 나는 전반적으로 한나의 불안 때문에 삶에 지장을 받고, 일상이 제한된다고 느끼긴 해요. 하지만 괜찮아요. 그렇게 심각하지 않아요.

한나는 친구들과도 개별적으로 많이 연락을 해요. 요즘에는 특히 한 명의 친구와 늘 붙어 다녀요. 그로 인해 내 입장에서는 상당히 힘들 때도 있어요. 퇴근해서 집에 오면 매일매일 아내의 친구가 우리 집에 죽치고 있다고 생각해 보세요. 저녁마다 식구 아닌 다른 사람을 집에서 마주치고 싶지는 않거든요. 퇴근해서 쉬고 아내와 오붓한 시간을 보내고 싶은데, 아내의 친구가 우리 집에 와 있어서 불편하죠. 하지만 내가 원하든 원하지 않든 아내의 친구는 그냥 우리 집에 있어요. 그러면 나는 한나에게 둘이 다시 더 많은 시간을 보내길 바라며, 퇴근하고 집에 와서는 좀 조용히 있고 싶다고 이야기를 해요. 한나는 물론 내 사정도 이해를 해요. 하지만 친구도 필요하거든요. 나는 한나를 이해하려 노력해요. 하지만 그리 쉽지는 않아요. 때로는 이런 상황이 우리 둘에게 힘들게 작용할 때도 있지요. 나는 한나에게 집에 다른 사람이 있는 걸 원치 않는다고 이야기하지만 한나는 바로 지금 친구와 함께 있고 싶고, 그런 필요를 뒷전으로 돌리는 것이 힘들지요. 그러다 보면 갈등이 슬슬 움터요. 하지만 아직까지는 전반적으로 괜찮은 수준이에요.

한나가 울음을 그치지 않아 난감할 때도 있어요. 어쩔 줄을 모르지요. 아무것도 할 수가 없어서 우두커니 앉아 한나의 마음을 가늠해 보려고 하지만 잘 되지 않아요. 이것저것 제안해 봐도 하나도 받아들여지지 않고요. 그럴 때면 가만히 앉아서 모든 것이 지나가기를 기다려요. 그냥 곁에 있어주는 것뿐 할 수 있는 게 별로 없어요. 특히 밤에 한나에게 공황 발작 비슷한 증상이 나타나면 힘들어요. 다음 날 출근하려면 나도 잠을 자야 하는데, 한나가 옆에 누워 울고 있으면 잠을 잘 수가 없지요. 그러면 한나는 자신 때문에 내가 세 시간밖에 잠을 못 잤다고 미안해해요. 하지만 한나가 일부러 그러는 것이 아니라는 걸 아는데 어쩌겠어요.

때로 나는 친구들과 약속이 있으면 모든 것이 다시 시작되지 않을까 걱정이 돼요. 그러면서 내가 친구들을 만나고 올 동안 아내가 발작을 하지 않기를 바라지요. 약속을 미리미리 계획하고 한나에게 알려주면 훨씬 나아요. 그러면 한나도 그에 대비를 하고, 그렇게 힘들어하지 않지요.

즉흥적인 약속은 더 힘들어해요. 내가 갑작스레 친한 친구를 만나 오래 나가 있으면 한나는 이미 걱정을 하기 시작하지요. 한나가 전처럼 무수히 전화를 해대면 마음이 참 안 좋아요. 그러면 나는 잔뜩 긴장되고 이런 상황이 화가 나요. 한나는 내가 왜 화가 나는지 잘 이해하지 못하지만, 요즘엔 훨씬 나아졌어요. 우리 부부가 친구들이랑 외출했는데 한나가 갑자기 울음 발작을 하면 좋지는 않지요. 하지만 상황에 익숙해지는 수밖에 없어요. 친한 친구들은 상황을 알고 잘 대처할 수 있어요. 많은 사람들이 이런 질병에 대해 알고 아내가 갑자기 울기 시작할 때 당황스러워하지 않으면 좋을 텐데요. 그러면 모든 사람에게 더 나을 것 같아요. 가까운 친구들이 사정을 알면 나와 아내는 훨씬 수월하거든요.

불안에 대처하는 법

고립으로
이어지는

선택적 함구증

분리불안증 외에 국제질병분류 ICD-11에서 새로운 불안장애로 받아들여진 것이 바로 선택적 함구증이다. 물론 새로 알려진 현상은 아니다. 선택적 함구증은 말이 기대되는 상황에서 말을 할 수 없는 증상이 최소 4주 이상 지속되는 것을 말한다. 당사자들은 특정 상황에서만 그렇고 다른 상황에서는 말을 할 수 있으며, 사회적 의사소통이나 학업적, 직업적 성취에 지장을 겪긴 하지만 보통의 언어능력을 가지고 있다. 따라서 말을 할 수 없는 증상은 말을 못한다거나 말을 할 때 기분이 안 좋다거나, 말을 더듬는 등 커뮤니케이션 장애가 있어서가 아니다. 자폐나 조현병 등 무언증을 유발할 수 있는 다른 심리 질환을 원인으로 하지도 않는다.

선택적 함구증을 가진 아이들은 집 바깥에서 다른 사람들을 만나면 대화를 하거나, 묻는 말에 대답을 하지 않아 원활한 대화가 진행될 수 없다. 어른들뿐 아니라 다른 아이들과의 관계에서도 그럴 수 있다. 이런 아이들은 집에서 가족들과는 이야기를 하지만 친구들이나 먼 친척만 나타나도 입을 딱 다물어버린다.

선택적 함구증은 심한 사회적 불안을 특징으로 한다. 선택적 함구증을 가진 아이들은 종종 학교에서 말하기를 거부하고, 손으로 가리키거나, 글로 적거나, 웅얼대는 등 비언어적 의사소통 수단을 활용한다. 전형적인 증상은 과도한 수줍음, 사회적 상황에서의 소심함, 사회적 고립과 퇴각, 집착 등이다. 질서나 정리에 대한 결벽에 가까운 욕구나 일과 중 규칙적인 행동을 꼭 해야 하는 등 강박적인 행동양식을 보이고, 충동적으로 화를 내거나 어깃장을 놓는 식의 행동을 하기도 한다. 그럴 때는 약간 반항적이거나 권위에 적대적인 아이로 비추어진다.

선택적 함구증은 전반적으로 볼 때 그리 빈도 높은 질환은 아니다. 최근 독일에서의 통계에 따르면 0.03%에서 1% 사이의 인구가 선택적 함구증을 보이며, 성별이나 인종에 따른 특이사항은 없는 것으로 나타났다. 또 청소년이나 성인보다는 어린아이들이 선택적 함구증을 보이는 빈도가 더 높게 나타난다. 선택적 함구증은 종종 5세 이전에 시작되지만, 취학을 하면서 중요하게 부각된다. 학교에 들어가면서 사회적 상호작용과 성취가 더 많이 요구되기 때문이다.

선택적 함구증의 지속 기간은 사람마다 차이가 많지만, 나이가 들어가면서 대부분 좋아진다. 성인이 선택적 함구증에 시달리는 경우는 극히 드물다. 하지만 선택적 함구증과 사회공포증이 동시에 있는 경우는 선택적 함구증이 성인기에도 지속된다.

선택적 함구증에 동반되는 가장 흔한 심리 질환은 사회공포증이며, 분리불안증과 특정공포증 같은 다른 불안장애가 그 뒤를 잇는다. 선택적 함구증이 있으면 타인과의 상호작용이 대폭 제한되거나, 상호작용을 학습할 수 없어서 사회적 발달이 제대로 이루어지지 않을 수 있다. 그러면 사회적으로 고립되고, 다른 아이들의 놀림을 받기도 한다.

불안장애의 종류와 그 증상들

공황장애

반복적이고 예기치 않게 나타나는 공황 발작을 특징으로 한다. 공황 발작은 일시적으로 나타나는 극심한 두려움과 불안 증상인데, 심장 두근거림(심계항진), 심박수 증가, 발한, 떨림, 숨 가쁨, 가슴 통증, 현기증, 덥거나 추운 느낌, 죽음에의 공포, 통제력 상실에 대한 두려움, 심장마비 등으로 죽을 것 같은 두려움이 동반된다. 이런 공황 발작은 예기불안이나 회피행동 같은 것도 보인다.

광장공포증·밀실공포증

급히 빠져나가거나 도움을 받는 것이 불가능한 상황에 놓이는 것에 대해 과도한 공포나 두려움을 느끼는 증상이다. 대중교통을 이용하거나, 사람이 아주 많은 곳에 가거나, 집에서 멀리 떨어져 있거나, 상점이나 극장, 혹은 공공장소에서 줄을 서 있을 때 불안 증상을 보인다. 공황 발작이나 곤혹스러운 증상(갑자기 땀이 줄줄 난다거나) 등이 나타날까 봐 불안한 나머지 가급적 공황 발작 등에 처하지 않기 위해, 이런 상황을 적극적으로 회피한다. 어쩔 수 없이 이런 상황을 견디어야 할 때는 거부감이 심해서 굉장히 컨디션이 안 좋아지며 스스로를 간신히 억제한다.

광장공포증을 동반한 공황장애

예기치 않은 공황 발작과 광장공포증·밀실공포증이 함께 나타나는 것이다. 적극적인 회피행동을 함으로써 공황 발작을 더 이상 경험하지 않기도 한다.

범불안장애

특정 환경이나 상황에 국한되지 않고 '자유로이 표류하는' 일반적이고 지속적인 불안이다. 가족, 건강, 재정, 학교, 혹은 일과 관련한 걱정과 두려움이 주를 이루며, 근육 긴장, 초조함, 교감신경계 활성화, 신경과민, 집중력 결핍, 과민 반응과 민감성 증가, 혹은 수면장애가 동반된다.

사회공포증

사회적 상황이나 상호작용에 대한 과도한 두려움과 불안 증세다. 대체로 부정적인 평가를 받거나 창피를 당하는 것에 대한 두려움과 불안을 동반하는 경우가 많다. 상황을 회피하거나 매우 긴장하고 불안해하며 간신히 그 상황을 견딘다.

특정공포증

특정 동물, 높은 장소, 비행, 밀폐된 공간, 피를 보는 것, 부상과 같은 특정 상황이나 대상에 대한 과도한 두려움이다.

분리불안증

중요한 애착 대상과 분리되는 것에 대한 과도한 두려움이다. 어린 시절에, 혹은 어린 시절부터 나타나는 경우가 흔하지만, 성인기에 처음으로 나타날 수도 있다.

선택적 함구증

다른 상황에서는 그렇지 않은데 특정 상황에서 말을 하지 못하는 것이다. 대부분 어린 시절에 나타나며, 성인기에도 계속될 수 있다.

후유증을
남기는

불안장애

불안장애가 있는 사람들은 때때로 다른 심리 질환에 시달리거나, 두려움으로 인한 심적 부담으로 다른 문제 행동을 보이기도 한다. 이로 인한 우울증과 중독성 있는 물질의 사용도 심각한 문제다.

후유증으로서의 우울증

연구에 따르면 불안장애에 시달리는 사람들은 질병이 진행되는 동안 최소한 한 번은 우울증을 겪는 빈도가

불안에 대처하는 법

높은 것으로 나타났다. 우울증은 보통 불안장애를 경험한 뒤, 혹은 불안장애로 말미암아 나타난다. 샤리테병원 불안장애 클리닉에서 우리는 이런 경우를 많이 관찰했다. 환자들 중 상당수가 각각의 불안장애 증상 외에도 추가적으로 최소 2주 전부터 기분이 가라앉고, 의욕이 없고, 삶에서 즐거움과 흥미를 상실하고, 집중력과 인지능력이 저하되고, 식욕이 감퇴하고, 성생활에 변화(가령 성욕 상실, 발기부전)가 있으며, 수면장애를 겪는 등 전형적인 우울증 증상들을 보고했는데, 그런 증세가 중간 정도 내지 중증의 우울증 기준을 충족하는 경우가 많았다.

그러면 이제 병력에 불안장애에 이어 우울증이 추가되고, 불안장애가 우울증 발병의 원인으로 지목된다. 반복적이고 예측할 수 없는 공황 발작을 겪는 이들은 이런 고통이 어떻게 우울증 발병에 기여했는지를 생생하게 보고해 왔다. 하지만 사회공포증이나 광장공포증 환자들도 점점 심해지는 불안 혹은 특정 회피행동으로 말미암아 사회적으로 고립되고, 행동반경이 위축되고 있다고 이야기한다. 전에 좋아했던 활동을 할 수가 없고, 삶의 질이 크게 떨어진 것이다. 시간이 지나면 과거의 일들로 점점 더 속상해지고, 기분은 점점 가라앉고, 결국 우울증의 다른 증상들도 나타나기 시작한다.

불안장애뿐 아니라 우울증도 '스트레스 반응성' 심리 질환임을 아는 것이 중요하다. 즉, 스트레스가 그 발병과 지속에 중요한 역할을 하는 질병이라는 것이다. 불안장애와 우울증의 경우는 뇌에서 스트레스와 감정을 조절하는 핵심 전달물질인 세로토닌의 작용이 저해된다. 그리고 여기서 악순환이 일어난다. 스트레스에 민감하여 불안장애가 발병한 상태에서 질병으로 인한 고통과 생활의 제한 때문에 스트레스 수위가 더 높아지며, 기존에 존재하던 스트레스 민감성 때문에 스트레스가 잘 상쇄되지 않다 보니 우울증 발병 위험이 높아지는 것이다. 불안장애와 우울증은 생물학적 기전이 비슷해서 같은 약물로 효과적으로 치료할 수 있다. 인지행동치료 역시 불안장애와 우울증에 우선적으로 선택되는 심리치료 방법이며, 두 질환에 매우 효과적이다.

안전 수준을 초과한 음주

불안장애로 말미암아 자꾸 중독성 있는 술이나 약을 섭취하는 일이 일어날 수 있다. 우울증까지 추가되면서 정서적 고통이 극에 달하는 경우는 특히나 그렇다. 그중 술은 종종 중요한 역할을 하지만, 시간이 흐르면서 불안장애와 함께 늘 술을 달고 사는 사람들이 생겨난다. 술은 단기적으로 불안을 감소시키고, 긴장을 풀어주는 효과를 낸다. 대부분의 사람들은 경험으로 술을 두세 잔 마신 뒤에는 마음이 더 편하고 가벼워지며, 같은 양의 미네랄워터를 마신 뒤에는 할 수 없는 일들을 감행할 수 있음을 안다. 또한 어떤 사람들은 술이 일상과 어느 정도의 정신적 거리를 만들어주기에, 가끔은 심적 고통이나 불안과도 거리를 만들어준다고 보고한다.

불안장애가 있는 사람들이 술의 '유익'에 특히 끌린다는 건 이해할 만한 일이다. 사회공포증이 있는 사람은 맥주, 샴페인, 혹은 와인을 몇 잔 걸치면 파트너와 함께 파티에 가서 타인과도 거리낌 없이 이야기할 수 있다. 면접을 잘 보거나, 동료들 앞에서 분기별 발표를 더 쉽게 할 수도 있다. 또한 사후에 '한잔하는 것'은 발표 중에 말을 더듬은 것 같은 창피한 일을 최소한 잠시는 잊을 수 있도록 해준다. 특히 광장공포증의 경우 적절한 도수의 술은 대중교통을 이용하여 직장에 출근하거나 지인을 만나는 걸 가능하게 해서, 직장 내의 갈등이나 사회적 고립을 완화시킬 수 있다. 마지막으로 범불안장애나 분리불안증의 경우도 술로 걱정을 날려버릴 수 있기에, 저녁에 술을 마시면 단기적으로는 수면의 질이 더 좋아질 수도 있다.

이 모든 이유에서 순식간에 마시는 술의 양이 안전 수준을 초과해 버릴 수 있다. 독일 중독퇴치본부의 권장 사항에 따르면 안전한 정도의 알코올 섭취량은 남성이 하루 최대 24g, 여성이 12g이다. 그리고 일주일에 최소 이틀은 술을 마시지 않아야 한다. 이런 수치를 정기적으로 초과하거나 음주량 내지 음주 빈도가 증가하면, 음주가 해를 끼치는 수준에 이른다. 하지만 알코올 섭취량이 신체적·사회적으로 부정적인 결과를 초래하는데도 불안 감소 효과 때문에 계속해서 섭취하는 일이 있다. 간 수치가 나쁘거나 상사가 입에서 술 냄새가 난다고 언급하거나 경고했음에도 계속 술을 마실 수도 있고, 최악의 경우는 알코올의존증에 이를 수도 있다. 알코올의존증을 판가름하는 기준은 무엇보다 '내성의 증가'(같은 효과에 도달하기 위해 소비해야 하는 술의 양이 점점 많아지는 것), '통제 능력 상실'(언제 어디서 어느 정도의 알코올을 섭취할 것인지 더 이상 조절이 되지 않는 것), '금단 증상'(갑자기 술을 끊는 경우 떨림, 발한, 메스꺼움, 혈압 상승, 강한 불안 증상 등이 나타나는 것)이다.

알코올의존증은 불안장애 치료를 매우 어렵게 만든다. 특히 효과적인 심리치료가 불가능하다. 알코올의존증이 있으면 노출요법(4장 참조)에서 불안을 자극할 때처럼 정신을 바짝 차리고 임해야 하는 중요한 치료 과정을 실행하는 데 지장이 생긴다. 술이 두려움이나 다른 부정적인 감정들을 '눌러서' 효과적인 처리가 불가능하기 때문이다. 그러므로 알코올의존증이 있는 경우는 우선 외래나 입원 치료를 통해 알코올의존증을 치료한 뒤 몇 주 혹은 몇 달간 안정적으로 금주 단계를 거쳐야만 기본적인 불안장애 치료에 들어갈 수 있다.

신경안정제 의존

신경안정제의 남용 또는 의존도 문제다. 의존 단계까지 가는 과정은 술과 기본적으로 비슷하다. 여기서 가장 중대한 약물은 소위 벤조디아제핀 계열인데, 대표적으로 디아제팜(Valium), 로라제팜(Tavor), 알프라졸람(Tafil), 브로마제팜(Lexotanil), 클로나제팜(Rivotril) 등이 있다. 이는 4장에서 더 자세히 살펴보려 한다. 이런 약 성분은 불안을 줄이는 데 신속한 효과

불안에 대처하는 법

를 보이지만, 상대적으로 중독성이 높다. 특히 정기적으로 복용한 경우 몇 주 되지 않아 이미 의존증이 생길 수 있다.

문제는 종종 '처방으로 인한 의존증'이 생긴다는 것이다. 이 약물을 너무 쉽게 처방해 주기 때문이다. 환자가 의존 가능성에 대해 충분히 알지 못한 상태로 약물을 처방받는 경우도 있고, 의료인들이 시간적으로 제한되게 사용해야 한다는 사실에 제대로 주의를 기울이지 않고 약을 처방하는 경우도 있다. 술과 비슷하게 환자들이 위험성을 의식하고는 있지만, 약이 가진 '악마적 매력'에 굴복하는 경우도 종종 일어난다. 불안으로 말미암아 개인적인 고통과 삶에 초래되는 지장이 너무나 크기 때문이다.

물론 불안장애를 가진 모든 사람이 약물이나 술에 의존증을 가지는 것은 아니다. 통제 능력 상실의 위험 때문에 술이나 신경안정제, 혹은 다른 약물을 의식적으로 피하고 있다는 환자들도 많다. 하지만 관련 연구에 따르면 불안장애와 여러 물질에의 의존증 내지 남용 사이에 분명한 상관관계가 있는 것으로 나타났다. 그러므로 불안장애를 가진 당사자뿐만 아니라 주변 사람들도 약물의 남용이나 중독을 예방하는 데 특별한 주의를 기울여야 할 것이다. 특히 술의 경우는 마시는 양과 빈도를 정기적으로 점검하고, 어떤 목적에서 술을 마시는지를 캐물어야 한다. 순수하게 술이 좋아서 마시는가? 아니면 술을 마시는 데 불안 증상을 감소시킬 목적도 있는가?

불안 증상을
유발하는

다른 원인들

이 책은 우선적으로 불안장애를 다루지만, 불안장애와 무관하게 불안 증상을 동반할 수 있는 신체 질환이나 심리 질환들도 잠깐 살펴보고자 한다. 심장에 혈액순환 장애가 있거나 몸에 산소 공급이 잘 안 되는 경우에 나타나는 불안은 범불안장애와 마찬가지로 위험 지표로서 진지하게 취급해야 한다.

불안장애뿐 아니라 다른 신체 질환이나 심리 질환도 심박수 증가, 숨 가쁨, 발한, 떨림과 같은 신체 증상을 동반할 수 있다. 일반적으로 의사들이 증상과 개별 상황을 판단하고, 의학적으로 어떤 추가 검사를 할지 평가할 것이다. 진단을 내리기 위해 신체와 심리 검사 외에도 혈액, 소변 또는 기타 조직 검사를 할 수 있다.

불안장애가 의심되어 병원을 찾아오는 이들은 우선 모두 혈액 검사를 받으며, 많은 경우에 심전도검사도 받는다. 물론 가정의학과나 내과에서 시행하고 오지 않은 경우에 한해서다. 이 절차는 중요하다. 흔히 특정 상황에서 혹은 즉흥적으로 심장 두근거림, 발한, 떨림, 현기증, 요의, 변의, 갑작스런 열감, 통제력 상실의 느낌, 낯선 느낌이 나타나며, 예기불안도 찾아온다고 호소하는 환자들이 있다. 이것은 공황 발작의 전형적인 증상들이다. 하지만 혈액검사를 해보면 다른 원인으로 드러날 때도 있다. 갑상샘호르몬의 뚜렷한 변화, 즉 갑상샘항진증으로 말미암아 공황 증상이 나타날 수도 있는 것이다.

갑상샘호르몬으로 인한 불안 증상

갑상샘은 신진대사에 매우 중요한 기관이며, 트리요오드티로닌(T3)과 테트라요오드티로닌(티록신, T4)이라는 두 종류의 호르몬을 분비한다. 두 호르몬은 우리의 체내 기관에서 기초대사량을 증가시키는 역할을 한다. 혈액으로 이 호르몬들이 분비되면 지방과 당 대사가 증가한다. 이 호르몬들은 땀샘과 장의 활동을 촉진하고, 근육세포와 신경세포를 활성화한다. 이런 과정은 체내의 에너지 소비를 동반하며, 이로 인해 체온이 유지된다. 따라서 갑상샘항진증으로 인해 T3과 T4가 혈액 속에 더 높은 농도로 순환하면, 심계항진, 혈압 상승, 발한, 떨림, 빠른 호흡, 설사,

안면 홍조, 현기증, 신경과민과 같은 다양한 증상이 나타난다. 이는 공황 발작이나 일반적인 불안 반응과 비슷한 증상들이다.

우리가 환자들에게 갑상샘항진증에서 전형적으로 나타나는 다른 증상들, 가령 수면장애, 집중력 장애, 몇 주 내지 몇 달 사이에 의도하지 않았거나 설명할 수 없는 체중 감소, 탈모, 발기부전이나 성욕 상실 같은 성기능장애 등의 증상들이 있는지 질문하면, 모두는 아니라도 많은 증상을 경험하고 있다는 답을 들을 때가 종종 있다. 이런 경우는 불안장애처럼 치료해서는 안 된다. 갑상샘 기능장애를 향정신성의약품이나 심리치료로 '치료'하는 것은 일반적으로 효과가 없고 곤혹스럽기 때문이다.

우선은 갑상샘 기능장애의 원인을 발견하는 것이 중요하다. 갑상샘 기능장애는 대부분 자가면역질환인 '그레이브스병'이나, 갑상샘호르몬이 더 많이 분비되는 '갑상샘 자율신경 기능이상'이 원인이다. 드물게는 갑상샘 조직의 염증이나 갑상샘 종양으로 인해 갑상샘항진증이 나타나기도 한다. 이와 관련하여 내분비내과 전문의가 추가적인 진단과 치료를 시행해야 하며, 갑상샘항진증의 원인과 중증도에 따라 호르몬 분비를 차단하는 약물(항갑상샘제), 방사성 요오드 요법, 또는 수술로 치료를 한다.

하지만 드물지 않게 별것 아닌 이유로 혈중 갑상샘호르몬 농도가 높아질 수도 있다. 갑상샘저하증으로 치료 중인 사람들에게서도 그런 일이 일어날 수 있다. 갑상샘저하증의 경우 갑상샘호르몬이 적게 생산되거나 분비되어 큰 고통을 유발할 수 있다. 이때 주로 갑상샘항진증과 정반대로 피로, 의욕 저하, 무기력증, 수면 욕

불안에 대처하는 법

구 증가, 체중 증가, 변비, 느린 심박수, 저혈압이 나타난다.

이런 증상을 가진 사람들은 보통 가정의학과나 내과에서 갑상샘호르몬 치료를 받으며, 대부분 합성 갑상샘호르몬제(레보티록신)를 복용하게 된다. 하지만 갑상샘 기능이 고정적이지 않고 오르락내리락하여 치료 과정에서 변하고 개선되기도 하므로, 혈액 속 갑상샘호르몬 수치를 정기적으로 면밀히 관찰해야 적정량의 레보티록신을 계속 투여할지를 판단할 수 있다. 정기적인 혈액검사를 어떤 이유에서든 하지 않고 있다면 장기적으로 레보티록신을 과용량으로 투여받는 일이 일어날 수 있다. 그러면 '인공적인 갑상샘항진증'이 유발되어 위에서 말한 증상들을 동반한다. 그러므로 갑상샘 치료를 받는 환자들이 패닉이나 공포 증상을 보이는 경우 일단 갑상샘 수치를 검사해 보고, 경우에 따라 약의 용량을 조절해야 한다.

○────────────── 심장 질환으로 인한 불안 증상

갑상샘 기능장애 외에 또 다른 신체 질환도 불안장애와 비슷한 증상을 유발하거나, 불안장애의 발병을 촉진할 수 있다. 대표적인 것이 심장병이다. 심근경색 증상과 공황 발작 증상은 굉장히 흡사하다. 두 경우 모두 심계항진, 발한, 메스꺼움, 불안감, 초조감, 종종 가슴 부분이 조이거나 답답한 느낌이 동반된다. 그리하여 처음으로 해당 증상들이 나타나는 경우 응급실

에 가거나 구급차를 부르는 것이 중요하다. 이것은 과도하게 조심하는 행동이 아니라, 생명을 구할 수 있는 행동이다. 기존에 이미 심장병이 있는 경우, 고혈압이나 고지혈증, 비만, 당뇨가 있거나 고령인 경우, 쉰 살이 넘어서 처음으로 공황 발작과 비슷한 현상이 나타난 경우는 특히 그러하다. 심전도검사와 혈액검사를 통해 심장병인지 불안장애인지 빠르게 진단해야 적절한 치료를 시행할 수 있다.

처음 불안장애 클리닉을 방문한 환자들은 이미 서너 차례 이런 증상으로 응급실에 갔는데, 심전도검사나 혈액검사를 해봐도 급성 심장병 소견이 나오지 않았다는 이야기를 하곤 한다. 이에 더하여 갑상샘 수치도 그다지 정상을 벗어나지 않고, 폐 질환도 의심되지 않는 경우는 정말로 이런 증상이 반복적으로 나타나는 불안장애일 확률이 높다. 단, 부정맥일 가능성도 고려해야 한다. 일시적으로 나타나는 부정맥이라서 짧게 실시하는 표준 심전도검사에서는 잡아내지 못할 수도 있다.

부정맥은 만성 부정맥과 갑자기 나타나서 몇 초 뒤에 다시 사라지는 일시적이거나 간헐적인 부정맥이 있다. 만성 부정맥 환자의 경우는 스스로 잘 알아채지 못하는데, 간헐적 부정맥 환자는 갑자기 '심장이 날뛰는 것' 같은 두근거림을 느낀다. 이런 경우 심장 리듬의 변화가 불안을 유발하고, 이것이 다시 발한, 떨림, 현기증, 호흡곤란, 이인증, 통제력 상실감 같은 공황 발작 증상으로 이어질 수도 있다. 이런 증상들은 연달아 굉장히 빠르게 나타나므로, 당사자는 구체적인 상황에서 증상을 유발하는 원인이 무엇인지 구별하기 힘들다. 심장이 두근거려서 불안한 것인지, 불안해서 심장이 두근거리는 것인지를 말이다. 그리하여 자신의 증상을 공황 발작이나 공황장애로 오인할 수도 있다.

간헐적 부정맥의 '가면'을 벗기는 방법은 바로 장기 연속 심전도검사다. 이런 심전도 기기는 24시간에서 48시간 동안 심장 기능을 연속적으로 모니터링할 수 있다. 표준 심전도검사를 할 때와 마찬가지로 전극(센서)을 가슴에 부착하고 기록기와 연결된 상태로 검사를 받는데, 기록기는 휴대폰 크기 정도밖에 되지 않아 편안하게 허리춤에 부착하거나, 목에 건 상태로 옷으로 감쪽같이 가릴 수 있다. 대안적인 기기로 장기 연속 심전도 기기와 기능면에서 아주 비슷한 '이벤트 레코더'도 있다. 이벤트 레코더는 최대 일주일까지 심장 리듬을 기록할 수 있는데, 심장 리듬 장애가 느껴지는 경우에만 기록한다. 이런 진단 기기는 표준적인 진단 방법으로는 알아낼 수 없는 이상을 확인할 수 있어 적절한 치료를 할 수 있게 한다. 숨을 들이마시고 내쉴 때 심장 주파수가 변하는 호흡부정맥의 경우처럼 '정상적인' 부정맥도 있다. 또한 기외수축 extrasystole이라고 하여, 운동을 할 때나 일상생활에서 심장박동이 추가적으로 증가할 수 있다. 이런 증상들은 때로는 꽹장히 불쾌하게 경험되지만, 대부분은 위험하지 않다. 그 밖에 훈련으로 다져진 운동선수는 흔히 '느린맥박'이라 불리는 느린 심박수를 가지고 있다. 심장이 크고 심장박출량이 많아 더 적은 박동으로 순환을 유지할 수 있는 것이다.

갑상샘 기능장애나 부정맥으로 인해 공황 발작 증상이 나타날 수 있을 뿐 아니라 천식이나 만성폐쇄성폐질환 (COPD) 같은 질환도 불안 증상을 유발할 수 있다. 만성폐쇄성폐질환은 폐 조직의 염증에서 기인하는데, 특히 흡연자나 직업상 먼지나 오염 물질에 많이 노출되는 사람에게 자주 나타난다. 염증으로 기도가 좁아지고, 그로 인해 호흡에 지장이 생길 수 있다.

폐 질환은 부정맥과 비슷하지만, 여기서는 심장의 두근거림이 아니라 호흡곤란이 불안 반응을 촉발한다. 지속적으로 호흡곤란이 나타나 정신적으로 힘들거나 스트레스를 받으면 천식 발작을 일으킬 수도 있으며, 천식 발작이 일어나면 패닉으로 이어지기 십상이다. 간헐적 부정맥으로 공황 발작 증상이 나타나는 경우와는 달리, 천식이나 만성폐쇄성폐질환 환자들은 보통 자신의 질환을 이미 잘 알고 있고, 패닉을 일으키는 트리거인 호흡곤란에 아주 친숙하다. 하지만 잘 안다고 하여 견디기 쉬운 것은 아니다. 제대로 숨을 쉴 수 없고, 최악의 경우 질식할 듯한 공포는 언제나 심한 스트레스와 고통을 야기한다.

부정맥이나 폐 질환은 우선 전문의의 도움을 받아 최적으로 치료를 받아야 하며, 불안증 치료는 그 이후에나 할 수 있다. 신체 질환이 전체의 불안 증상에서 갖는 비중을 정확히 판단하고 치료 계획에서 고려해야 하기 때문이다. 신체 질환을 치료하고 나면 불안과 공포가 만족스런 수준으로 개선되는 경우도 있다.

신체 질환이 공황 발작뿐 아니라 갑자기 엄습하는 공포 반응을 촉진할 수도 있다. 신체 질환에 동반되는 불안 증상은 불안장애가 없는 사람들에게도 그다지 유쾌하지 않고 스트레스가 될 때가 많다. 쉽사리 빠져나올 수 없는 상황, 즉각적인 도움이 불가능한 상황, 다른 사람들의 평가와 판단에 내맡겨져 있는 상황에서는 특히나 그러하다. 건강한 사람들은 이런 스트레스를 그런대로 극복하고, 과도한 불안 반응을 보이지 않지만, 갑상샘항진증을 앓는 사람은 그에 동반되는 변화들, 무엇보다 계속적인 신경과민, 심장박동 증가, 빠르게 숨이 차는 증상들로 스트레스에 대한 민감성이 높아져 조금만 스트레스를 받아도 불안 반응으로 이어질 수 있다. 그리고 이런 불안 반응이 불안의 조건화 메커니즘을 통해 불안장애로 발전할 수 있다. 위에서 살펴본 간헐적 부정맥이나 폐 질환에서의 심한 호흡곤란도 스트레스를 유발하고 교감신경계를 활성화시키는데, 이런 경우에도 '공포 네트워크'가 촉진되거나 발동되어 불안장애가 생겨날 수 있다.

위에 기술한 예들은 불안장애에서 배제 진단이 중요함을 보여준다. 불안 증상이 있을 때, 이것이 불안장애를 촉진하거나 불안장애를 '모방하는' 신체 질환 때문이 아니라는 것이 분명할 때에만, 즉 그런 신체 질환을 배제할 수 있을 때에만 불안장애로 진단할 수 있다는 말이다. 그래야만 신체적인 부분과 심리적인 부분을 잘 구분할 수 있다. 최상의 치료 계획을 세우기 위해 이는 상당히 중요한 사안이다. 즉, 신경정신과 치료와 더불어, 또는 신경정신과 진료를 받기 전에 내과 진료를 우선 받아야 하는 것이다.

따라서 불안장애를 진단하고 치료하기 전에 (해당 질환의 진단 가능성이 있는 경우) 갑상샘 기능장애나 부정맥 검사를 먼저 해야 한다. 불안장애와 신체 질환과의 감별 진단은 매우 중요하다. 신경계 질환이나 대사 질환도 불안을 동반할 수 있다.(다음 페이지의 표를 참조하라. 그러나 임상에서의 중요성을 고려하여 이 책에서 이런 질환까지는 따로 설명하지는 않겠다.)

○─────────── 약물이 촉매가 될 때

여러 가지 약 성분이 공황 발작을 일으킬 수도 있다. 특히 밤중에 베를린의 클럽에 방문했던 사람들이 응급실에 나타나서 '전에 없던 패닉' 증상을 보고하는 경우 이런 사례를 흔히 만날 수 있다. 이런 경우 약물 테스트를 해보면 암페타민이나 코카인에 대한 양성반응이 나타난다. 이 두 성분은 뇌에서 신경전달물질 도파민과 노르아드레날린 농도를 대폭 증가시키는데, 이런 신경전달물질이 뇌의 신경세포에 이어 공포 네트워크에도 자극을 초래할 수 있다.

'합법적 약물'인 카페인 역시 상황에 따라 불안 증상을 촉발할 수 있다. 카페인을 너무 많이 섭취하면 갑상샘항진증과 비슷하게 신경과민을 유발할 수 있고, 스트레스에 대한 민감성을 높일 수 있다. 이런 경우 커피를 줄이거나, 에너지 드링크를 당분간 섭취하지 말라는 의사의 조언만으로도 도움이 될 수 있다.

불안 증상을 증가시키는 신체 질환들

질환	또 다른 증상	검사
갑상샘항진증	심장박동 증가, 발한, 심장 두근거림, 호흡곤란, 설사, 체중 감소	혈액검사
부정맥	불규칙한 심장박동	심전도검사 혹은 장기 연속 심전도검사
심근경색	흉통·방사통, 안절부절못함, 호흡곤란, 메스꺼움, 구토, 발한, 전신 쇠약	심전도검사, 혈액검사, 초음파 검사
폐 질환	호흡곤란, 질식감, 흉통	내과적 검사, 엑스레이 촬영 등
저혈당	심장박동 증가, 떨림, 발한, 어지러움, 위장 장애	혈액검사
편두통	두통, 감각 이상	
다발경화증	어지러움, 전신 쇠약, 감각 이상	MRI, 척수 검사, 신경전도 검사
뇌전증	발작, 이인증, 발한, 홍조, 호흡곤란, 메스꺼움	심전도검사

불안을
동반하는

정신 질환

정신이상, 우울증, 신체화장애, 섭식장애 등의 정신 질환 역시 전형적인 증상으로 불안을 동반한다.

정신이상

정신이상Psychosis이 있는 사람들에게는 특정지각, 관찰, 또는 확신이 불안을 불러일으킨다. 가령 다른 사람이나 특정 조직이 자신을 관찰하거나 추적한다고 느낄 때 과도한불안 증상이 나타난다.

불안에 대처하는 법

불안장애가 없는 사람들도 다른 사람들이 자신을 관찰한다는 느낌을 받을 수 있지만, 불안장애의 경우는 다른 사람들이 자신의 안 좋은 면을 눈치채거나, 창피스런 행동을 보고 비웃을 것을 크게 두려워한다. 반면 정신이상이 있는 사람들은 다른 사람들이 자신의 생각을 알아차릴 거라고, 생각을 '읽거나' 생각에 영향을 미칠 거라고 확신한다.

정신이상은 공포증과도 확연한 차이를 보인다. 가령 거미 같은 것에 공포증이 있는 사람들은 거미를 과도하게 두려워한다. 하지만 보통 그들은 거미가 그리 위험하지 않다는 걸 알고 있다. 그럼에도 거미를 두려워한다. 반면 정신이상이 있는 사람들은 위협이나 추적당한다고 확신하고, 자신의 두려움이 절대적으로 정당하다고 여긴다.

우울증

우울증의 경우에도 불안은 가장 중심적이고 본질적인 증상이다. 우울증 환자들은 일상이 요구하는 것들을 더 이상 해낼 수 없을까 봐 두려워하거나, 미래나 과중한 부담 같은 것에도 두렵고 불안한 마음을 갖는다.

신체화장애somatoform disorder가 있는 사람은 질병에 대한 불안에 시달린다. 특정하지 않고 자주 교대하여 나타나는 신체 증상을 호소하거나 시달리고(신체화장애), 특정 신체 질환이 생길까 봐 두려워하기도 한다(건강염려증). 신체화장애가 있는 사람들은 신체 질환으로는 충분히 설명되지 않는 심한 통증을 경험한다. 위의 모든 상태가 결합된 신체화장애도 있다. 신체화장애는 불안장애, 특히 공황장애에서도 자주 나타나지만, 불안장애에서 나타나는 신체화장애는 주된 문제가 아니며, 딱히 불안의 시발점이 되지는 않는다.

섭식장애가 있는 사람들 역시 불안에 시달릴 수 있다. 거식증은 체중 증가나 비만에 대한 두려움을 동반할 때가 많으며, 폭식증에서도 불안이 증가한다. 무엇보다 치아 법랑질 손상 같은 후유증을 두려워한다.

주로 약물 섭취와 연관되어 생기는 정신 질환을 '물질 관련 장애'라고 한다. 약물을 섭취한 직후 불안 증상이 나타날 수 있다. 가령 대마초나 코카인, 암페타민 같은 각성제, 혹은 LSD나 실로시빈이 함유된 환각 버섯 같은 환각제를 복용한 경우에 나타나는 중독 증상이다.

정기적으로 마약 성분의 약을 복용하던 사람은 마약 성분을 끊을 때 강한 불안 증상이 나타날 수도 있다. 이것이 바로 금단증상이다. 금단증상은 특히 술이나 벤조디아제핀 계열처럼 신경을 안정시키는 성분이나 아편을 복용하는 경우에 특히 자주 나타난다.

○————————— 인지장애와 치매

불안 증상은 경미한 인지장애나 치매에서도 굉장히 중요하다. 이런 질병의 증상으로 불안 증상이 나타나기 때문이다. 환자들은 자꾸 잊어버리는 증상 때문에 걱정하고 불안해하거나, 그런 증상을 위협적으로 경험하기도 한다.

3장

불안장애는 어떻게

발생하는가

어떤 사람들은 태어날 때부터 소심하고 불안한데, 왜 어떤 사람들에게는 불안이라는 말이 그토록 생경하게 다가올까? 왜 어떤 사람은 공황 발작을 일으키고, 어떤 사람은 특정공포증을 가지게 될까? 모든 사람은 개인적인 기질을 타고난다. 불안에 대한 경향도 마찬가지다. 하지만 소심하고 불안한 성향을 타고났다고 해서 모두가 불안장애를 갖는 건 아니다. 불안장애에는 기질 이상의 것이 작용한다. 스트레스 같은 특정 유발 요인이 있어야 한다. 하지만 스트레스 말고도 학습 과정이 있어야 불안장애로 발전하게 된다.

**Keine
Panik
vor der
Angst!**

스트레스에
민감하게

반응할 때

　　최근 몇십 년간의 연구들은 불안장애가 발생하는 데는 여러 요인이 복합적으로 작용한다는 것을 보여주었다. 우선 불안장애 발병 위험을 높이는 여러 가지 위험 요인들이 작용한다. 이런 위험 요인은 생물학적 변화일 수도 있고, 살아가면서 맞닥뜨리는 어떤 상황일 수도 있다. 당사자가 살아오면서 경험한 사건이나 성향이 문제가 될 수도 있다. 하지만 위험 요인들이 단독으로 혹은 서로 결합해 작용한다 해도 병적인 불안장애가 발병하기에는 충분하지 않다. 하지만 위험 요인들이 스트레스에 민감하게 만들며, 이 스트레스가 불안장애의 발병과 지속에 중요한 역할을 하는 것은 분명하다.

면역계는 약하지만, 아직 감염이 되지 않은 사람의 경우를 상상해 보자. 면역력이 약한 사람은 바이러스나 박테리아에 노출될 때, 면역력이 강한 사람들보다 더 빠르게 감염되며, 증상도 대부분 더 심하다.

위험 요인과 스트레스로 이루어진 이런 상호작용은 불안장애에서 '민감성-스트레스 모델'을 통해 설명할 수 있다. 이를 전문 용어로는 '취약성-스트레스 모델'이라고 부른다. 이것은 우울증과 같은 여타 '스트레스 반응성' 정신 질환에도 비슷하게 적용된다.

민감성-스트레스 모델

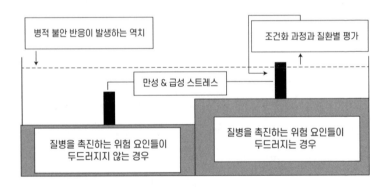

민감성-스트레스 모델을 보면 본질적인 점이 분명해진다. 위험 요인들이 두드러지고 더 많이 존재할수록(오른쪽 상자), 스트레스가 특정 수준에 달하면 더 빠르게 불안 증상이 나타난다. 4장에

불안에 대처하는 법

서 다룰 불안장애에 대한 치료적 접근도 이런 인식에서 비롯된다. 이 민감성-스트레스 모델은 스트레스가 충분히 큰 경우에는 이론적으로 누구나 불안장애가 생길 수 있음을 명확히 보여준다. 따라서 위험 요인과 스트레스 사이의 관계는 시소처럼 작동한다. 불안장애가 생기는 것을 막기 위해서는 위험 요인도, 스트레스도 너무 과해지지 않게끔 해야 한다.

정신적 스트레스

불안 증상을 유발하는 스트레스는 여러 가지일 수 있다. 예기치 않게 가족이나 친구가 중병에 걸렸다는 나쁜 소식을 듣거나, 만원 지하철의 질식할 듯한 공기 속에서 서 있어야 한다거나, 상사 앞에서 분기별 실적 발표를 해야 하는 등 전에 이미 굉장히 불쾌하게 경험했던 상황에서 스트레스가 급성으로 올 수도 있다. 환자들은 새로운 상황도 아닌데 왜 하필 그런 상황에서 갑자기 첫 공황 발작이나 '제대로 된 불안 발작'이 나타난 것인지 의구심을 품곤 한다. 이런 상황을 전에는 견디었으나 '사실 그리 쉽게' 견딘 것이 아니거나, 이와 비슷한 순간들이 '어릴 적부터 이미 스트레스'로 다가왔을 수도 있다.

우리는 모든 경우에 만족스런 대답을 할 수는 없지만, 종종 트리거 상황을 확인할 수 있다. 즉, 이미 가지고 있던 민감성을 다시 한번 높여 기존에 많이 차 있던 물그릇의 물이 흘러넘치게 된 상황이다. 이런 상황을 구체적으로 자세히 보면, 수면 부족으로 몹시 피로한 상태였음을 확인할 수도 있다. 또한 전날 밤 모임에 가서 너무 술을 많이 마시는 바람에 이날 약간 지친 기분이었다는 보고도 들을 수 있다.

급성 스트레스(결혼, 출산, 승진과 같은 긍정적인 스트레스 요인도 이에 포함된다.) 외에 며칠, 몇 주, 몇 달에 걸쳐 지속되거나 증가하는 스트레스가 개인적인 역치를 넘어서다 보니 갑자기 증상이 나타났을 수도 있다. 직업적으로 추가 부담을 지는 것도 이런 일을 초래할 수 있다. 독감 유행철에 동료 둘이 독감에 걸려 결근하는 바람에 그들의 일을 다 떠맡아 간신히 해내고 있는데, 갑자기 또 한 사람의 동료가 빠지고, 상사가 중요한 일 때문에 일정 압박을 해오면, 갑자기 두려움, 가슴 두근거림, 발한, 메스꺼움, 떨림, 가려운 느낌, 통제력 상실의 느낌이 나타날 수 있다. 병원을 찾는 많은 사람들은 배우자와의 갈등이나 아픈 가족을 돌보는 등의 만성 스트레스가 시간적으로 계속되면서 불안장애가 찾아왔고, 불안 발작 등이 갑작스럽게 나타났다고 이야기한다.

○─────── 생물학적 스트레스

정신적 스트레스뿐만 아니라 생물학적 스트레스도 불안장애를 촉진할 수 있다. 연구에 따르면 공황장애는 일반 여성보다 임산부에게서 발생 빈도가 확연히 높다. 임신으로 인한 삶의 변화에서 비롯되는 정신적 스트레스 외에도 임신기의 호르몬 변화, 특히 에스트로겐 수치의 변화가 공황 증상을 일으키는 요인으로 의심되고 있다. 불안 증상이 분만 후에 대폭 개선되거나 완전히 사라지는 것을 관찰할 수 있다는 사실도 이를 뒷받침한다.

생물학적 스트레스 요인의 중요성을 보여주는 또 다른 예는 바로 염증이다. 만성 염증성 질환이 있는 경우 불안장애 발병률과 '불안 수준'이 일반적으로 높은 것을 관찰할 수 있다. 류머티즘 관절염, 다발경화증, 궤양성대장염, 크론병 등이 만성 염증성 질환에 속한다. 중추신경계의 염증 세포 및 염증 활성화와 다발경화증 환자에게서 나타나는 불안 수준의 연관성에 대한 최신 연구 결과는 이와 관련하여 흥미로운 소견을 제공한다. 바로 성공적인 항염증 치료 뒤에 염증 반응의 감소와 더불어 불안 증상도 감소한 것이다.

생물학적
변화와

불안 반응

어떤 생물학적 요인이 병적 불안 반응 혹은 불안장애를 유발하는지 알아내기 위해 최근 학자들은 '정상적인' 불안 반응에 중요한 여러 생물학적 체계를 연구했고, 우리가 1장에서 설명했던 뇌의 공포 네트워크를 중점적으로 파헤쳤다. 연구 결과 불안장애가 있는 사람들은 건강한 사람들에 비해 공포 네트워크에 속하는 각 영역의 크기나 활성화 수준이 다른 것이 발견되었다. 뇌의 각 영역이 작아지거나 커지거나, 기능이 저하되거나 항진되는 것이다.

오늘날에는 공포 네트워크의 활성화 차이가 불안장애의 발병에 중요한 역할을 한다는 사실이 널리 알려져 있다. 불안장애의 종류와 무관하게, 흔하게는 편도체가 과잉 활성화되는 동시에 전두엽 영역의 활동이 감소하는 것이다.

앞에서 살펴보았듯이 편도체는 공포의 학습 과정에서 고전적 조건화와 관찰 및 모방을 통한 학습이 일어나는 중심 센터다. 잠재적으로 위험한 감각적 인상과 관련된 정보가 편도체에 모인다. 이외에도 편도체는 스트레스 대응축과 교감신경계를 활성화시켜, 스트레스 호르몬인 코르티솔, 그리고 신경전달물질인 아드레날린과 노르아드레날린을 분비하게끔 한다. 그 결과 심장박동이 증가하고 혈관이 수축하며, 에너지 소모를 높여 공포에 대응하기 위한 에너지가 준비된다. 또한 '터널 시야'를 통해 위험에만 모든 신경을 집중하게 된다. 위험 요소가 지나가면, 전두엽은 편도체의 활동을 억제하여 불안 반응을 줄이거나, 오경보의 경우 신속히 종료되도록 하는 역할을 한다.

그러나 연구에 따르면 불안장애가 있는 사람들의 경우에는 편도체와 전두엽의 협연이 다르게 기능한다. 편도체가 과잉 활성화되어 불안에 너무 강하게 반응하면 불안 증상이 더 심해지는데, 전두엽이 비활성화되어 있기에 불안 증상에 브레이크가 걸리지 않아 불안 증상이 계속 강한 상태로 유지된다.

여러 연구에 따르면 불안장애가 있는 사람에게서는 시상이나 해마, 섬엽 같은 공포 네트워크의 다른 영역에서도 변화가 발견되었다. 그 때문에 편도체가 부정확한 정보를 받거나 정보를 올바르게 분류할 수 없어 과도하게 반응하게 된다.

불안장애가 있는 사람들의 불안 중추는 계속 과잉 활성화되어 스트레스 대응축과 자율신경계의 활동을 지속적으로 증가시킨다. 그 결과 코르티솔, 아드레날린, 노르아드레날린이 방출되어 지속적인 알람 상태에 놓인다. 그러면 많은 스트레스가 아니어도 이미 불안 반응이 찾아온다.

지난 몇십 년간 상이한 불안장애를 가진 환자들의 스트레스 호르몬 시스템 및 자율신경계에 관해 집중적으로 연구한 결과, 급작스럽게 공황 발작을 경험하거나, 고소공포증이나 거미 공포증, 자동차 운전에 대한 공포증, 폐쇄공포증 같은 공포증으로 불안 반응을 보이는 사람들은 혈액, 타액, 소변 또는 머리카락의 코르티솔 농도가 반복적으로 상승한 것으로 나타났다. 일부 연구에서는 건강한 사람들과 달리 불안장애가 있는 사람들은 불안을 느낄 때가 아닌 상태에서도 코르티솔 농도가 상승했음을 보여주었다. 이것은 불안장애가 그 자체로 지속적인 '생물학적 경보 상태'를 동반할 수 있다는 암시다.

생물학적 변화 측정하기

코르티솔은 늘 일주기 리듬(circadian rhythm)에 따라 분비된다. 아침에 가장 정점을 찍고, 저녁까지 하루가 지나면서 농도가 계속 떨어진다. 신체가 일을 해야 하는 낮과 쉬어야 하는 밤에 맞추는 것이다.

코르티솔 농도를 측정하는 방법으로는 하루 네다섯 번 샘플을 채취하는 '코르티솔 일주기 프로필', 그리고 잠에서 깨어난 직후 하나의 샘플만 채취하는 '코르티솔 각성 반응(cortisol awakening response, CAR)'이 있다. CAR은 개인의 전체 프로필을 대표하며, 여기서 확인된 개인차는 다른 시점에 검사를 해도 마찬가지로 확인되는 것으로 나타났다.

원칙적으로 코르티솔은 혈액, 타액, 소변, 머리카락에서 측정할 수 있다. 모발 분석은 최근 몇 주 내지 몇 달간의 코르티솔 농도와 그 변화를 확인하고자 할 때 특히 유용하다. 코르티솔은 모발에 저장되며, 모발은 한 달에 1cm 정도 자란다. 그래서 머리 길이에 따라서는 여러 달 치의 정보가 담겨 있다. 모발 분석 방법은 가령 어떤 사람이 코카인을 투약했는지를 판단하는 데도 활용된다.

순간적인 수치를 평가하기 위해서는 타액, 소변 또는 혈액에서 코르티솔 수치를 측정할 수 있다. 하지만 혈액 분석은 최근 빠졌다. 혈액을 채취할 때 바늘로 찌르는 것 자체가 스트레스를 유발하여 코르티솔을 방출하게 함으로써 수치가 위조될 수 있기 때문이다. 현재 가장 많이 시행되는 방법은 타액 분석이다. 이를 위해 검사받는 사람은 1~2분간 솜뭉치를 씹어 타액으로 적신 뒤, 그것을 튜브에 넣어 원심분리기에 장착한다. 원심분리기 안에서 타액이 다른 성분들과 분리되면 코르티솔 농도를 측정할 수 있다.

코르티솔 농도를 측정하는 것은 그리 힘들지 않다. 하지만 교감신경계의 신경전달물질을 측정하는 것은 훨씬 힘들다. 아드레날린과 노르아드레날린은 타액이나 소변에서 직접 측정하는 것이 불가능하며, 혈액 채취는 종종 코르티솔과 비슷한 문제로 이어지기 때문이다. 즉, 바늘로 찌르는 것 자체가 스트레스를 일으켜, 아드레날린과 노르아드레날린이 순간적으로 솟구치기 때문에 '거짓양성'으로 나올 수 있다.

그러기에 연구자들은 교감신경계의 활동을 간접적으로 측정하는 것으로 옮아가 대체 변수를 통해 원하는 값을 얻는다. 이런 대체 변수가 되는 것이 바로 '심박변이도(HRV)'다. 심박변이도는 정신성 스트레스 혹은 신체형 스트레스 조건하에서 심박수가 변화되는 정도를 평가한다. 가령 심박수가 신속하게 충분히 올라가는 것은 정상적인 불안 반응 차원에서 굉장히 중요하다. 그럴 때에만 심장이 더 많은 혈액을 혈관으로 보내고, 그로써 근육과 뇌, 기타 장기로의 혈류량을 높여 위험에 적절히 대처하거나 도망칠 수 있는 에너지가 생기는 것이다.

심박수에 편차가 있는 경우

심박수는 자율신경계의 두 '적수'인 아드레날린과 아세틸콜린에 의해 조절된다. 노르아드레날린과 함께 교감신경계의 주요 신경전달물질인 아드레날린은 스트레스를 받고 불안할 때 심박수를 증가시키고 심장에서 '아드레날린 러시'를 경험하도록 만든다. 반면 부교감신경계의 주요 신경전달물질인 아세틸콜린은 심장박동을 늦춘다. 아세틸콜린은 스트레스나 불안

불안에 대처하는 법

을 유발하는 상황이 지나간 뒤에 맥박수를 낮추어, 교감신경계의 과도한 자극으로부터 심장을 보호하는 역할을 한다.

심박수의 이러한 자연적 조절은 아세틸콜린이 미주신경을 통해 심장에 도달하는 양에 따라 달라진다. 미주신경은 부교감신경계의 주요 신경 중 하나로, 운동선수들과 관련하여 흔히 사용되는 '미주신경 긴장도'라는 말을 통해 널리 알려져 있다. 운동선수들은 집중 훈련의 결과 일반인들에 비해 미주신경 긴장도가 높은 경우가 많다. 미주신경 긴장도가 높으면 미주신경의 활동이 지속적으로 증가하여, 더 많은 아세틸콜린이 심장에 도달한다. 이로 인해 운동선수들은 쉬고 있을 때 심박수가 비교적 낮고 신체를 움직일 때는 심박수가 오르고 혈류량이 많아져 경기에서 좋은 성과를 낼 수 있다.

이와 연관된 또 다른 효과인 심박변이도 감소는 교감신경계와 부교감신경계 사이의 밸런스가 장기간 교감신경계 쪽으로 밀려난 경우에 나타난다. 지속적이고 반복적으로 나타나는 불안과 같은 만성 스트레스가 있는 경우에 심박변이도 감소가 나타나는데, 최근의 많은 연구에 따르면 무엇보다 공황장애, 사회공포증, 범불안장애에서 한결같이 이런 현상이 나타난다고 한다. 이런 연구 결과들은 애리조나의 스트레스 연구자인 줄리언 세이어Julian Thayer 와 리처드 레인Richard Lane이 개발한 '신경내장 통합모델Neurovisceral Integration Model'이 뒷받침한다. 신경내장 통합모델은 진화 과정에서 위험 상황이 닥칠 때 싸움 혹은 도피를 위해 교감신경계를 신속하게 활성화하는 프로그램이 만들어졌다고 본다. 이를 위해 위험이 지나갈 때까지 전두엽이 잠시 억제되는 동시에 편도체가 활성화되며, 위험이 지나가면 전두엽이 다시 자신의 일을 재개하며 스트레스 반응을 끝내도록 돕는다고 한다.

하지만 만성 스트레스의 경우는 그렇게 되지 않는다. 만성 스트레스 상태에서 전두엽은 억제된 상태로 남아, 편도체의 브레이크가 영구적으로 느슨해지거나 쉽게 풀리도록 하며, 이로 말미암아 교감신경계가 적잖이 지속적으로 활성화되거나 더 민감해진다. 불안장애에서 전두엽의 활성화 감소가 나타나는 것도 이렇게 설명할 수 있다. 불안장애에서는 만성 스트레스 반응에 대한 '모방'이 일어나 교감신경계가 더 빨리 혹은 지속적으로 작동한다. 다른 한편, 직업적이거나 개인적인 만성 스트레스가 전두엽을 억제함으로써 불안장애를 유발할 수 있다는 사실도 같은 맥락으로 설명할 수 있다. 악순환이 일어나는 것이다!

노르아드레날린 농도

비교적 자주 검사하는 교감신경계의 또 하나의 대체 변수로는 소화효소인 알파-아밀라아제가 있다. 알파-아밀라아제는 인간의 타액 속에 존재하며, 이를 통해 체내의 노르아드레날린 농도를 유추할 수 있다. 알파-아밀라아제는 코르티솔과 비슷하게 솜뭉치를 입에 물고 씹음으로써 채취한다. 이 소화효소는 음식으로 섭취된 탄수화물을 분해하여 위장관에서 흡수되게끔 하는 역할을 하며, 구강 점막의 침샘에서 만들어져 분비된다. 그런데 이 과정을 자극하는 것이 바로 노르아드레날린이다. 따라서 타액 속에서 알파-아밀라아제의 활성이 강할수록, 혈액 속에 노르아드레날린(노르에피네프린)이 더 많이 돌아다닌다는 뜻이고, 교감신경계가 더 활성화되어 있다는 뜻이다.

연구 결과 사회공포증이나 치과공포증을 비롯해 다양한 불안장애에 시달리는 환자에게서 아밀라아제 활성이 증가한 상태임이 발견되었는데, 치과공포증에서는 '드릴에 대한 공포'를 느끼는 정도가 클수록 아밀라아제 활성도 높아지는 것으로 나타났다.

세로토닌의 부족

공포 네트워크에는 스트레스 대응축과 교감신경계를 더 신속하고 강하게 지속적으로 활성화시키는 다양한 작용들이 있다. 이러한 작용들이 신체적 불안 증상을 촉진하거나 유발한다.

그렇다면 공포 네트워크에서 활성화는 어떻게 일어날까? 어떻게 불안장애를 발생시키는 정도에 이를까? 여기서는 세로토닌이 주요 역할을 한다. 1장에서 말한 것처럼 세로토닌은 편도체의 활성을 감소시키는 동시에 전두엽의 활성을 증가시키는 역할도 한다. 그리하여 공포 네트워크는 활성화 이후 다시 정상 상태로 돌아가고, '고삐가 풀린' 상태가 되지 않는다.

따라서 불안을 감소시키기 위해서는 충분한 세로토닌을 확보해야 한다. 실제로 최근 자기공명영상(MRI)을 활용한 연구에 따르면 약물을 통해 세로토닌 수치를 증가시킬 때 편도체의 활성이 감소하고 전두엽의 활성이 증가하는 것으로 나타났다.

하지만 세로토닌 부족을 상쇄하는 것이 그리 쉽지는 않다. 세로토닌을 음식을 통해 섭취할 수는 있지만, 뇌에는 세로토닌이 이르지 않기 때문이다. 이른바 혈뇌장벽blood-brain barrier 때문이다. 뇌로 가는 혈관의 벽을 이루는 세포들은 특별한 구조로 이루어져 특정 물질이 혈액에서 뇌로 쉽게 들어가지 못하게 차단하는 역할을 한다. 이는 진화적으로 매우 유용한 구조가 아닐 수 없다. 이를 통해 뇌가 독소로부터 보호되고, 만일의 경우 '본부'가 무력해지는 일을 막을 수 있기 때문이다. 하지만 단점도 있다. 혈뇌장벽이 세로토닌을 비롯한 많은 물질을 차단하기 때문이다.

그 밖에 현재로서는 공포 네트워크의 불균형을 유발하는 문제가 무엇인지 정확히 알려져 있지 않다. 한편으로는 세로토닌 수용체의 문제라는 지적도 있다. 연구에 따르면 불안장애가 있는 사람들은 평균 이상으로 특정한 유전적 변화를 보여주는데, 이로써 뇌에서 형성되는 세로토닌 수용체가 구조적으로 변화하여 세로토닌이 잘 달라붙을 수 없는 상태가 된다고 한다. 그리하여 세로토닌 수용체의 활성화가 확연히 약해지며, 편도체와 전두엽의 활성화를 감소 내지 증가시키라는 '명령'을 충분히 실행할 수 없는 상태가 된다.

반면, 또 다른 연구에서는 모노아민 옥시다제(MAO)라는 효소

불안에 대처하는 법

를 활성화시키는 유전적 변화가 발견되었다. 이 효소는 뇌에서 세로토닌을 분해하는 역할을 하는데, 이는 세로토닌의 농도가 너무 높아지지 않게 하는 데 중요하다. 세로토닌 농도가 너무 상승하면 심한 경우 뇌의 신경세포가 손상될 수도 있기 때문이다. 그런데 모노아민 옥시다제가 유전적으로 과잉 활성화되면 세로토닌 결핍을 유발할 수밖에 없다.

그동안에 스트레스가 세로토닌의 전구체인 '트립토판'에서 세로토닌이 만들어지는 걸 억제한다는 사실도 알려졌는데, 이는 스트레스로 인한 면역계의 과정 때문일 수도 있다. 그러다 보니 정보가 풍부한 환자들은 (세로토닌 부족을 상쇄하기 위한 대안으로) 트립토판을 복용하면 어떤지를 묻곤 한다. 트립토판은 세로토닌과 달리 혈뇌장벽도 통과할 수 있다는 것이 오래전부터 알려져 있었기 때문이다. 트립토판은 코코아, 견과류, 대두, 바나나 등 많은 식품에 함유되어 있으며 알약이나 캡슐 형태의 건강보조식품으로도 시판되고 있다.

하지만 불안장애에 미치는 트립토판의 효과와 관련된 학술 연구는 존재하지 않으며, 현재까지 동물 연구 결과는 모순적이다. 쥐의 경우 트립토판이 풍부한 음식을 섭취한 뒤 공포 네트워크의 일부에서 변화가 나타났지만, 소심한 행동에는 어떤 영향을 주는지 관찰되지 않았다. 트립토판이 과다한 경우 특정 기억력이 감퇴할 수 있다는 연구 결과들도 있다. 이어 문제는 트립토판의 부족이 아니라, 뇌에서 트립토판이 세로토닌으로 전환되는 데 있다는 사실까지 고려하면 트립토판이 풍부하게 함유된 식사가 세로토닌을 증가시키는 것이 아니라 쓸데없이 트립토판의 농도만 높일 따름임을 유추할 수 있을 것이다. 따라서 현재로서는 불안장애 치료 옵션으로 트립토판을 추천할 수는 없다.

<hr />

유전적 요인들

특정 유전적 변화가 미치는 영향을 현재로서는 정확히 평가할 수 없지만 유전이 불안장애의 발병에 중요한 역할을 한다는 것은 오래전부터 알려져 있었다. 지난 세기 후반부터 가족력 연구를 통해 우리는 불안장애에도 가족력이 작용한다는 것을, 가족 구성원이 매우 다른 환경에서 자랐다 해도 발병 위험이 상대적으로 높거나 낮을 수 있음을 알고 있다.

쌍둥이 연구는 불안장애의 유전적 요인에 대해 더 분명한 암시를 준다. 일란성쌍둥이 둘이 오랜 세월 서로 떨어져서 상이한 환경에서 자랐거나 학습 경험이 많이 달랐음에도, 둘 중 하나가 불안장애인 경우, 다른 한 명도 불안장애에 시달릴 위험이 월등히 높은 것으로 드러났다. 유전적으로 50%만 일치하는 이란성쌍둥이나 다른 남매들의 경우는 이 확률이 좀 더 낮은 편이다.

몇몇 불안장애의 경우, 이산화탄소에 대한 과민증이 발병 위험을 높이는 역할을 할 수도 있다. 이산화탄소는 산소보다는 훨씬 더 낮고 절대적으로 무해한 농도이지만 산소와 마찬가지로 혈액 내에서 지속적으로 돌아다닌다. 주변 공기 속의 이산화탄소 농도가 변하면서 혈액 속의 이산화탄소 농도가 조금씩 변하는 것은 아주 정상적인 일이다. 이산화탄소 농도가 떨어지면 우선은 호흡 중추가 활성화되어, 산소와 이산화탄소의 비율에서 다시금 산소 비율이 더 올라가도록 조절한다. 그런데 이런 조절이 이루어지다 보면 호흡수가 증가될 뿐 아니라 심박수와 혈압도 높아지는데, 불안 반응의 핵심 요소들이기도 한 이런 증상으로 불안 반응이 유발될 수도 있다.

실험에 따르면 특히 공황장애와 분리불안증이 있는 사람들은 보통 사람들보다 이산화탄소 농도가 조금만 변해도 불안 반응을 보이는 것으로 나타났다. 그리하여 (유전적일 수도 있는) 이산화탄소에 대한 높은 민감성이 불안장애 발병을 촉진하는 위험 요인으로 작용할 수 있을 것으로 보인다.

경험과
성격의

영향

스트레스로 인한 불안장애의 발병 여부에는 생물학적 측면 외에도 살아오면서 경험한 사건들과 성격이 중요한 역할을 한다. 물론 전기적·성격적 요인들은 생물학적 요인과 엄격히 분리되지 않는다. 오히려 이들 요인은 생물학적 측면에 영향을 미치거나, 반대로 영향을 받을 수도 있다.

전기적 요인

수많은 연구를 통해 스트레스로 점철된 삶이

불안에 대처하는 법

불안장애를 촉진할 수 있음이 알려졌다. 신체적 질병이나 장기간 지속되는 재정적·직업적 어려움도 여기에 속한다. 배우자와 사별했거나 이혼한 사람들도 불안장애가 생길 위험이 높으며, 정서적 혹은 신체적 방치나 폭력과 같은 유년 시절의 부정적인 경험도 여기에 기여한다. 현재 알려진 바에 따르면 규칙적으로 술, 담배를 하는 것처럼 겉보기에는 그리 심각해 보이지 않는 생활 습관도 불안장애 발병 위험을 높이는 것으로 나타났다.

인지적 요인이나 발달심리적 요인도 불안장애 발병에 아주 중요하다. 여기서 '인지적 요인'이란 외부의 영향과 자극을 지각하고 평가하는 면에서의 특이성을 종합적으로 지칭한다. 인지적 요인은 유년 시절에 개인적으로 좋지 않은 경험을 했거나, 애착 대상의 생각이나 평가를 넘겨받아 생겨났을 수도 있다. 부모가 물이 절반이 담긴 컵을 반이나 비어 있는 것으로 해석한다면, 자녀들역시 그 컵의 물이 반이나 비어 있는 것으로 평가한다. 하지만 유전적 요인도 한몫한다. 이와 관련하여 다음 요인들이 중요한 것들로 여겨진다.

○ 불안 민감성: 교감신경계의 활성으로 일어나는 증상들에 대한 두려움의 정도를 말한다. 빠른 심장박동, 발한, 현기증, 빠른 호흡이이런 증상에 속한다. 불안 민감성이 높은 사람들은 이런 증상들을더 신속하게 위험한 것으로 인식하고 스트레스를 받는다.

○ 불확실성에 대한 인내력 부족: 불확실한 상황이나 예측이 힘든 미

래의 일들을 얼마나 용인할 수 있는가를 말한다. 가령 불확실성에 대한 인내력이 부족한 사람이 30년째 회사에서 우편물 발송을 전적으로 책임져 왔는데, 어느 날 갑자기 내일부터는 우편물 수취를 담당해야 한다는 이야기를 들으면 굉장한 스트레스를 받을 수 있다. 그 업무와 관련하여 무슨 일이 기다리고 있을지 알지 못하기 때문이다.

○ 행동 억제 기질: 두려움을 유발하거나 잘 알려지지 않은 자극에 사회적 퇴각으로 반응하는 경향을 말한다. 행동 억제 기질이 두드러진 사람들은 위험을 좀처럼 감수하려 하지 않기에, 주체적으로 빠른 결정을 내리는 것이 힘들다.

○ 통제감: 상황과 사건을 일반적으로 통제할 수 있다는 주관적 확신이 얼마나 큰지를 말한다. 여기서 "나는 모든 걸 할 수 있어. 뭐든 오려면 와라."라는 입장과 "나는 운명의 장난감이야."라는 입장은 서로 반대 극이라고 할 수 있다. 통제감이 작을수록 공황장애, 범불안장애, 사회공포증이 생길 위험이 높다.

발달심리적 요인은 더 복잡한 학습 과정이다. 발달심리적 요인도 장기간에 걸쳐 형성되지만, 이것이 형성되는 데는 감정적 유대가 더 큰 역할을 한다. 이런 까닭에 성격적 기질 외에도 특히 '불안정 애착 유형'이 중요한 것으로 드러났다.

영국의 아동신경정신과 의사인 존 볼비John Bowlby와 캐나다의

심리학자 메리 에인스워스 Mary Ainsworth가 개발한 애착 이론은, 모든 인간은 안전, 안정, 보호에 대한 기본 욕구를 충족하기 위해 자동적으로 애착 대상과의 감정적 유대를 형성하고자 노력한다는 점에서 출발한다.

관계를 맺고자 하는 아이에게 애착 대상(어머니, 아버지, 조부모, 친구, 보육 교사 등)이 반응하는 방식은 아이의 자아상, 타인에 대한 생각, 인간이 어떻게 의사소통을 하고 상호작용을 하는지에 대한 이해에 근본적으로 영향을 미친다. 그리하여 유대 관계가 좋은 애착 대상들은 아이의 신호를 알아채고 부응해 주어 아이(송신자)가 사랑받을 만한 존재로서의 자기 효능감을 경험하고, 애착 대상(수신자)을 신뢰할 만하고 자신을 보호해 주는 존재로 경험하게 한다. 이를 통해 안정적인 애착이 형성되면 아이는 자신감이 있고, 스트레스에 대한 민감성이 낮거나, 최소한 높아지지 않는다.

반면 아이의 필요를 알아채지 못하고 무시하거나, 이랬다저랬다 일관되지 않은 반응을 보이는 경우는 사정이 다르다. 이런 행동은 아이로 하여금 애착 대상을 신뢰할 수 없게 만들고, 자기 효능감을 느낄 수 없거나 스스로를 무가치하다고 여기게 한다. 그러면 불안정 애착이 형성될 위험이 높아지고, 이런 불안정 애착으로 인해 자존감이 낮아지고 스트레스에 대한 민감성이 올라갈 가능성이 높다. 하지만 오늘날에는 애착 유형이 유년기에 형성되기 시작하지만, 유년기에 꼭 마무리되는 것은 아님이 알려졌다. 청소년기 혹은 성인기의 친구 관계나 파트너 관계도 애착에 지속적으로 긍정적이거나 부정적인 영향을 미칠 수 있다.

그동안 불안정 애착 유형이 무엇보다 사회공포증이나 분리불안증의 위험 요인임을 입증하는 연구들이 많이 나왔다. 이것은 불안장애를 가진 사람들이 불안을 유발하는 구체적인 상황과 상관없이 대부분 자신감이 부족하다는 관찰과도 맞아떨어진다.

<figure>
──────── 성격적 요인
</figure>

전기적 요인 외에 개인의 성격도 불안장애에서 매우 중요한 요소다. 특정 성격은 스트레스에 대한 민감성을 높임으로써 불안장애의 요인이 될 수 있다. 성격 연구 중 가장 잘 알려진 것이 바로 '5대 성격 요인 모델'이다. 이 모델은 1930년대 미국 심리학자 루이스 L. 서스톤Louis Leon Thurstone, 고든 앨포트Gordon Alport, 헨리 S. 오드버트Henry S. Odbert가 처음 제기한 뒤에, 여러 학자들이 지속적으로 개발한 모델이다. 외향성, 개방성, 우호성, 성실성, 신경증을 5대 성격 요인으로 지목한다.

○ 외향성: 사교적이고 활기차고 사람들과 잘 어울리며, 다른 사람을 부추기고 고무시키며, 어떤 상황에서든 중심 인물이 되는 특성을 말한다. 반대로 내향적인 사람들은 혼자 있는 것을 좋아하고, 조용하며, 자기만의 세계에서 사는 경향이 있다.

○ 개방성: 새로운 경험에 열려 있고 모르는 것에 탐구심을 느낄 뿐

아니라, 상상력이 풍부하고 창의적이며 변화를 좋아하는 특성을 말한다. 반대로 폐쇄성이 강한 사람들은 관습적인 경향이 있으며, 변화를 피하고자 하고, 한눈에 조망할 수 있는 것을 좋아한다.

- ○ 우호성: 친화적이고 도우려는 자세를 보이며, 화목하고 조화로운 것을 좋아한다. 타고난 팀 플레이어이며, 늘 귀가 열려 있다. 반대로 적대성은 불신, 다툼, 경쟁적 사고, 소통을 좋아하지 않는 태도를 특징으로 한다.

- ○ 성실성: 계획을 잘 세우고 일을 꼼꼼하게 감당하며, 구조적이고, 조직적이다. 성실성을 가진 사람들은 야심차고 부지런하며, 자제력이 강하고, 자신뿐 아니라 다른 사람들에 대한 기대가 높다. 반면 성실하지 않은 사람은 일을 정확하게 처리하지 않아 신뢰할 수 없고 무책임하다는 비난을 받기도 한다. 개인적인 목표 역시 빠르게 바뀌는 일이 많고 즉흥적으로 사는 경향이 있다.

- ○ 신경증: 불안하고 염세적이며 예민하다. 특히 부정적인 사건에 대해 감정적으로 강하게 반응하는 경향을 띤다. 신경증 경향이 높은 사람들은 안정감이 없으며, 문제나 갈등이 있으면 자신에게 잘못을 돌린다. 반면 신경증 경향이 낮은 사람들은 자신감 있고, 강박적이지 않고, 스스로를 관철시키며, 갈등을 잘 이겨내고, 정서가 안정되어 있고, 낙관적이다. 그들에게 물컵은 이미 반이나 비어 있는 것이 아니라, 아직 반이나 차 있는 상태다.

사람의 성격을 다음에 나오는 계산자처럼 상상해 볼 수 있다. 각각의 가로 막대는 특정 성격을 나타내며, 막대의 양 끝은 이 성격의 극단을 가리킨다. 각 막대 위의 '구슬'의 위치는 그 특징이 개인적으로 얼마나 두드러지는지를 말해준다. 그리하여 사람마다 전체적으로 각 성격을 보여주는 고유한 패턴이 나타난다.

성격의 계산자 모델

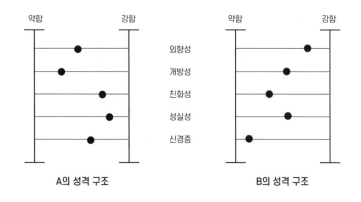

각각의 성격 안에서 계속해서 극단적인 위치에 자리하는 사람은 없다. 다시 말해서, 완전히 열려 있거나, 아주 극도로 적대적인 사람들은 거의 없다. 대부분의 사람들은 중간 정도에서 왔다 갔다 하면서 상황에 따라 의식적으로 이쪽이나 저쪽으로 위치 이동을 한다. '성실성' 면에서 점수가 높은 사람은 업무를 정확하고 신뢰성 있게 처리하여 직업적으로 상당히 높은 평가를 받을 것이다. 그러다가 옆 동료가 병가를 받거나 대규모 수주로 인해서 업무

불안에 대처하는 법

부담이 늘어나면, 이상적인 경우 성실성의 정도를 약간 감소시킬 수 있다. 통제 욕구나 모든 것을 완벽하게 하고 싶은 마음을 일시적으로 줄여서 더 많은 업무를 감당하도록 하는 것이다. 그러고는 프로젝트가 끝나거나 동료가 몸이 좋아져서 출근을 하면 다시 옛 모드로 돌아갈 수 있다.

또 하나의 예로 누군가가 굉장히 친화적이고 조화로운 인간관계를 추구하며, 사회적으로 갈등을 피하고 주변 사람들에게 되도록 맞춰주는 성격이라고 하자. 하지만 이런 사람도 굉장히 적대적이고 사사건건 트집을 잡는 사람과 직업적으로 경쟁 구도에 놓이는 경우, 원래의 성격을 그대로 고수하면 이용당하거나 밀려날 수 있다. 따라서 이런 상황에서는 (약간이라도) 적대성 쪽으로 옮아가 상대방 앞에서 자기주장을 관철할 수 있어야 한다. 그런 다음 저녁에 친구들과 맥주 한잔 할 때는 다시금 예전의 자신으로 돌아간다.

따라서 성격의 기본 구조가 중요할 뿐 아니라, 이런 성격을 필요에 따라 변화시킬 수 있는가, 어느 정도로 변화시킬 수 있는가 하는 것도 중요하다. 상황상 필요한데도 성격을 조금이라도 변화시키는 것을 어려워하는 사람들은 당연히 삶이 쉽지 않다. 가령 모든 것을 완벽하게 통제하고 싶은 마음을 약간 줄여 더 많은 일을 감당하거나, 자신의 권리를 관철하기 위해 적대성을 건강한 정도로 끌어올리기가 힘들기 때문이다. 이렇게 적응에 어려움을 겪다 보면 늦든 빠르든 스트레스 수준이 확연히 올라가게 되고, '민감성-스트레스 모델'에 기반하여 불안장애 발병 위험이 높아진다. 이 분야에 대한 기존 연구는 성실성과 신경증이 두드러지고, 이 차원에서 전혀 융통성을 발휘하지 못하며, 외향성이 상당히 부족한 경우 특히나 불안장애가 생길 위험이 더 높은 것으로 나타났다.

서로 맞물리는 성격적 요인과 생물학적 요인

어떤 사람들은 성격상 다른 사람들에 비해 변화하는 요구나 상황에 잘 적응한다. 무엇 때문인지는 아직 명확히 밝혀지지 않았다. 연구 결과에 따르면 어떤 한 가지 요인으로 귀결시킬 수 있는 것이 아니고, 오히려 심리적, 생물학적 요인들이 합쳐져서 나타나는 현상인 듯하다. 경우에 따라 생물학적 요인, 혹은 심리적 요인이 더 중요할 수 있다. 애착 경험이 성격 발달에 중요한 역할을 한다는 것은 아주 오래전부터 기정사실로 인식되어 왔다. 불안정 애착은 몇몇 성격적 특성이 두드러지도록, 가령 통제 욕구나 비관주의가 강해지도록 하는 역할을 하며, 변화된 요구에 유연하게 반응하기 힘들게 한다.

다른 측면에서도 생물학적 요인과 심리적 요인이 별개로 존재하기보다 서로 맞물린다. 오늘날에는 불안 증상에 중요한 역할을 하는 심리적 측면들이 형성되는 데 생물학적 요인들이 개입한다는 사실이 받아들여지고 있다. 가령 우리 연구팀도 참여했던 최근의 한 연구에서는 공황장애를 가진 사람들과 신경이 굉장히 예민

불안에 대처하는 법

하지만 공황장애는 없는 사람들에게서 동일한 유전적 변화가 있음을 알아냈다. 불안장애의 위험 요인과 불안장애 자체가 동일한 유전적 변화로 말미암는다는 증거다. 이런 유전적 변화와 거기서 비롯된 (아직 자세히 알려지지 않은) 생물학적 변화들이 특정 상황에서 사람을 더 '신경증적으로' 만드는 듯하다. 그리하여 스트레스에 대한 민감성이 높은 사람은 스트레스를 받을 때 더 빠르게 불안장애로 발전하는 것이다. 따라서 성격 발달이 어느 정도 유전자의 영향을 받는다는 분명한 암시가 있다고 하겠다.

불안
반응에서

불안장애로

앞에서 설명한 생물학적 요인, 전기적 요인, 성격적 요인들은 스트레스가 높은 상황에서 병적인 불안 반응으로 이어지는 요인이 될 수 있다. 하지만 이것이 불안장애로 발전하고 지속되려면 조건화 과정과 학습 과정이 있어야 한다. 이 같은 학습 과정은 정상적인 불안 반응의 경우에도 중요한 역할을 한다. 앞에서 언급한 고전적 조건화, 관찰 학습, 조작적 조건화가 그렇다.

하지만 불안장애가 있는 사람의 경우는 이런 학습 과정이 건강한 사람들과 비교하여 더 강렬하고 혼자 힘만으로는 여간해서 다시 수정될 수 없다.

불안에 대처하는 법

고전적 조건화

고전적 조건화와 관련하여 지금까지의 연구는, 불안장애가 있는 사람들은 불안과 관련한 정보들을 더 빠르게 받아들이고, 더 빠르게 다른 비슷한 상황에 적용한다는 것, 즉 일반화한다는 것을 보여주었다. 생물학적, 혹은 발달심리적 위험 요인이 있는 사람들은 X도시의 A타워에서 맛본 불안을 (그런 위험 요소가 없는 사람들보다) 높은 곳에 올라가는 다른 상황에 더 빨리 적용한다는 뜻이다. 여기서는 편도체가 과민한 것이 중요한 역할을 하는 듯하다. 과민한 편도체는 불안을 학습하는 데 중심 센터 역할을 하는 뇌 영역이기 때문이다.

관찰 학습

관찰 학습과 관련해서는 아직 충분히 연구되지는 않았지만, 관찰 학습에서도 공포와 관련된 정보가 기억 회로에 더 빠르고 강하게 새겨지는 것으로 보인다. 특히나 분리불안증에는 '강화된 관찰 학습'이 핵심적인 역할을 하는 듯하며, 아이의 분리불안이 장기간 지속되는 데는 부모의 양육 스타일이 중요한 영향을 미치는 듯하다. 부모가 과잉보호와 사사건건 통제하는 태도로 아이를 키우면 아이는 세상이 안전하지 않은 곳이며, 혼자 있는 것은 위험하다고 학습한다.

1장에서 말한 '조작적 조건화'와 '불안의 2단계 모델'은 공포증과 공황장애가 지속되는 데 특히 중요한 역할을 한다. 불안을 더 신속하고 집중적으로 학습한 뒤에는 공포를 유발하는 트리거를 회피하는 행동을 통해 이런 학습 경험이 유지된다.

공포증의 경우 다리, 대중교통, 비행, 엘리베이터, 군중 등 공포를 유발하는 상황이나 무서운 거미나 개가 있을 것 같은 공간적 상황 등에 대한 회피가 나타난다.

공황장애의 경우 회피는 상황적 트리거가 아니라, 빠른 심장박동, 현기증, 발한, 숨 가쁨처럼 패닉을 상기시키거나 유발할 수 있는 신체 증상에 대해 나타난다. 그리하여 당사자들은 점점 더 몸을 사리는 태도를 취하게 되어 운동도 하지 않고, 계단도 오르지 않고, 날씨가 좋아도 더 이상 집 밖에 나가지 못한다.

분리불안증의 경우에도 조작적 조건화 메커니즘이 분리불안증이 지속되게 하는 데 결정적인 역할을 하는 것으로 알려져 있다. 아이는 관찰 학습을 통해 세상은 무서운 곳이라고 인식하며, 애착 대상과 분리된 상황에서 유치원에 가야 하거나 친구 집에서 처음으로 파자마 파티를 하는 등 두드러진 불안 반응을 경험하면, 애착 대상과 분리된 상황을 가능하면 빨리 끝내거나, 아예 그런 상황을 만들지 않음으로써 불안 반응을 회피할 수 있다. 그리하여 결과적으로 아이는 부모에게 더더욱 찰싹 달라붙는다. 그런 다음 부모의 과잉보호를 통해 자신의 불안이 정당하다는 것을 직간접적으로 확인하면("아마 아직은 할 수 없을걸.", "혹시 거기 가서 기분이 안 좋거나 하면 엄마가 곧장 데리러 갈게.") 아이는 계속 불안해한다. 정도에 따라 다르지만, 이런 학습 메커니즘은 성인이 될 때까지 계속될 수도 있고, 성인기에 비로소 시작될 수도 있다. 이 경우 보호자 역할을 하는 애착 대상은 더 이상 부모가 아니라, 파트너, 자녀 또는 형제자매가 될 수도 있다.

복합적인 학습 모델

사회공포증과 범불안장애가 지속되는 것에 대해 더 복잡한 설명 모델이 개발되었다. 사회공포증에서는 불안이 일단 학습되면 불안을 유발하는 상황이 일어나기 전, 상황이 진행되는 도중, 상황이 끝난 뒤에 특별한 인지적 과정이 진행된다. 특별한 평가가 결정적인 역할을 하는 과정이다. 그리하여 상황이 일어나기 전에는 정신적인 회피행동을 한다. 임박한 상황을 정신적으로 대면하는 것을 회피하는데, 그러다 보니 그 상황을 이성적으로 준비하고, 상황을 감당하기 위한 전략들을 개발하는 것이 거의 불가능하다. 그리고 상황이 진행되는 도중에는 자꾸 스스로를 관찰하고, 자신과 자신의 성과를 지나치게 비판적으로 바라본다.

이런 현상은 특정한 패턴을 따른다. 가령 다음과 같다.

"이제 내가 다시 손가락을 만지작거리고, 땀이 나기 시작하는

군! 오, 안 돼! 그러면 내가 극도로 불안하다는 걸 모두가 알잖아."

"왜 답이 정확히 떠오르지 않지? 모두가 내가 시험을 위해 완벽하게 준비하지 않았다는 걸 알게 될 거야. 사람들이 나를 어떻게 생각할까?"

이제 상황이 끝난 다음에는 지나간 상황을 지나치게 면밀하게 '따지고' 비판적으로 분석한다. 가령 이런 식이다.

"세 번째 질문에서 난 잠시 멈칫거리다가 대답했어. 그리고 여섯 번째 질문에서는 횡설수설했단 말이지. 뮐러 교수는 분명히 내가 제대로 준비하지 않았다고 볼 거야. 나를 정말 멍청하다고 생각하겠지. 그럼에도 A플러스를 준 건 분명 동정심에서야."

자기 성찰이 이미 왜곡되어 있다 보니 상황을 부정적으로 바라보는 걸 더 이상 수정할 수 없으며, 그러다 보니 불안은 더 커진다. 그리하여 다음에 닥치는 상황을 더 이상 감당할 수 없다는 느낌과 그런 상황에 직면하는 것을 회피하려는 행동이 강화된다.

선택적 함구증에 대해서는 그것이 어떻게 지속되는지를 설명하는 특별한 모델이 아직 존재하지 않는다. 하지만 여기에서도 사회적 평가가 특히 중요하기에, 사회공포증과 유사한 과정이 중요한 역할을 하리라고 생각된다.

범불안장애의 경우는 몇 가지 설명 모델이 있다. 우선 '불안의 2단계 모델'인 조건화 과정이 중요하다. 그에 따르면 걱정을 하는 것은 무엇보다 힘든 상상과 감정을 회피하거나 억누르는 기능을 한다. 가령 감정적으로 자신이나 가족이 병에 걸리거나 사고를 당할 수 있다는 상상을 견딜 수 없을 때는 그 주제에 대해 걱정을 하

불안에 대처하는 법

기 시작한다. 스스로 모든 상황을 미리 생각함으로써 위험을 가능한 한 줄일 수 있을 것이라 여긴다. "걱정은 예방이다."라는 모토에 따라서 말이다. 사실 이런 것은 거짓 통제일 뿐이다. 모든 위험과 리스크를 '생각으로' 다 예상하는 것은 불가능하기 때문이다. 범불안장애를 가진 사람도 무의식적으로는 이를 분명히 알고 있다. 그래서 "많으면 많을수록 좋다"는 모토에 따라 정말로 '과도하고 통제가 안 되는' 정도에 이르기까지 더욱더 많은 걱정을 한다. 이를 통해 감정을 적절히 처리하는 것이 불가능해지고, "걱정하지 않으면 나쁜 일이 일어날 거야."라는 확신이 굳어진다.

이와 긴밀히 연결된 두 번째 모델은 불확실성을 견디지 못하는 경향이다. 범불안장애가 있는 사람들은 불확실한 전망을 견디기 힘들어한다. 그리고 걱정을 하는 한 불확실성을 통제하는 기분이 든다. 사실 걱정한다고 불확실성을 통제할 수 있는 것도 아닌데 말이다.

최근 범불안장애를 설명하는 또 하나의 모델이 주목을 받은 바 있다. 바로 범불안장애의 메타인지 모델이다. 이것은 영국의 심리학자 에이드리언 웰스Adrian Wells가 개발한 것으로서, 이 모델에 기초하여 아주 효과적인 범불안장애 심리치료가 탄생했다. 이 치료에 대해서는 4장에서 살펴보려고 한다. 메타인지 모델은 범불안장애가 생기고 지속되는 것에 소위 메타인지가 중심적인 역할을 하는 것으로 본다. 메타인지는 사고 과정과 관련해 생겨난 평가다. 범불안장애에서 걱정에 대한 전형적인 평가는 가령 이런 것이다.

"걱정하고 계속 생각하는 것이 나를 보호해 줘. 이를 통해 더 잘 준비하고 위험을 피할 수 있기 때문이지."

"걱정은 내게 문제의 해결책을 발견할 수 있도록 도와줘."

반대의 평가도 있다.

"걱정을 도무지 통제할 수가 없어."

"걱정은 내게 위험해. 기분을 망치고, 잠 못 들게 해."

첫 두 문장은 '긍정적인 메타인지'의 예다. 걱정이 긍정적인 작용을 한다고 생각하기 때문이다. 자신을 보호해 주고, 문제 해결에 도움을 준다는 것이다. 반면 나중의 두 문장은 '부정적인 메타인지'다. 걱정을 우울증이나 불면증으로 이어질 수 있는 위험한 것으로 인식하기 때문이다.

그리하여 긍정적 메타인지와 부정적 메타인지는 걱정과 관련한 걱정으로 이어진다(2타입 걱정). 그러면 이제 당사자들은 원래의 걱정, 즉 "내가 병에 걸리면 어떻게 하지?", "가족에게 무슨 일이 생기면 어떻게 하지?", "더 이상 일을 할 수 없게 되면 어떻게 하지?" 등의 1타입 걱정을 줄여야 한다고 걱정(2타입 걱정)을 하게 된다. 그리고 걱정을 하지 않으면 예방 조치를 포기하게 된다는 생각에(긍정적 메타인지) 걱정하거나, 걱정이 중장기적으로 심신에 해를 미친다는 생각에(부정적 메타인지) 걱정을 한다.

이쪽이든 저쪽이든 이런 식의 사고를 하는 당사자들은 자꾸 커져가는 걱정의 악순환에 빠져 고통과 스트레스가 점점 더 심화된다. 그러므로 범불안장애의 메타인지 치료는 질병이나 사고, 사회적 추락 같은 구체적인 걱정의 내용에 중점을 두지 않고, 걱정 그 자체를 어떻게 생각하는지, 걱정에 어떤 의미를 부여하는지에 중

　　　　　　　　불안에 대처하는 법

점을 두고 이를 변화시키고자 한다.

메타인지 모델은 이해가 잘 안 될 수도 있다. 전문가들도 때로는 설명하는 걸 어려워한다. 하지만 이런 설명 모델은 범불안장애의 '상위 논리'를 이해할 수 있도록 해주고 범불안장애에서 걱정의 내용이 아니라 걱정의 방식이 문제가 된다는 것을 보여준다. 그러므로 메타인지 모델에 대한 설명을 두세 번 조용히 읽어보며 이해를 도모하면 좋을 것이다.

요약해서 말하자면 다음과 같다. 현재의 연구 수준에 따르면 생물학적·전기적·성격적 요인들이 함께 맞물려 스트레스 상황에서 불안 반응을 일으킬 위험을 높인다. 이어서 여러 가지 학습 과정들이 불안장애로 이어지고 지속되게 한다. 이를 통해 평가 방식, 행동 방식이 변하여 스트레스로 인한 고통을 가중시키고, '민감성-스트레스 모델' 차원에서 불안이 계속되도록 만든다.

불안의 민감성-스트레스 모델

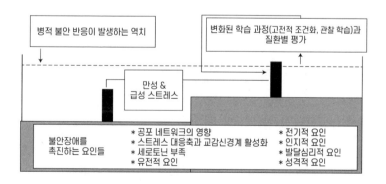

4장

불안장애는 어떻게 치료해야 하는가

불안장애를 치료하지 않으면 만성이 되어 일상이 점점 힘겨워진다. 사람에 따라서는 불안장애가 일시적으로 나타나고, 중간에 증상이 없는 시기를 겪기도 하지만, 증상들이 완전히 사라지고, 몇 년간 전혀 재발하지 않는 경우는 소수다. 불안장애를 치료하지 않으면 최악의 경우 우울증, 술·약물·마약 중독이나 남용 등 다른 문제가 발생할 수 있다. 하지만 임상에서 입증된 효과적인 치료법들이 존재하며, 치료법들은 계속 개발되는 중이다. 기본적으로 모든 불안장애에 심리치료와 약물치료가 효과적인 것으로 입증되었다. 그에 따라 독일의 불안장애 치료 가이드라인에서는 이 두 치료법을 원칙적으로 동등한 치료 옵션으로 명시하고 있다. 임상에서 우리는 종종 두 치료 형태를 결합해서 치료한다. 심리치료와 약물치료는 상호 배제적인 것이 아니므로, 얼마든지 결합해서 활용할 수 있다.

**Keine
Panik
vor der
Angst!**

알맞은
치료 도구가

필요하다

불안장애를 취급하는 대부분의 전문가들처럼 우리 역시 불안장애 클리닉에서 단계적 치료 프로그램을 적용한다. 가능한 한 인지행동치료 형태의 심리치료를 우선적으로 제공한다. 인지행동치료는 보통 불안장애 치료에서 가장 처음 시도되는 치료 형태인데, 이에 대해서는 뒤에서 더 자세히 살펴보려고 한다. 인지행동치료는 약물치료에 비해 원칙적으로 더 유익하다. 약물치료보다 환자의 자기 효능감을 높여줄 수 있기 때문이다. 인지행동치료를 위해 치료자는 환자에게 공포를 지각하는 다양한 방법을 가르쳐 줌으로써 환자들이 인지한 불안을 스스로 재학습하게끔 한다.

다양한 치료 기법들을 불안장애를 촉진하는 모든 요인들에 대응하는 알맞은 도구가 들어 있는 도구 상자처럼 상상해도 좋을 것이다. 여기서 중요한 것은 이런 기법들을 숙지할 뿐 아니라, 적절히 훈련하여 적용하는 것이다. 그리하여 치료를 마칠 무렵에는 이상적인 경우 자신의 증상을 안정적으로 경감시키고, 불안이 다시 찾아오는 경우 능동적이고 효과적으로 대처할 수 있다.

이런 정도의 자기 효능감과 치료가 끝낸 뒤에도 지속되는 효과는 약물치료로는 달성할 수 없다. 자기 효능감은 자신의 능력을 통해 행동을 성공적으로 수행할 수 있다는 기대인 까닭에, 어려움을 극복하는 것뿐만 아니라 심리 질환을 극복하는 데에도 중요한 역할을 한다.

───○─────── 약물치료가 필요할 때

약물치료에는 다른 장점들이 있다. 우선 심리치료보다 빠른 효과를 낸다. 심리치료로 많게는 몇십 년간 굳어진 학습 과정을 변화시켜야 한다는 점을 생각하면 쉽게 수긍이 갈 것이다. 심리치료의 기법들을 습득하고, 불안을 재학습하여, 일상에서 그 효과를 굳히기까지는 보통 여러 달, 상황에 따라서는 몇 년이 걸린다. 반면 약물치료는 몇 주 되지 않아 생물학적 변화들을 이끌어내어 증상을 감소시킨다. 또한 증상이 아주 심하여 일상에 광범위한 지장이 초래되고 심리치료의 내용에 제대로 집중

불안에 대처하는 법

할 수 없는 환자들은 약물치료로 증상을 경감시켜 심리치료를 받을 수 있는 상태가 되게 해야 한다. 심리치료가 가능해지고 그 효과가 일상에도 안정적으로 나타나면, 약물을 단계적으로 줄여나가다가 완전히 끊을 수 있다. 이상적인 경우 심리치료를 받는 도중에 이런 효과가 나타나면, 심리치료만으로도 증상의 개선을 도모할 수 있다.

그 밖에도 과거에 앓았던 신체적 질병 때문에 심리치료를 받을 수 없는 환자들도 있다. 무엇보다 인지행동치료의 가장 핵심 부분인 노출요법이 그러하다. 노출요법에서는 의도적으로 불안을 유발하고 그것을 처리하게끔 한다. 하지만 심혈관계나 폐, 신진대사, 중앙 신경계 질환을 앓았던 환자들은 이런 훈련에 동반되는 스트레스가 커서 노출요법이 불가능하다. 그리하여 이런 경우는 약물치료가 우선적으로 고려된다. 나아가 어떤 이유에서든 심리치료로는 효과를 보지 못했거나, 심리치료와 약물치료에 대한 상세한 정보를 접한 뒤에도 약물치료를 선호하는 환자들이 있다. 치료를 계획할 때는 이전의 경험이나 선호도도 고려해야 한다.

무엇보다 약물치료는 심리치료를 받기가 여의치 않은 경우에 신속하게 동원할 수 있는 유일한 치료법이다. 심리 질환으로 말미암아 도움을 구하는 사람들이 날로 증가하다 보니 심리치료사 부족 현상이 발생하고 있다. 또한 심리치료를 받을 기회와 관련하여 도시와 시골 간의 격차도 크다. 대도시에서는 몇 주만 대기하면 심리치료를 받을 수 있지만, 시골 지역에서는 대기 시간이 대부분 여러 달에 이르고, 때로는 몇 년을 기다려야 하는 수도 있다. 최악의 경우에는 근처에 심리치료를 받을 수 있는 곳이 아예 없는 경우도 있다. 이런 상황에서는 심리치료가 여의치 않은 사람들을 약물치료가 (우선은) 도울 수 있다.

○───────── 개별적인 치료 계획

샤리테병원의 불안장애 클리닉에서는 최대한 환자에게 맞는 치료를 하고자 노력하고 있다. 환자의 소망, 가능성, 현실적 요구들을 고려하여 치료 계획을 세우고 유효성과 안전성이 입증된 치료법들로 치료를 진행해야 한다.

하지만 환자가 개인적으로 유용하거나 의미 있다고 여기는 방법들도 적지 않다. 표준 치료의 효력을 방해하지 않고, 허황된 약속으로 도움이 필요한 사람의 주머니에서 돈을 갈취하는 방법이 아니라면, 추가적으로 그런 방법들을 치료 프로그램에 넣을 수도 있을 것이다. 하지만 괜찮은 방법인지 우선 살펴보아야 한다.

이번 장에서는 우선 가이드라인에 맞는 불안장애의 약물치료와 심리치료에 대해 자세히 살펴보려고 한다. 이어서 불안장애 치료와 관련하여 최근의 새로운 추세를 소개하려고 한다. 한 가지 포인트는 불안장애 치료에서 운동이 어떤 치료 잠재력을 가질 수 있는가 하는 것이다. 우리는 현재 이를 중점적으로 연구하고 있는데, 이 분야에서 몇 가지 성과가 있었다!

앞에서도 말했지만, 우리는 이 책의 독자들로 불안장애가 있는 당사자들과 그 주변 사람들을 상정했기에 구체적인 치료와 지침도 이들을 염두에 두고 전달하고자 한다. 물론 불안장애와 직간접적으로 관계가 없는 독자들도 읽어보면 좋을 것이다.

효과 높은
약물치료와

부작용

1962년 미국의 정신과 의사 도널드 클라인 Donald F. Klein 과 막스 핑크 Max Fink 는 우울증 치료에서 효과가 입증된 성분인 이미프라민 imipramine 이 공황 발작의 강도와 빈도를 감소시킨다는 사실을 발견했다. 이들의 발견은 불안장애에 대한 현대적인 향정신성 약물치료의 신호탄이 되었으며, 불안장애를 새롭게 분류하는 계기가 되었다. 그전까지는 불안증을 보이는 환자에게 신경안정제나 정신분열증 치료제를 투여했고, 당연히 그다지 큰 성과를 거두지 못했다.

이미프라민(Tofranil 등) 계열은 화학구조상 '삼환계 항우울제'로 칭해지는 성분이다. 동물실험에서 입증된 바에 따르면 이미프라민 계열은 세로토닌과 노르아드레날린의 가용성_{Availability}을 증가시키며, 적은 정도이지만 뇌 속 도파민의 가용성도 높인다. 불안장애의 발병이 이러한 신경전달물질 중 최소한 하나의 변화와 관련 있을 것이라는 추측은 일찌감치 제기되었다. 3장에서 살펴보았던 세로토닌의 농도 및 작용과 관련한 발견이 있기 몇 년 전에 이미 이런 추측이 나왔던 것이다.

여기에서 강조하고 싶은 것은 항우울제는 중독성이 없다는 것이다! 어떤 계열의 항우울제든 마찬가지다. 이 사실을 분명히 말해두는 것은 불안장애를 가진 사람들이 계속해서 그런 걱정을 하기 때문이다. 이런 걱정은 많은 이들이 항우울제를 신경안정제(진정제)와 혼동하기 때문이다. 신경안정제에 대해서는 나중에 더 살펴보기로 하자.

항우울제를 이용한 치료

시간이 흐르면서 일련의 삼환계 항우울제가 개발되었고, 그중 몇몇은 오늘날까지 유용하게 활용되고 있다. 이에 속하는 것이 바로 클로미프라민(Anafranil), 아미트립틸린(Saroten), 트리미프라민(Stangil), 오피프라몰(Insidon) 또는 노르트립틸린(Nortrilen)과 같은 성분이다. 1980년대부터는 '선택적 세로토닌 재흡수 억제제_{selective serotonin reuptake inhibitors: SSRI}'와 '선택적 세로토닌-노르아드레날린 재흡수 억제제_{selective serotonin-}

noradrenaline reuptake inhibitors: SSNRI'와 더불어 '차세대 항우울제'가 출시되었다. 현재 독일에서는 여섯 종류의 SSRI, 즉 시탈로프람(Cipramil), 에스시탈로프람(Cipra lex), 플루옥세틴(Fluxet), 플루복사민(Fevarin), 파록세틴(Seroxat), 세트랄린(Zoloft)과 세 종류의 SSNRI, 즉 벤라팍신(Trevilor), 둘록세틴(Cymbalta), 밀나시프란(Milnaneurax)을 처방받을 수 있다.

연구에 따르면 많은 SSRI와 SSNRI 성분이 항우울증 작용뿐 아니라, 다양한 불안장애에도 뚜렷한 효과를 내는 것으로 드러났다. 효과는 이전까지 불안장애에 자주 투여되었던 클로미프라민이나 이미프라민 같은 삼환계 항우울제와 비슷한데, SSRI와 SSNRI 성분이 결정적인 이점을 갖는다. 삼환계 항우울제보다 부작용이 훨씬 적고 일반적으로 환자들이 불편 없이 복용할 수 있다. 특히 노인이나 병약자, 임산부 등 특수한 환자들이 복용해도 무방하다.

오늘날 독일에서 의약품을 담당하는 최고 기관인 '독일연방 의약품·의료기기 관리기관(BfArM)'은 SSRI와 SSNRI 계열의 약을 치료에 투여할 수 있도록 대부분 허가한 상태다. 그리하여 SSRI와 SSNRI 계열의 약품은 국제 치료 지침에 의거하여 공황장애나 광장공포증, 범불안장애 및 사회공포증의 치료를 위한 1차 선택 약물로 활용된다. 다양한 물질, 각각의 권장 복용량, BfArM 또는 현재 치료 지침을 통한 허가와 권장 등급은 242쪽의 표에 자세히 실려 있다.

그러나 특정공포증, (성인기의) 분리불안증, 선택적 함구증에 대해서는 항우울제의 효과가 확실히 입증되어 있지 않으므로, 이런 불안장애들의 경우는 일차적으로 심리치료가 권장된다. 이에 대해서는 뒤에서 자세히 살펴보려고 한다.

삼환계 항우울제와 SSRI와 SSNRI 성분은 부작용 면에서 차이가 있기는 하지만, 작용 메커니즘은 1세대와 2세대 항우울제가 동일하다. SSRI와 SSNRI 성분은 그 이름에 이미 작용 메커니즘이 들어 있다. 그럼에도 이 작용 메커니즘은 약간 복잡하게 느껴질 수 있다. 처음 접할 때는 특히 그렇다. 그래서 텍스트를 다음 그림으로 보충해 놓았으니 차근차근 그림과 비교해서 설명을 읽어보면 좋을 것이다.

항우울제가 공포 네트워크의 신경세포들에 미치는 영향

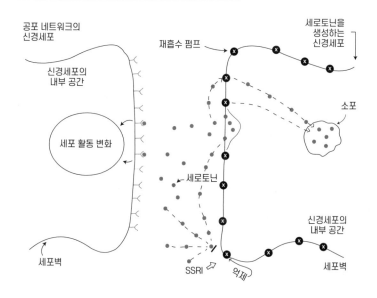

세로토닌의 예로 원리를 살펴보자. 노르아드레날린도 과정은 유사하게 진행된다. 1장에서 우리는 신경전달물질인 세로토닌이 공포 네트워크의 주요 부위인 편도체와 전두엽의 활성을 '정상'으로 되돌린다는 점을 살펴본 바 있다.

세로토닌이 세포 표면에 있는 세로토닌 수용체에 결합하여 신경세포에서 해당 과정을 유발한다. 이에 필요한 세로토닌은 공포 네트워크 바로 옆에 위치한 뇌세포, 즉 신경세포 내부의 소포vesicle 안에서 만들어진다. 그런 다음 소포들은 세포 특유의 구조를 거쳐 세포벽 쪽으로 운반되고, 그곳에서 소포벽이 열려 세로토닌을 생성하는 신경세포의 세포벽과 결합된다. 그리하여 세로토닌은 신경액으로 채워진 뇌의 신경세포 사이의 공간, 즉 시냅스 틈에 이르게 된다. 일단 한번 방출된 세로토닌은 공포 네트워크의 신경세포(그림 왼쪽) 쪽으로 '헤엄쳐 가서' 그곳에서 세로토닌 수용체와 결합한다.

결정적인 사실은 세로토닌 수용체와 결합하지 않고 시냅스 틈에 남아 있는 세로토닌을 위해 신체가 일종의 '재활용 메커니즘'을 개발했다는 것이다. 그리하여 세로토닌은 '재흡수 펌프'를 통해 다시 세로토닌을 분비하는 신경세포로 흡수된다. 재흡수 펌프는 세로토닌을 만들어내는 세포벽에 있는 단백질 구조인데, 세로토닌이 세포 외부에서 세포 내부로 옮겨갈 수 있도록 도와준다. 이렇게 재흡수된 세로토닌은 다시 세포 내부에서 소포로 운반된다. 소포는 재흡수된 세로토닌을 흡수하여 새롭게 만들어진 세로토닌과 함께 다음 번 분비 때 재사용할 수 있다.

이런 원칙은 분명히 경제적으로나 진화적으로 이점이 있다. 신체 활동의 모든 과정에서처럼 신경전달물질을 만들어내는 데에는 상당량의 에너지가 들어간다. 그러므로 신경전달물질의 재활용은 에너지 소모를 상당히 줄이고 에너지 대사 조절에 긍정적인 역할을 한다.

삼환계 항우울제와 SSRI와 SSNRI 성분은 바로 이런 재흡수를 차단한다. 약 성분들이 재흡수 펌프에 부착되어 일시적으로 펌프를 멈추게 한다. 그러면 최소한 어느 정도의 시간 동안 세로토닌이 더 이상 펌프를 통해 재활용되지 못하고, 대신 시냅스 틈에 머물러 있게 된다. 동시에 소포를 통한 세로토닌 분비는 계속되므로, 세로토닌 농도가 점진적으로 증가하며, 이를 통해 다시금 더 많은 세로토닌이 공포 네트워크의 세로토닌 수용체에 결합한다. 이런 식으로 더 많은 수용체가 점유되는 것이다. 그 결과 '세로토닌 신호'가 더 전달이 잘되고, 세포 내에서 공포 네트워크 활성을 정상화시키는 과정이 강화된다. 약물이 병적 공포 반응의 토대가 되는 생물학적 문제를 직접 공략하는 것이다.

사회공포증 치료에는 몇 가지 SSRI와 SSNRI 성분 외에도 항우울제로 개발된 모노아민 산화효소 억제제인 모클로베미드 moclobemide(Aurorix)가 독일에서 허가되어 있다. 모노아민 산화효소MAO는 뇌에서 세로토닌, 노르아드레날린, 도파민과 같은 신경전달물질을 분해한다. 그런데 약물로 이 효소를 억제하면 마찬가지로 이들 신경전달물질이 증가한다. SSRI와 SSNRI, 삼환계 항우울제와는 다른 방식이긴 하다.

모클로베미드 성분이 사회공포증에 효력이 있음을 입증하는 몇몇 연구들이 있다. 그럼에도 이 성분은 임상에서 그리 잘 쓰이지 않는다. 다만 치료 가이드라인에 의거하여 전문가들 사이에 SSRI와 SSNRI를 (반복적으로) 투여해도 사회공포증에 효과가 없는 경우 모클로베미드를 사용할 수 있다는 합의가 존재한다.

항우울제의 부작용

삼환계 항우울제와 SSRI, SSNRI의 작용 원리는 원칙적으로 다르지 않고, 두 계열이 보이는 효과도 거의 비등비등하지만, 앞서 언급한 바와 같이 '세대교체'가 이루어졌다. 이것은 무엇보다도 삼환계 항우울제의 많은 부작용 때문이다. 삼환계 항우울제는 용량을 높일수록 부작용도 두드러진다. 임상에서는 이런 점이 종종 치료에 지장을 초래했다. 부작용 때문에 효과를 나타낼 수 있는 용량을 투여하는 것이 어렵거나, 환자가 그 치료를 오래 견디지 못한 것이다.

삼환계 항우울제의 부작용은 무엇보다 세로토닌의 농도를 증가시킬 뿐만 아니라 신경전달물질인 아세틸콜린의 작용을 방해한다는 데 있다. 3장에서 우리는 이미 부교감신경계의 주요 신경전달물질인 아세틸콜린을 살펴본 바 있다. 아세틸콜린은 심장, 근육, 뇌, 땀샘 등 여러 기관에 작용하므로, 삼환계 항우울제의 부작용은 몸 전체에 넓게 분산된다. 그리하여 이 항우울제를 높은 용량으로 복용하는 경우 심장 두근거림, 구강 건조, 기억 및 시력 장애, 요폐, 변비가 생길 수 있다.

아세틸콜린과 다른 신경전달물질의 작용을 저해함으로써 발생할 수 있는 삼환계 항우울제의 가장 큰 부작용은 심장 부정맥, 섬망, 어지러움, 혈압 강하다. 그러다 보니 삼환계 항우울제는 심각한 신체적 병력이 있거나 고령의 환자에게는 투여하지 않는 것이 좋다. 하지만 이런 위험 그룹이 아니더라도 부작용이 나타날 수 있고, 그로 말미암아 왕왕 치료 중단에 이르게 된다. 부작용으로 심한 피로, 성기능 장애, 경우에 따라서는 현저한 체중 증가도 나타날 수 있다.

삼환계 항우울제에 비해 SSRI, SSNRI 성분의 투여는 부작용 면에서 훨씬 낫다. 첫째, 부작용이 다른 데다 훨씬 약하며, 환자의 건강을 중대하게 해치는 것이 아니다. 둘째, 부작용이 약물치료를 받은 환자의 약 30%에서만 나타난다. 셋째, 대부분 치료 초기에만 일시적으로 부작용이 나타나고, 보통은 치료를 시작한 뒤로 2주 안에 저절로 사라진다. 치료 초기에는 불안 증세가 나타날 수 있어서 체감되는 불안 정도가 일시적으로 더 심할 수 있다. 2장에서 바바라 슈미트가 범불안장애 체험 사례를 통해 들려주었듯이 치료 초기에 반복적으로 부정적인 경험을 하는 것이 이 때문일 수도 있다.

왜 이런 현상이 나타나는지는 아직 정확히 알려져 있지 않지만 세로토닌 증가로 인해 공포 네트워크에서 나타나는 수용체의 변화와 관련이 있지 않을까 하고 추측하고 있다. 대부분의 경우 10일

내지 14일이 지나면 저절로 사라지며, 환자들에게 이런 증상이 나타날 수 있고 무해하다는 것을 잘 설명해 주면 대부분은 무리 없이 견딘다.

그러므로 부작용에 관한 정보를 정확히 제공하지 않고 약물에 대한 이해 없이 처방하거나, 약물을 무턱대고 복용하지 않는 것이 중요하다. 아무 정보도 없이 약을 처방해 주는 경우, 의사에게 다시 문의하라. 의료 전문가는 기꺼이 설명해 줄 것이며, 법적으로 그렇게 할 의무가 있다.

한편 SSRI, SSNRI의 투여 초기에 증상이 악화되는 현상은 용량을 원래 우울증 치료에 권장되는 용량의 절반에서 시작함으로써 완화시키거나 완전히 막을 수 있다. 에스시탈로프람을 10mg 대신 5mg만 투여하거나, 벤라팍신 서방제를 75mg 대신 37.5mg만 투여하는 식이다. 복용량을 서서히 늘려나갈 필요가 있는 경우에는 10일 정도 지난 후에 권장 용량으로 늘릴 수도 있다. 그래야 한 걸음 한 걸음 부작용 없이 개인에게 최적으로 맞는 용량을 찾아갈 수 있다.

SSRI, SSNRI 계열의 약물로 여러 번 치료를 시도했는데, 즉각 부작용이 나타나 치료를 중단한 경우 서서히 양을 늘려나가는 방식으로 다시 시도해 보면 좋을 것이다. 증량할 때마다 몇 주 간격으로 조금씩 투여량을 늘리면 분명히 효과가 있을 것이다!

SSRI, SSNRI 계열의 일부 약물은 피펫을 활용하여 용량을 조절할 수 있는 드롭제도 나와 있다. 드롭제를 활용하면 알약을 쪼개어 먹는 것보다 더 편하다.

하지만 효과와 내약성이 좋음에도 SSRI, SSNRI 계열 역시 중장기적으로 나타날 수 있는 부작용에서 완전히 자유롭지는 않다. 장기적으로 나타날 수 있는 가장 중대한 부작용은 성기능 장애다. 성욕 감퇴, 오르가슴 장애, 발기부전, 사정 장애가 있다. 연구에 따르면 성기능 장애로 인해 삶의 질이 뚜렷이 저하될 수도 있다고 한다. 성기능 장애는 체중 증가와 피로감 외에 환자가 의사에게 고지하지 않고 약물을 중단하는 가장 흔한 부작용이다. 부작용이 있을 때 환자들은 약을 계속 복용해야 할지 말아야 할지 종종 헷갈려 한다. 약 성분이 원래의 역할(가령 불안을 감소시키는 것)을 충분히 해내는 경우는 특히나 헷갈린다. 하지만 많은 환자들이 이런 고민을 드러내 놓고 말하는 걸 꺼린다. 무엇보다 담당 의사와 알게 된 지 그리 오래되지 않은 경우에는 더욱 그렇다.

어떤 약이든 부작용에서 중요한 것은 용기를 내어 의사와 상의해야 한다는 것이다. 그러면 보통은 해결책을 찾을 수 있다! 부작용이 더 적은 약을 찾을 수도 있고, 성기능 향상에 도움이 되는 추가적인 약물을 쓸 수도 있다.

드물게 삼환계 항우울제와 SSRI, SSNRI 계열을 이용한 약물치료에서 심장 기능과 혈액 상태가 변화할 수 있다. 특히 혈액응고 인자, 간 수치, 혈액 염도가 변할 수 있다. 이런 변화는 별로 중대하지 않지만, 그럼에도 일부 성분(시탈로프람과 에스시탈로프람, 242쪽 표 참조)의 경우에는 연령에 따른 하루 최대 복용량과 권장량을 지켜야 하며, 이 약물로 치료하는 동안, 6개월 간격으로 심전도검사를 실시하는 것이 좋다. 그리고 최소한 1년에 한 번은 혈액

검사를 받아야 한다.

삼환계 항우울제와 SSRI, SSNRI는 모두 '급성으로 작용하는 약물'이 아니므로, 불안 감소 효과가 곧장 나타나지는 않는다. 규칙적으로 복용하는 경우 약효가 있기까지는 약 4~6주가 걸리고, 고령자의 경우 최대 8주가 걸릴 수 있다. 이것은 약물이 여러 단계의 과정을 거쳐 작용하기 때문이다. 우선 혈액과 뇌 속의 약물 농도가 상승해야 하며, 그다음 세로토닌 농도가 충분히 상승하여, 공포 네트워크의 세로토닌 수용체들을 점유할 만큼 되어야 한다. 그래야 비로소 세포 내 과정이 유발될 수 있는데, 이 모든 것에는 시간이 걸린다.

선택한 약 성분이 권장 복용량 범위 내에서 효과를 나타내고 각각의 불안장애를 완전히, 혹은 최소한 만족스러울 정도로 경감시키는 경우는 '급성 치료'에서 '보존적 치료'로 옮겨가게 된다. 보존적 치료에서는 현행 치료 가이드라인에 따라 효과가 나타나는 용량의 약물을 (증상이 안정되게 경감된다 하여도) 최소 12개월 동안은 변경 없이 지속적으로 복용해야 하며, 이런 기간이 끝난 뒤에야 비로소 단계적으로 다시 약물을 끊어야 한다. 연구에 따르면 1년간 약물을 복용하고 나면, 그 이전에 약을 끊은 경우보다 불안장애가 재발하거나 약을 끊고 난 뒤 증상이 새롭게 악화될 확률이 훨씬 줄어든다. 약을 끊은 뒤 반복해서 재발되는 경우에는 여러 해에 걸친 향정신성 약물치료가 필요할 수 있다.

범불안장애 치료에서는 프레가발린 성분도 사용할 수 있다(242쪽 표 참조). 프레가발린 성분은 항우울제가 아니라 원래는 뇌전증(간질)을 치료하기 위해 개발된 약이다. 오늘날에도 뇌전증에 의한 발작을 예방하고 통증을 치료하기 위한 항경련제로 사용된다. 그런데 연구에 따르면 프레가발린은 범불안장애에서도 걱정과 두려움을 줄이고, 수면의 질을 높이는 것으로 나타났다.

프레가발린 성분이 뇌전증에 효력을 나타내고, 통증과 불안을 감소시키는 것은 특별한 작용 메커니즘(작용기전)에서 비롯된다. 이 성분은 세로토닌에는 영향을 미치지 않지만, 상대적으로 복잡한 메커니즘을 거쳐 뇌의 신경세포에 미치는 글루탐산의 영향을 감소시킨다. 글루탐산은 1장에서도 언급했듯 세포 활동을 강하게 자극하거나 증가시키는 뇌 속 신경전달물질이다.

프레가발린은 신경세포의 흥분성을 감소시킴으로써 뇌 전체에서 뇌전증 발작으로 이어지는 역치를 높이는 동시에 공포 네트워크의 활동을 차단한다. 비유를 하자면 프레가발린이 가속페달에서 발을 떼게 한다고 말할 수 있다.

프레가발린은 보통 하루에 두세 번에 나누어 복용하는데, 수면을 촉진하는 효과가 있기 때문에 저녁에 가장 많은 용량을 복용한다. 그냥 하루 한 번 저녁에만 복용할 수도 있다. 특히 범불안장애로 인한 수면장애로 힘들거나 일상에 지장을 초래할 때, 또는 약을 낮에 복용하여 자꾸 졸릴 때는 하루 한 번 저녁에 복용하는 편이 좋을 수도 있다.

프레가발린이 대부분의 항우울제와 또 한 가지 다른 점은 주로 신장을 통해 배설되고 간에서는 거의 대사되지 않는다는 것이다. 그리하여 약을 몸 밖으로 배출시킬 때 중요한 역할을 하는 효소인 CYP_{Cytochrome P450} 기능에 문제가 있거나(232쪽 참조), 간 질환을 앓았던 범불안장애 환자에게 특히 적합하다. 반면, 신장 기능이 좋지 않은 사람은 조심해야 한다.

프레가발린은 주로 범불안장애 치료에 국한해서 허가되었다. 공황장애나 특정공포증, 또는 광장공포증에는 효과가 없다. 몇몇 연구는 프레가발린이 사회공포증에도 효력을 나타낸다는 걸 입증했지만 사회공포증 치료제로는 아직 허가되지 않았으며, 극히 드물게 오프라벨 사용_{Off-Label-Use}으로만 투여된다. 또한 여러 연구 보고들이 프레가발린을 지속적으로 복용하는 경우 의존증이 생길 수 있음을 지적한다. 중독성에 대해서는 지금까지 체계적으로 연구되지는 않았지만, 치료 가이드라인으로 보자면 프레가발린은 두 번째로 높은 권장 등급인 B를 받아, 중독 질환이 있는 환자에게는 투여하지 않는 것이 좋다.

약효가 나타나지 않을 경우

어떤 약물이든 상관없이 적용되는 사항은 다

불안에 대처하는 법

음과 같다. 권장 용량을 투여했음에도 늦어도 8주 뒤까지도 증상이 개선되지 않으면, 치료자와 환자가 함께 우선 치료가 잘 되지 않는 몇몇 요인들을 점검해야 한다.

○ 질병 진단이 정확한가? 그리고 정확하다면, 진단에 맞는 약을 사용하고 있는가? 질병에 따라 그 치료에 허가된 제제나 연구에서 효력이 입증된 제제를 사용해야만 (최적의) 효과를 낼 수 있다. 바바라 슈미트의 경우를 보면, 범불안장애는 우울증과 종종 혼동되곤 한다(우울증과 범불안장애 모두 생각이 꼬리에 꼬리를 물고 이어지고, 수면에 문제가 생기는 증상이 중요한 역할을 한다.). 그리하여 우울증에는 효과가 있지만 범불안장애에는 효과가 없는 약물을 사용하는 경우 범불안장애 환자들에게는 그다지 도움이 되지 않는다. 그러므로 다시 한번 환자와 의사가 함께 진단이 올바른지, 진단에 적절한 약물을 사용하고 있는지 살펴야 한다.

○ 복용량이 적절한가? 연구에 따르면 불안장애를 SSRI, SSNRI 성분으로 치료하는 경우 '용량=효과 관계'가 존재한다. 간단히 말해 더 많은 양이 더 큰 효과가 있다. 그러므로 필요한 경우 각 성분에 정해진 용량의 범위 안에서 모든 가능성을 활용해야 한다(242쪽 표 참조). 하루 최적의 복용량은 신진대사 과정이 환자마다 다르기 때문에 차이가 날 수 있다. 따라서 각 단계의 복용량을 적용해 보면서 개선 수준을 봐야 할 것이다. 적은 용량으로 만족스런 증상의 개선이 있는 경우 굳이 그 용량을 초과해서 복용할 필요는 없다.

효과가 나타나는 최소 용량을 복용하는 것이 기본 원칙이다. 복용량은 늘 담당 의사와 상의해서 결정해야 한다.

○ 처방대로 약을 복용하는가? 두 번째 외래 진료에 와서는 약 부작용이 두려워서 아직 효과를 발휘하는 용량까지 늘리지 못하고 여전히 원래 처방받은 용량의 절반만 복용하고 있다고 털어놓는 환자들이 있다. 또한 처방받은 SSRI, SSNRI를 아침에 한 번 복용하는 대신 저녁에 복용한다는 이야기도 종종 듣는다. 저녁에 복용하는 것은 두 가지 이유에서 문제가 된다. 우선 대부분의 경우 불안 감소 효과는 잠을 자는 밤이 아니라, 일상을 영위하는 낮에 나타나야 하기 때문이다. 또 한편으로 불안장애를 가진 사람들 중 수면을 제대로 취하지 못하는 이가 많다. 모든 SSRI, SSNRI는 원래 항우울제로 개발되었기에 우울증의 핵심 증상인 의욕 저하를 치료하기 위해 의욕을 북돋우는 역할을 한다. 이런 메커니즘은 낮에는 대부분 긍정적인 역할을 하지만, 밤에는 수면을 방해하여 밤을 꼴딱 새게 할 수도 있다.

SSRI, SSNRI 성분의 약들이 효과를 내지 않는 경우는 그것이 다르게 대사되기 때문일 수 있다. 이를 위해서는 모든 SSRI, SSNRI가 대부분 간에서 분해되고, 아주 소량만 그대로 신장을 통해 배설된다는 것을 알아야 한다. 간에서 약물 대사 효소인 CYP의 다양한 아형Subtype들이 이 항우울제의 분해를 담당한다. 여러 종류의 SSRI, SSNRI가 서로 다른 버전의 CYP를 거쳐 분해

불안에 대처하는 법

된다는 뜻이다.

CYP를 여러 차선의 고속도로로 상상해 본다면, 각각의 CYP 아형, 혹은 변종들은 고속도로의 서로 다른 차선들이다. 모든 항우울제는 각각 전용 차선을 거쳐 분해된다. 어떤 항우울제는 왼쪽 차선, 어떤 항우울제는 중간, 혹은 오른쪽 차선을 이용한다.

그런데 여기서 그다지 중대하지 않은 유전적 변화로 말미암아 CYP의 한 아형(드물게는 여러 아형)의 활성이 변화되는 일이 일어날 수 있다. 활동이 증가되거나 감소될 수 있는 것이다. 이를 고속도로의 비유로 말하자면 어떤 차선에서는 이전까지 제한속도가 있었는데 그것이 갑자기 해제되고, 또 다른 차선에서는 이전까지 자유롭게 달릴 수 있었는데 갑자기 제한속도 50km가 적용되는 식이다. 이런 변화는 해당하는 CYP 아형을 거쳐 분해되는 항우울제에 영향을 미친다. 활성화가 증가하는 경우는 항우울제가 더 빨리 분해되어 권장 복용량으로 (충분한) 효과를 내지 못한다. 반대로 CYP의 활성화가 감소해서 항우울제가 더 느리게 분해되는 경우는 소량 복용으로도 체내에서 항우울제 성분의 농도가 대폭 증가하여, 심한 경우 특이한 부작용을 초래할 수 있다.

하지만 문제는 해결될 수 있다. 간단한 혈액검사로 대사가 너무 빠르거나 느린 경우를 감별할 수 있다. 혈액 속에서 CYP 하위유형을 가속화하거나 감속하는 유전적 변화가 존재하는지를 확인할 수 있는 것이다. 그 결과에 따라 변화되지 않은 다른 CYP 아형을 거쳐 분해되는 SSRI, SSNRI를 투입할 수 있다. 이로써 최소한 이 문제는 해결이 된다. 또한 혈중 약물 농도를 임상에서 지속

적으로 체크하는데, 이때 충분한 용량을 복용했는데도 혈중농도
가 너무 낮게 나오면 이 약물이 효과가 없으므로 다른 약물을 사
용해야 한다는 뜻일 수 있다.

CYP 변화는 불안장애에 대한 약물치료에서 이론적인 문제로
그치지 않는다. 연구들에 따르면 중부 유럽인의 최대 18%와 아시
아인의 최대 25%가 SSRI, SSNRI 대사에 중요한 CYP 아형들의
유전적 변화를 가지고 있다. 따라서 확실하게 불안장애로 진단되
었는데 반복적으로 SSRI, SSNRI를 투여해도 효력이 나타나지 않
거나 부작용이 심한 경우, CYP 진단을 해봐야 한다.

특히 '대사가 느린 사람들'은 빠르게 다양한 부작용이 나타날
수 있는데, 때로는 CYP 변화를 알지 못한 채 그들이 과민한 것으
로 여겨지거나 부작용 증상들이 약물에 대한 예기불안 때문인 것
으로 치부되어 어려움에 빠질 수도 있다. 물론 불안장애 환자들의
경우, 부작용과 관련한 예기불안이 내약성tolerability에 영향을 미칠
수 있고, 이런 경우 경험되는 부작용은 성분 자체에 문제가 있는
것이 아니라 부작용에 대한 예상으로 말미암은 스트레스 반응 때
문이다.

따라서 의사는 부작용에 대해 함구하거나 과장하지 말고, 예상
되는 부작용을 상세히 설명해 주어야 한다. 비정상적인 약물 혈중
농도나 CYP 변화에 유의하지 않으면, 치료가 치명적이 될 수 있
을 뿐 아니라, 불안장애 환자들을 부당하게 대우하는 것이다. 간
단한 검사로 의사와 환자 모두 올바른 정보를 얻고, 약물치료 전
략을 새로이 조율해 나갈 수 있기 때문이다.

때로는 어떤 사람에게 약물이 효력이 없는 이유를 찾기가 힘들다. 진단이 정확하고, 권장되는 용량을 적절히 복용하고, CYP 진단에서 이렇다 할 이상이 관찰되지 않았는데도 약물이 효력을 발휘하지 못한다면, 그 환자가 선택한 약물 성분에 반응하지 않는 것으로 보아야 한다. 이를 '무반응자No-Responder'라고 부른다. 이런 경우라면 다른 계열의 약으로 바꾸거나(가령 SSRI를 SSNRI나 프레가발린으로), 동일 계열의 다른 약으로 바꿀 수 있다(가령 어느 SSRI에서 다른 SSRI로). 드물게는 이런 절차를 여러 번 거쳐야 할 수도 있다. 그러나 우리의 경험에 따르면 대부분은 적절한 약을 찾을 수 있다.

식물성
치료제는

없을까

불안장애로 인해 병원을 찾아오는 환자들은 대안적으로 혹은 표준 치료에 보충해서 사용할 수 있는 천연 식물성 치료제는 없는지를 조심스럽게 묻는다. 그러고는 현재 연구 상황에 비추어 유감스럽게도 "연구된 식물 성분이 극히 드물며, 불안장애의 치료에 허가된 천연 식물성 치료제는 아예 없다."는 말을 들으면, 너나없이 실망스런 눈빛을 보인다. 예외적으로 두 성분이 있기는 하다. 하지만 두 성분 모두 불안장애 치료에 신빙성 있는 대안으로 받아들여지지는 않고 있다.

우선 '라세아 Lasea'라는 약품 이름으로 몇 년 전부터 처방전 없이 약국에서 판매되고 있는 실렉산 Silexan 성분이 있다. 하루 최대 복용량에 해당하는 라벤더 오일 농축 캡슐이다. 연구에 따르면 하루 최대 160mg의 실렉산이 아직 불안장애로 진단을 내리기에는 좀 뭣한 불안 증상, 즉 아직 불안장애까지는 아닌 불안 증상에 효과를 나타내는 것으로 입증되었다. 이런 토대 위에서 BfArM(독일 연방 의약품·의료기기 관리기관)은 실렉산을 정식 불안장애 치료제로 승인하지 않았지만 '초조하고 불안한 상태'에 투여할 수 있는 치료제로 승인했다.

실렉산 내지 라벤더 오일이 불안 감소 효과를 내는 것은 중추신경계의 '브레이크'로 기능하는 신경전달물질인 감마-아미노뷰티르산(GABA)의 효과가 증가하여 공포 네트워크의 흥분성을 감소시키기 때문이다. 그리하여 실렉산은 불안 증상에 시달리지만, 그 증상이 불안장애로 진단하기에는 미흡한 사람들에게 치료 옵션이 될 수 있다. 특히 범불안장애(실렉산은 범불안장애에 가장 높은 효과를 보이는 것으로 입증되었다.) 환자 중 식물성 치료제를 원하는 사람들을 실렉산으로 치료할 수 있다. 하지만 치료 효과가 충분하지 않은 경우가 많아, 우리 클리닉에서는 치료 가이드라인에 적합한 다른 치료제를 선호하는 편이다.

실렉산의 부작용은 아주 일목요연하다. 트림이 많이 나는 것 외에 라벤더 향 구취가 나는 것을 들 수 있는데, 복용하는 당사자와 주변에 대부분 무리가 없는 동반 현상들이다.

불안 증상이나 불안장애에 효과가 있는 것으로 입증된 두 번째 식물성 성분은 바로 '카바카바 Kava Kava'다. 이 후추 식물 Intoxicating Pepper은 동남아시아 지역에서 자라는데, 전통 의학에서 무엇보다 불안 증상을 경감시키는 성분으로, 부분적으로는 진통제로 활용된다. 카바카바가 '전반적인 불안'에 효과를 보일 수 있다고 말하는 몇몇 연구가 있지만, 질적으로 그리 신빙성 있는 연구는 아니다. 범불안장애에 효과를 볼 수 있다고 말하는 연구도 있다. 하지만 카바카바 성분을 함유한 의약품 중 그 어느 것도 아직 승인되지 않았다. 부작용으로 심각한 간 손상이 빚어진다는 보고나 발암 효과를 지적하는 보고들이 끊이지 않기 때문이다. 그러므로 카바카바 성분도 현재는 치료 옵션이 될 수 없다.

응급 시
투여하는

신경안정제

약물치료와 관련하여 특히나 조심해야 하는 약은 일반적으로 '신경안정제'라 불리는 벤조디아제핀이다. 벤조디아제핀 계열에서 널리 알려진 약품은 디아제팜(Valium, Faustan), 로라제팜(Tavor), 클로나제팜(Rivotril, Antelepsin), 브로마제팜(Bromazanil, Lexostad), 알프라졸람(Tafil, Xanax)이 있다.

각각의 성분과 관계없이 모든 벤조디아제핀 계열의 특징은 불안 증세를 줄이고, 뇌전증 발작을 중단시키는 효과를 내며 근육을 이완시킨다는 것이다. 이 모든 효과는 벤조디아제핀 성분이 뇌의 신경세포에서 GABA(감마-아미노뷰티르산)의 효과를 증강시켜, 라벤더 오일이나 카바카바와 유사하게 편도체를 비롯한 뇌세포의 흥분성을 감소시키는 데서 기인한다. 그러나 라벤더 오일이나 카바카바와 비교할 때 벤조디아제핀 성분은 화학적 특성으로 말미암아 훨씬 빠르고 강하게 이런 효과를 낼 수 있다. 보통 몇 분되지 않아 효력을 발휘하며, 이는 뇌전증 발작의 경우 굉장히 중요하다.

항우울제보다 불안장애에 빠르게 효과를 낸다는 점이 벤조디아제핀 계열의 장점이라 할 수 있다. 그리하여 오래 지속되는 공황 발작을 멈출 수 있고, 공포증, 사회공포증, 범불안장애에 동반되는 두려움이나 걱정을 빠르게 줄일 수 있다. 세로토닌 효과를 증가시켜 공포 네트워크에 특유의 효과를 내는 항우울제와 달리벤조디아제핀은 뇌 전체에 '핸드브레이크'를 당긴다. 이로써 신경세포 활동이 급격히 줄어들고, 환자들이 느끼는 불안 증상이 신속하게 줄어들거나 사라진다. 하지만 이와 더불어 다른 많은 기능도 더 이상 원활히 돌아가지 않는다는 것이 문제다.

○─────────── 신경안정제의 부작용

불안장애 치료에 신경안정제 활용을 어렵게 하는 여러 부작용들이 있다. 이 점을 명확히 해야 한다. 먼저 벤조디아제핀은 무엇보다 피로를 유발하여 정기적으로 복용하면 일상생활이 심각하게 제한된다. 기억력과 집중력에 문제를 초래한다. 그리하여 약을 복용하면 빠릿빠릿하게 운전을 한다거나, 특정 상황(가령 기계 작업이나 높은 곳에서의 작업)에서의 작업이 힘들거나 가능하지 않다. 이 때문에 스스로와 다른 사람을 위험에 빠뜨릴 수 있다. 벤조디아제핀은 치료를 위한 학습 과정도 방해함으로써 심리치료 같은 것도 무용지물로 만든다.

또 다른 커다란 문제는 근육 이완 효과다. 근육이 이완됨으로써 쉽게 넘어질 수 있는데, 이는 고령자들에게 특히 문제가 될 수 있다. 낙상으로 말미암아 대퇴골 경부가 골절되거나 정신착란 증세가 나타나는 경우 회복이 쉽지 않기 때문이다. 우리가 관찰한 바에 따르면 최근 몇 년간 고령 환자에게 벤조디아제핀을 처방하는 건수는 다행히 감소 추세에 있다.

신경안정제의 가장 큰 단점은 바로 중독성이다. 현재의 데이터에 따르면 2주 이상 벤조디아제핀을 정기적으로 복용하는 경우 이미 뇌의 생물학적 변화가 일어나 의존증에 이르는 경로가 설정된다. 일단 이런 경로가 설정되면, 술이나 다른 물질에 중독된 사람들과 비슷한 증상을 보인다. 약을 섭취하려는 충동이 생기고, 통제력이 상실되며, 이로 인해 다른 활동들을 소홀히 하게 된다. 그리고 약을 먹지 않으면 (심한) 금단증상을 보인다. 내성은 술에 비하면 굉장히 낮다. 즉, 그다지 많지 않은 양이라도 상당 기간 같은 용량으로 복용하면 중독이 될 수 있다는 것이며, 이런 점은 상황을 더 낫게 만들어주지 않는다.

짐작했겠지만 벤조디아제핀은 위험하긴 해도 불안장애가 있는 사람들에게 굉장한 매력을 지닐 수 있다. 그리하여 환자들을 종종 상당히 심한 양가적 상황에 몰아넣는다. 한편으로는 환자들도 자신을 굉장히 힘들게 하고 생활에 지장을 초래하는 불안 증상을 되도록 빠르게 가라앉히거나 사라지게 하고 싶을 것이다. 반면 이런 약물의 중독성도 잘 알고 있다. 의사가 종종 "하지만 이 약은 예외적으로 급한 상황에서만 써야 합니다." 또는 "절대로 2주 이상 복용하면 안 됩니다!"라고 말하면서 처방전을 발급해 주기 때문이다. 하지만 그러고 나면 어떻게 될까?

일부 정신과 의사나 가정의는 처음에 벤조디아제핀과 항우울제를 병행하여 처방하고, 몇 주 지나 항우울제가 효과를 보이자마자, 벤조디아제핀 복용을 다시 중단하거나 최소한 중단하고자 한다. 하지만 이런 경우 이미 중독이 된 다음이다. 많은 환자들이 벤조디아제핀의 빠르고 믿을 만한 효과를 맛본 뒤에는 더 이상 벤조디아제핀을 포기하고 싶어 하지 않는다. 권장되는 빈도보다 더 자주 복용하는 경우도 적지 않은데, 그러면 더 빠르게 중독에 이른다. 이 경우 보통 다른 성분에 중독되는 것과 마찬가지로 (입원해서) 금단증상 치료를 받아야 한다. 불안 증상을 효과적으로 손보기도 전에 말이다.

이런 상황을 감안하여 우리는 불안장애 클리닉에서 일단은 벤조디아제핀을 절대 사용하지 않는다. 보통의 경우는 벤조디아제핀을 전혀 쓸 필요가 없다! 자살 위험이 굉장히 높거나 다른 정신질환으로 인한 증상이 있거나, 심각한 병적 불안과 긴장이 있을 때만 벤조디아제핀을 한시적으로 사용할 뿐, 일반 불안장애 치료에서는 굳이 사용하지 않는다.

증상이 심한 경우에도 약물치료 가능성에 대해 모든 장단점을

불안에 대처하는 법

솔직하고 자세히 설명하면 환자들의 마음이 한결 가벼워진다. 대부분은 항우울제가 효과를 나타낼 때까지 몇 주간 견뎌낸다. 어떤 치료를 하게 될 것이고, 그 전망은 어떠한지 비교적 확실히 알고 나면 힘들지만 이미 그 자체로 안도하며, 구체적인 회복을 기대한다. 신경안정제를 복용하면 새로운 문제들이 발생할 수 있음을 가감 없이 예상할 수 있을 때에 이런 일이 가능하다.

약물치료에 대한 우리의 결론

따라서 불안장애에 대한 약물치료의 결론은 이러하다. 1차 선택 약물은 SSRI, SSNRI이다. 이것으로 다양한 불안장애를 가진 사람들이 보통 안전하게 양질의 치료를 받을 수 있다. 경우에 따라 장기간 복용도 가능하다. 여기서 가능한 한 최상의 결과가 나올 수 있도록 급성 치료와 보존 치료에 대한 지침에도 주의를 기울여야 한다. 학문적으로 입증된 식물성 치료제 옵션은 현재는 굉장히 제한적이며, 치료제로 승인된 것도 없다.

벤조디아제핀은 뇌전증 발작이나 자살 시도의 우려가 있는 중증 우울증 등 몇몇 상황에서는 유용하게 사용될 수 있지만, 불안장애의 경우에는 특별한 경우 아주 한시적으로 사용하거나, 가능하면 완전히 피해야 한다. 어쨌든 벤조디아제핀은 불안장애를 중장기적으로 치료하는 데는 부적합하다.

치료 가이드라인에 적합한 불안장애 약물치료

계열	성분	일일 복용량[1]	BfArM[2]에 의한 승인(X) / 권장 치료 지침[3]					
			공황장애		범불안장애		사회공포증	
삼환계 항우울제	클로미프라민	25-300mg	X	B				
	오피프라몰	50-300mg			X	O		
SSRI[4]	에스시탈로프람	5-20[7]mg	X	A	X	A	X	A
	시탈로프람	10-140[8]mg	X	A				
	세트랄린	25-150mg	X	A			X	A
	파록세틴	20-60mg	X	A	X	A	X	A
SSNRI[5]	벤라팍신(서방제)	75-375mg	X	A	X	A	X	A
	둘록세틴	30-120mg			X	A		
MAOI[6]	모클로베미드	300-600mg					X	KKP[9]
항경련제	프레가발린	25-450mg			X	B		

❶ Bandelow B 외. 독일 S3 불안장애 치료 지침에 근거함.
www.awmf.org/leitlinien.html (2014)

❷ 독일연방 의약품·의료기기 관리기관

❸ A: 제공해야 함 / B: 제공이 요망됨 / O: 제공할 수 있음

❹ 선택적 세로토닌 재흡수 억제제

❺ 선택적 세로토닌-노르아드레날린 재흡수 억제제

❻ 모노아민 산화효소 억제제

❼ 65세 이상 환자의 경우: 1일 최대 용량 10mg

❽ 65세 이상 환자의 경우: 1일 최대 용량 20mg

❾ 임상적 합의점-양질의 임상 약물로 권장

신빙성이
입증된

심리치료들

"선생님이 심리치료를 추천할 줄 알았어요."

함께 치료 계획을 상의하는 자리에서 환자들이 이렇게 말할 때가 많다. 불안 증상으로 외래 진료를 받으러 오는 사람들에게 병원에서는 증상과 기왕병력을 자세히 물은 뒤 진단을 내리고 치료를 제안한다.

환자들이 (미리 조사해 보거나 언론 보도를 통해, 혹은 심지어 직감적으로) 원칙적으로 어떤 치료를 하는지 알고 있으면 훨씬 수월하다. 이런 경우 심리치료를 제안하면 사람들은 대부분 흔쾌히 받아들인다. 약물치료를 시작하자는 제안보다 때로는 더 기꺼이 받아들이는 편이다. 대부분은 그런 다음에 더 상세한 사항을 묻는다.

"하지만 심리치료에도 여러 가지 접근이 있다고 들었는데요. 정신분석 같은 것도 있고 인지행동치료, 대화요법도 있고…."

진료 시간에 우리 앞에 앉은 환자든, 지금 막 이 부분을 읽는 독자든 우리는 기꺼이 돕고 싶다. 현재 독일에는 의료보험 적용이 되는 심리치료가 네 가지 있다. 학문적으로 신빙성이 입증되어 있고, 효율적으로 여겨지는 치료들이다. 이미 몇십 년 전부터 '인지행동치료', '정신분석 심리치료', '심층심리치료'가 이용되어 왔고, 2019년에는 '체계치료systemic therapy'가 추가되었다.

각각의 심리치료 방법들은 어떤 차이가 있을까? 정신분석과 심층심리에 기반한 심리치료는 전통적으로 '정신역동 심리치료'라고 불린다. 이런 치료들은 정신 질환의 '갈등 중심적인 생성 모델'을 토대로 한다. 20세기 초, 오스트리아 출신의 의사이자 심리치료사인 지그문트 프로이트가 개발한 모델인데, 정신 질환이 유아기의 서로 다른 발달단계에서 욕구가 충족되지 않음으로 말미암은 정신적 갈등에 기반한다고 보는 것이 정신분석 심리치료와 심층심리치료의 입장이다. 해결되지 않은 갈등은 어린 시절에 이미, 혹은 성인이 된 뒤에 불안장애나 우울증, 강박장애와 같은 증상으로 나타난다. 정신 질환적인 발병에 대한 이런 이론은 오랜 전통을 갖는다.

그러나 정신분석 심리치료와 심층심리치료는 환자들을 과거로 되돌려 그와 연관된 갈등을 찾게 만드는 정도에서, 즉 '퇴행regression'의 정도에서 차이가 있다. 정신분석 심리치료에서는 퇴행된 상태가 중심적인 역할을 하는 반면, 심층심리치료에서는 포커스를 현재에 맞춘다. 오히려 과거에 뿌리를 둔 현재의 갈등을 처리한다. 심층심리치료에 대해서는 이 치료가 불안장애에 효과가 있음을 입증하는 일련의 학술 연구들이 존재한다. 하지만 정신분석 심리치료에 대해서는 이것이 행동치료에 버금가는 효과가 있음을 증명하는 양질의 연구가 존재하지 않는다.

정신분석 심리치료를 하는 동료 의사들에게 그 이유를 물으면 우선은 정신분석이 불안장애에 효력이 있는지를 살피는 연구를 수행하기가 힘들기 때문이라고 설명한다. 정신분석 이론을 토대로 한 치료를 하다 보면 치료가 비교적 장기간에 이르기 쉽다. 우선 갈등을 확인하고, 이어 환자가 갈등으로 인한 불안과 긴장에서 스스로를 보호하기 위해 만든 몇몇 무의식적인 방어기제를 극복해야 하기 때문이다. 그 뒤에야 비로소 이상적인 경우 갈등을 해결할 수 있다. 그리하여 때에 따라서는 몇백 시간의 정신분석 심리치료가 이루어져야 할 수도 있어서 연구자들이 커다란 그룹을 대상으로 정신분석이 불안장애에 미치는 효과를 체계적으로 관찰하는 것은 거의 불가능에 가깝다. 다른 한편으로, 정신분석 심리치료에서는 소위 과정 지향적인 문제 제기에 관심의 포커스가 맞추어지는 경우가 많다.

체계치료는 환자들의 사회적(가족적) 반경이 정신 질환이 생겨나고 유지되는 데 중심적인 역할을 한다고 본다. 그리하여 각 사람들 간의 문제성 있는 관계와 상호작용 과정을 파악하여 심리치료의 초점으로 삼고, 이를 변화시켜 증상의 개선을 도모하고자 한다.

무엇보다 이를 위해 특별한 질문 기법들과 (베르트 헬링어가 개발한) '가족 세우기'라는 상당히 논란이 분분한 여러 기법이 투입된다. 불안장애 중에서는 사회공포증에 대한 몇몇 연구가 체계치료의 효과를 입증했다.

공포 네트워크를
공략하는

인지행동치료

인지행동치료는 다르다. 인지행동치료는 수
십 년간 양질의 연구를 통해 공황장애, 광장공포증, 범불안장애
및 사회공포증에 효과가 있는 것으로 누누이 입증되었다. 분리불
안증과 선택적 함구증에 효과가 있다는 연구 결과도 늘어나고 있
다. 그리하여 현재의 치료 지침은 불안장애에서 인지행동치료를
가장 우선적인 치료로 꼽고 있으며, 불안장애 환자들에게 이를 적
극 권고하고 있다(권장 등급 A).

정신분석 심리치료는 무엇보다 앞에서 언급한 이유로 권장되
지 않으며, 심층심리치료는 인지행동치료가 효과가 없거나 가능
하지 않은 경우, 치료 형태들에 관해 정보가 많은 불안장애 환자

가 심층심리치료를 선호하는 경우에 한해 제공된다(권장 등급 B). 특정공포증의 경우에는 인지행동치료와 이 치료에 포함된 '노출요법'이 필수적으로 권고된다.

인지행동치료의 발전은 크게 두 단계로 이루어졌다. 1950년대부터 그 직전에 발견된 고전적 조건화와 조작적 조건화를 배경으로 동물을 대상으로 수많은 행동 실험이 이루어졌고, 이런 실험을 통해 습득된 행동을 다시금 망각하는 것이 가능하다는 것이 드러났다. 행동 변화를 통해 증상을 경감시키는 일은 이후 인간에게도 적용되어 행동치료의 기초가 놓였다. 그리하여 행동치료가 그때까지 주류를 이루던 정신분석 치료를 대신하기 시작했다. 1960년대부터는 특히 미국 심리치료사 앨버트 엘리스Albert Ellis와 아론 벡Aaron T. Beck의 영향으로 행동치료에 '인지' 부분이 보충되었다. 특정 지각을 문제성 있게 평가하는 것이 불안장애뿐 아니라, 다른 많은 심리 질환이 생겨나고 지속되는 데 핵심을 이룬다는 점이 분명해졌기 때문이다.

불안장애와 관련한 인지행동치료가 성과를 거둔 것은 이 치료가 불안 증상들이 나타나는 데 책임이 있는, 심리적 문제인 조건화와 관찰 학습 형태의 학습 메커니즘을 공략하기 때문인 듯하다. 인지행동치료에서도 시간이 흐르면서 다양한 치료 기법이 개발되었다. 치료 기법들은 서로를 뒷받침해 주며, 각각의 불안장애가 생겨난 학습 과정을 '되감기' 함으로써, 그런 학습이 차츰 약해지다가 가장 좋게는 완전히 사라지게 할 수 있다.

이를 바탕으로 최근 몇 년 동안 각각의 불안장애에 대한 다양한 '치료 매뉴얼'이 개발되었다. 모든 매뉴얼에는 각 불안장애에 맞는 인지행동치료의 절차들이 세세하고 체계적으로 담겨 있다. 그리하여 치료자는 이 지침에 따라 그룹 치료혹은 개별 치료를 시행할 수 있다.

그리하여 우리 클리닉도 오래전부터 공황장애, 광장공포증, 사회공포증 같은 다양한 불안장애에 대해 인지행동치료 체계를 탄탄히 확립함으로써, 치료사가 바뀌어도 치료의 질이 유지될 수 있게끔 하고 있다. 그리고 치료 전, 치료 중, 치료 후에 증상의 정도를 정기적으로 모니터링함으로써 치료가 성공적으로 진행되고 있는지 점검한다.

각 질환별 인지행동치료 절차를 상세히 논하는 건 이번 장의 차원을 벗어나는 일이 될 것이므로 여기서는 불안장애에 적용되는 인지행동치료의 구조를 포괄적으로 소개하면서 간혹 개별적인 불안장애를 한 번씩 언급하도록 하겠다.

인지행동치료 혹은 인지행동치료에 기반하여 고안된 치료들은 불안장애뿐 아니라 우울증, 강박장애, 섭식장애, 중독증, 성격장애 및 다른 정신 질환에도 권장된다. 모든 경우에 인지행동치료는 구조가 탄탄하고 일상에 밀착된 치료이며, 실생활에 적용하기 쉬운 특성을 가지고 있다. 모든 심리요법이 그렇듯이 인지행동치료도 단기 치료나 장기 치료로 시행할 수 있다. 인지행동치료는 보통 24시간 내지 60시간이 소요된다. 어느 정도의 기간을 선택할지, 의료보험 혜택을 받을 수 있을지는 치료사가 상황을 어떻게 평가하느냐에 따라 달라진다. 치료사들은 '어떤 질환을 치료해야 하는가? 증세가 얼마나 깊은가? 질환을 얻은 지 얼마나 오래되었는가? 치료 과정에서 추가적으로 고려해야 할 기타 정신 질환이나 신체 질환 혹은 스트레스 요인이 있는가?' 등을 고려한다. 첫 상담 시간에 심리치료사가 질문을 통해 환자의 제반 상황들을 파악하고, 치료 신청서에 환자의 병력, 진단, 계획하고 있는 치료 절차, 그리고 치료의 성과를 거둘 수 있기까지 예상되는 치료 시간을 기입한다.

그러면 건강보험 회사는 독립적인 심사를 통해 이런 치료 신청서가 합당하고, 치료가 성공할 가능성이 얼마나 있는지를 점검하고, 심사 결과가 긍정적인 경우 치료비를 부담한다.

불안장애에서의 인지행동치료는 기본적으로 여러 부분으로 구성되며, 길이도 다양하게 구성할 수 있어서, 환자의 필요에 맞출 수 있다. 기본 구조는 일반적으로 다음과 같다.

- 심리 교육
- 인지적 재구성
- 노출요법 또는 직면요법
- 치료 결산
- 부스터 상담(몇 주 또는 몇 달 후 치료 내용을 상기하고, 일상에서 잘 시행했는지를 점검한다.)

심리 교육

심리 교육의 주요 과제는 불안장애 환자들에게 자신들이 가진 질환에 대해 정보를 제공하는 것이다. 환자들은 자신이 앓는 질환을 이해하고, 그것에 대처하는 법을 배워야 한다. 심리 교육의 모토는 적을 알고 적이 어디에서 비롯되며, 그가 특정 시점에 무언가를 하는 이유를 알면 적을 쉽게 제압할 수 있다는 것이다.

그러므로 우선 모든 환자는 두려움의 생성 조건에 대해 어느 정도는 알아야 한다. 생물학적, 심리적으로 어떤 위험 요인들이 있을까? 여기서 학습 메커니즘은 어떤 역할을 할까? 증상의 발달과 유지에 가장 중요한 요소로서 스트레스는 어떤 역할을 할까?

우리는 이미 3장에서 이 모든 점들을 살펴본 바 있다. 그러나 실제 치료에서는 개인적인 상황을 고려하여 '맞춤' 치료를 하게 된다. 민감성-스트레스 모델도 치료에서 드러나고 설명이 이루어진다.

악순환에 빠져들기

또 하나의 중요한 측면은 다음 페이지에 묘사한 것처럼 '공포의 악순환'을 함께 처리하는 것이다. 이 과정에서 지각, 평가, 신체 증상의 상호작용이 공포가 생겨나는 데 어떤 중요성을 갖는지, 그와 연결된 스트레스 반응이 공포를 어떻게 나선형처럼 촉진하고 강화하는지를 분명히 알 수 있다. 많은 사람들이 특정 측면(트리거)을 지각하는 가운데 악순환에 빠진다. 트리거는 두려운 상황, 즉 강연을 해야 한다거나, 엘리베이터를 이용해야 한다거나, 다음 날 예측할 수 없는 상황을 앞두었다거나 하는 것이다. 또 '내가 그것을 할 수 있을까?'라는 불안이나 걱정일 수도 있다. 한편으로는 계단을 올라갈 때 심장이 두근댄다거나, 더워서 어지럽다거나 정신을 못 차리겠다거나, 뭔가를 잘못 먹어서 속이 안 좋다거나 하는 '별것 아닌' 외부 상황으로 유발된 신체 증상들이 악순환에 이르는 입장권으로 작용할 수도 있다.

공포의 악순환

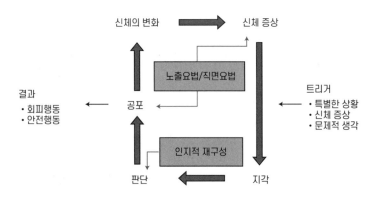

그러나 그것만으로는 아직 나쁜 일은 일어나지 않는다. 결정적인 지점은 지각을 하고 난 다음에야 온다. 당사자가 이런 지각을

불안에 대처하는 법

토대로 수행하는 판단이 바로 결정적인 역할을 하는 것이다. 공포는 자신의 지각을 건강상의 위험 혹은 '불행한 것'으로 평가할 때 유발된다. 가령 "창피를 당하며 어떻게 하지?" 또는 "나는 이 상황을 곧장 종료시키거나 통제할 수 없어."라는 식이다. 이렇게 생겨난 공포는 교감신경계의 활성화와 스트레스 호르몬의 분비 등 스트레스 반응에서 전형적으로 나타나는 신체 변화를 일으킨다. 이로써 다시 심장 두근거림, 어지러움, 식은땀, 메스꺼움, 이인증 등 신체 증상이 유발되거나 더 강화된다. 그러면 당사자는 이를 또다시 지각하고 문제적으로 평가하여 공포가 더욱 증가한다. 자, 이제 악순환의 한가운데에 있게 되는 것이다!

악순환에서 벗어나기

우리는 어떻게 '공포의 악순환'에 빠지게 되는지를 알게 되었다. 그러면 이제 어떤 전략으로 이런 악순환에서 벗어날 수 있을까? 전략에 따라 유용성과 지속성은 차이가 난다. 많은 환자들은 제대로 된 치료를 받기 전에 이미 나름의 출구 전략을 개발해 적용한다. 그리하여 공포를 유발하는 트리거를 피하거나, 각각의 상황에서 안전을 위한 특정한 행동을 한다. 하지만 이런 방법들이 그리 유용하지 않다는 건 그들이 다시 치료를 받으러 온다는 사실에서 알 수 있다. 이런 방법들은 주로 공포 상황이나 신체 증상, 생각을 회피하면서 악순환을 단기적으로 늦추거나 중단시키려는 것이다. 하지만 이런 전략을 쓰다 보면 행동반경이 매우 제한되거나 계속 '생각을 억누르고 있게 되어' 장기적으로는 삶을 정상적으로 영위하거나 삶의 질을 확보하는 데 강한 제한이 초래된다.

두려움을 인공적으로 억누르거나 두려움이 치솟지 않도록 하기 위해 안전을 도모하고자 하는 행동도 마찬가지다. 이런 경우 많은 사람들이 공포 상황을 각종 전략으로 극복하고자 한다. 가령 늘 휴대폰을 들고 다니거나, 음료를 홀짝이거나, '어려울 때의 구원 수단'으로 부적이나 안정제를 들고 다닌다. 하지만 갑자기 휴대폰 배터리가 방전되거나 이런저런 방편을 휴대하는 걸 잊어버린 경우에는 종종 마음이 너무나 힘들어져 공포가 유발되거나, 가능한 경우 회피행동을 하게 된다.

어떤 사람들은 정신적인 안전행동을 도모하기도 한다. 지하철이나 엘리베이터가 목적지에 도착할 때까지 계속해서 수를 세기도 한다. 또는 친구들과 함께 레스토랑에 앉아서는 연신 '금방 끝나, 금방 끝나, 금방 끝나.'라고 되뇔 수도 있다. 대화를 해야 해서, 혹은 사회적인 이유로 그냥 멍청하게 앞을 응시하는 것이 불가능해서, 이런 안전행동을 취하는 것이 가능하지 않을 때는 빠르게 공포가 엄습해 올 수 있다.

이런 예는 불안장애 환자들이 안전을 강구하기 위한 수단으로 '사이비자율성'밖에 확보하지 못한다는 것, 안전 전략에 매여 오히려 자율성 확보에 지장을 가져온다는 것을 보여준다. 따라서 자신의 삶에 대한 결정권을 확보하는 가운데 지속적으로 악순환에서 벗어날 수 있는 다른 전략이 필요하다. 이를 위해 치료적으로 악순환에서 세 가지 다른 부분을 공략할 수 있다

1. 공포를 유발하고 유지하는 데 중심 역할을 하는 트리거에 대한 판단을 변화시킨다.
2. 공포를 직접 공략하는 가운데 우려와는 달리 공포가 지속적으로 상승하지 않고 저절로 다시 잦아든다는 것을 경험한다.
3. 신체적 증상에 직접 개입해 이를 의도적으로 약화시킨다.

첫 번째 부분은 인지적 재구성으로 공략해야 할 일이고, 2번, 3번은 노출요법 혹은 직면요법으로 공략해야 한다.

───────────── 인지적 재구성

증상 개선을 방해하는 전형적인 판단과 확신을 인지적 재구성의 차원에서 의심해야 한다. '장애가 되는 인지'의 예는 이런 것이다. "불안은 계속 증가할 것이고, 그건 정말 재앙일 거야.", "동료와 대화를 하면서 버벅대는 건 너무나 창피한 일이야. 그건 영원히 기억될 거야.", "내가 마음을 놓고 있다가 내 아이에게 무슨 일이 일어난다면 그건 내 책임이야." 같은 식이다. 이와 비슷한 확신들은 특별한 기법으로 대처해야 한다.

○ 재앙적 생각을 무력화시키기: "여기서 일어날 수 있는 최악의 일이 무엇일까요? 아하, 그럼 그것이 재앙이 될까요? 그러면 당신은 무엇을 할 수 있을까요?"

○ 거리 두기: "누군가가 버벅대는 것을 보면 당신은 뭐라고 생각할까요? 당신은 그 사람을 곧장 멍청하다고 생각할까요?"

○ 스스로에게 책임을 돌리지 않기: "미리 걱정함으로써 모든 만일의 경우를 다 대비할 수 있을까요? 당신 말고 누가, 혹은 무엇이 일어날 수 있는 일에 영향을 미칠까요?"

이것은 치료자와 불안장애를 가진 사람이 어떤 식으로 대화를 나눌 수 있는지를 보여주기 위한 몇 가지 예일 따름이다. 이런 대화의 목표는 역효과를 내는 인지들, 따라서 도움이 되지 않는 생각들을 한 걸음 한 걸음 유용한 인지, 즉 현실에 근접한 평가로 대치시킴으로써 공포를 감소시키는 데 걸림돌이 되는 것들을 제거하는 것이다.

공포에 직면하기

이제 우리는 인지행동치료의 가장 핵심인 '노출요법(노출치료)'에 다다른다. 여기서 당사자들은 직접 공포를 유발하는 순간들에 맞닥뜨리게 된다. 특정공포증의 경우는 두려운 대상이나 상황과 직면해야 하고, 공황장애의 경우는 두려움

불안에 대처하는 법

을 불러일으키는 신체 증상과 직면하며, 범불안장애의 경우는 걱정되고 우려되는 일과 직면해야 한다. 환자들은 이런 노출요법을 통해 오래 견디기만 하면 공포가 대부분 저절로 가라앉는 경험을 해야 한다. 이렇게 될 수 있는 이유는 바로 공포의 '진화적 프로그래밍' 덕분이다. 다시 말하자면, 공포는 계속해서 지속적으로 악화되지 않는다. 오히려 한동안 지속된 다음 꺼지게 되어 있다. (이론적으로 말해) 싸움이나 도망이 끝나면 자연스럽게 사그라들도록 되어 있는 것이다.

하지만 이런 경험을 할 때까지 당사자들은 공포가 계속되며 점점 더 나빠질 거라고 예상한다. 어느 시점까지는 공포가 최대치에 이르고 그런 다음 떨어지는데, 아직 이런 단계를 거쳐 본 적이 없기 때문이다. 오히려 그들은 상황을 회피하거나 안전행동을 하여 더 이상 공포가 증가하지 않도록 해왔다. 특정공포증의 경우 안전행동은 공포 증상이 아예 나타나지 않도록 두려운 상황을 의도적으로 피하는 것이다. 따라서 당사자가 지하철을 아예 타지 않거나, 높은 데 올라가지 않으면 두려움이 생길 일이 없는 것이다.

이런 안전행동에 힘쓰던 사람이 (마지못해) 두려운 상황에 노출이 되면, 이런 상황을 견디기 위해 가령 물을 마시거나 껌을 씹거나, 마음을 안정시키기 위해 계속 수를 세거나 하는 등의 행동을 한다. 이런 행동은 그들에게 약간의 안정감을 중재해 주어서 공포가 낮은 정도 내지는 중간 정도로, 대부분 참을 만한 수준에서 왔다 갔다 한다. 공포가 치솟으면, 물을 마시고, 그러면 공포가 좀 떨어지고, 다시 증가하면, 음악을 틀고, 공포가 좀 누그러지고,

공포가 다시 상승하면, 다시 물을 마시고⋯. 이런 식으로 계속되는 것이다. 그러다 정거장에 도달하거나 탑에서 내려오면, '위험'은 사라지고 공포 수준은 다시 떨어진다. 여하튼 단기적으로는 그렇게 된다. 그러나 장기적으로는 지하철이나 탑을 여전히 두려워하고, 피하게 되며, 시일이 더 지나면 이와 비슷한 상황이나 활동도 피하게 되고, 행동반경은 나날이 더 좁아져 간다.

안전행동과 회피행동이 갖는 공통적인 문제는 자꾸만 이런 행동들을 시도하다 보면 어느 정도 시간이 지났을 때 아무런 개입을 하지 않아도 공포가 자연스럽게 다시 누그러지는 교정 경험을 하지 못한다는 것이다. 노출요법은 당사자들에게 바로 이런 교정 경험을 중재해 주기 위해 마련된 것이다. 철저히 준비를 하고, 당사자가 마음의 준비가 되면, 먼저 치료자와 함께 노출요법을 시행할 수 있는 상황을 물색하고, 그런 상황에 들어가 아무런 안전 조치도 취하지 않은 상태에서 공포가 통제 가능한 정도로 치솟다가, 다시 저절로 떨어지는 경험을 해야 한다. 노출요법에서 공포의 커브는 다른 조치를 적용할 때와는 다르게 진행된다는 것을 다음 표에서 알 수 있다. 회피행동 역시 공포가 치솟는 걸 막는다. 안전행동은 공포의 커브가 살짝 오르내리게 한다. 반면 노출요법에서 공포를 허락하는 것은 (그 어떤 개입 없이) 공포가 강하게 올라가도록 한다. 그러나 그 뒤에는 공포가 다시 가파르게 떨어진다. 치료가 진행되면서 이런 곡선이 어떻게 변화하는지 나중에 더 살펴보기로 하자.

각 조치에 따른 공포 곡선

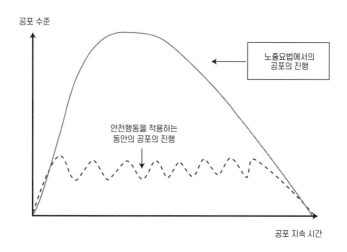

공포를 제압하기 위해서는 자연스럽게 공포가 잦아드는 경험
을 하는 것이 중요하다. 그것은 서로 긴밀히 연결된 두 가지 이유
때문이다.

1. 불안장애를 가진 사람들은 충분히 오래 참기만 하면 공포가 저절
   로 잦아드는 경험을 한다. 이런 경험은 공포가 계속해서 심해진다
   는 기존의 경험을 수정해 준다.
2. 공포가 저절로 가라앉으면 (바로 그럴 때에만) 공포 습득으로 이어진
   학습 경험도 수정이 된다. '공포'라는 옛 정보가 '공포 감소'라는 새
   로운 정보로 교체될 때, '공포 습득'의 자리에 '공포 해소'가 올 때 이
   런 일이 일어난다.

그러면 이제 뇌의 공포 네트워크에서 편도체 활동이 감소한다. 편도체는 습득이든 망각이든, 공포(공포는 기본 감정이다)와 관련한 감정적인 학습에서 중요한 역할을 한다. 노출요법이 진행되는 동안 감정적 학습(공포가 저절로 감소한다)에 의해 유발되는 생물학적 효과는 항우울제로 치료했을 때의 효과와 버금간다. 두 치료가 효과가 있는 것도 그러한 이유에서다. 그러나 감정적 학습이 더 오래간다. 학습한 것은 효과가 떨어지지 않지만 약물은 계속 복용을 해야만 효과를 발휘하기 때문이다. 그러나 노출요법이 최적으로 이루어지려면 세 가지 전제 조건이 충족되어야 한다.

1. 모든 회피행동 및 안전행동을 배제할 것.
2. 아무리 시간이 오래 걸려도 공포가 사그라드는 것을 경험할 것.
3. 하루 동안, 혹은 간격을 두지 말고 이어지는 날들 동안 여러 번의 노출을 연속으로 시행할 것.

첫 번째 중요한 전제는 회피행동과 안전행동을 모두 배제해야 한다는 것이다. 그렇지 않으면 새로운 정보로서의 '공포 해소'가 지속적으로 자리 잡을 수 없다. 첫 노출요법이 시작되기 전에 이를 세심하게 상의해야 한다. 노출요법 전에는 베타차단제처럼 신체적 공포 반응을 줄이는 목적으로 투여되는 약물을 복용해서는 안 된다. 그 밖에 최소한 처음 몇 번의 노출요법에는 치료사가 동반하여, 환자가 어떤 식으로든 안전행동을 도모하고 있지 않은지 살펴야 한다. 지금까지 공포를 자극하는 일을 피해 왔기에 환자가

불안에 대처하는 법

모종의 안전행동을 할 확률이 높으며, 이는 십분 이해할 수 있는 일이다. 그러므로 치료사가 동행하여 환자가 그런 행동을 보이면 직접적으로 지적하여 안전행동을 배제함으로써 공포가 계속 상 승하도록 할 수 있다. 우리의 연구에 따르면, 노출요법에서 치료 사들이 (최소한 초기에) 동행한 경우가 환자를 혼자 보낸 경우보다 더 효과가 있었다. 따라서 당사자들은 치료사가 동행하여 자신들 의 행동을 평가하는 것에 상당히 비중을 두어야 한다. 이런 노력 은 양쪽 모두에게 유익할 것이다.

두 번째 전제는 공포가 사그라드는 것을 반드시 경험해야 한다 는 것이다. 그러므로 충분한 시간적 여유를 갖는 것이 중요하다. 노출요법을 일관적으로 실행하면 공포가 잦아드는 현상이 반드 시 오게 되어 있다. 하지만 얼마나 시간이 지나야 그런 일이 있을 지는 개별적으로 상당히 차이가 난다. 몇몇 환자들은 20분만 상 황에 노출이 되어도 공포가 잦아들고, 어떤 환자들은 가령 여러 시간 지하철을 타야만 겨우 공포가 잦아든다. 공포가 잦아드는 것 을 경험하는 것이 정말로 중요하다. 그렇지 않으면 '공포가 가라 앉지 않는다'는 감정적 학습이 이루어져, 기존의 공포가 치명적으 로 심해지기 때문이다. 그러므로 노출요법을 시행할 때는 환자뿐 아니라 치료사 역시 예상 시간보다 훨씬 더 오래 걸릴 수 있음을 감 안하여 시간적 여유를 확보해야 한다. 저녁에 데이트를 잡아놨다거 나 친구와 영화를 보기로 했다거나 하는 약속들은 다른 날로 미루 어야 정신적 압박 없이 제대로 치료에 집중할 수 있다.

마지막으로 노출요법은 몇 번 노출에 성공했다 해도 끝이 아니다. 충분한 시간 계획을 세워야 하는 이유이기도 하다. 여러 번의 노출을 연속해서 시행하는 것이 굉장히 중요하다. 이상적으로는 같은 날, 혹은 이어지는 날들에 시행하는 게 좋다. 한 번의 노출을 통해 성공적으로 공포가 해소된다 하더라도 그것이 공포 네트워크에 당장 반영되기는 힘들다. 기존에 습득했던 공포의 정보가 오랫동안 공포 네트워크에 새겨져 있었기 때문이다. 그리하여 반복적인 노출을 통해 공포 해소가 차츰차츰 더 강해져서, 어느 순간에 습득한 공포를 몰아내거나 그보다 우세해지도록 해야 한다. 이런 과정이 자리 잡으려면 반복은 필수다. 환자들은 매번 노출요법에 성공할 때마다 평소 느끼던 공포가 감소하는 것을 경험한다. 그리고 나면 평소 두려워하던 상황이 찾아와도 공포는 점점 완만하게 상승하며, 자연적으로 공포가 감소하는 시점이 점점 더 빨라진다. 옆의 그래프를 보면, 0에서 10까지의 수준에서 공포가 이상적으로 다시 0에 머물 때까지 그렇게 된다.

따라서 노출요법은 인지행동치료의 핵심을 이룬다. 노출요법 없이는 치료의 성공률이 현저히 낮으며, 지속적인 효과를 내지도 못한다는 것이 여러 연구에서 입증되었다. 어떤 연구들은 광장공포증과 공황장애의 경우는 인지행동치료 중 노출요법만 따로 시행해도 인지행동치료를 전체적으로 적용한 것과 맞먹는 효과가 나타난다는 결과를 내놓았다. 노출요법 중에 '감정적 활성화' 속에서 이루어지는 재학습이 효과에 결정적으로 작용하는 것이 틀림없다. 현재의 인식에 따르면 재학습은 공포 네트워크에서 인지행동치료를 통해 유발되는 효과에 핵심적인 역할을 한다. 노출요

불안에 대처하는 법

반복된 노출요법을 통한 공포 감소

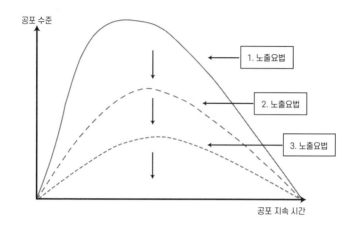

법을 활용하지 않는 심리치료가 효과를 보이지 않는 이유도 바로 이 때문인 듯하다.

이것은 단순한 비교로도 실감할 수 있다. 운전을 하고 싶다면 교통법규를 숙지하고, 자동차 어디에 브레이크, 액셀러레이터, 핸들이 있는지, 그리고 자동차를 원하는 대로 움직이려면 그 모두를 어떻게 사용해야 하는지 알아야 할 것이다. 하지만 그런 이론을 완벽하게 숙지한다 해도, 이를 실전으로 옮겨 (처음에는 스트레스를 받아 가슴이 콩닥거린다 해도) 자동차를 몰고 거리로 나가지 않는 한, 자동차를 운전할 수는 없다. 직접 운전을 시작하면서는 기어를 풀고, 백미러와 사이드미러를 보고, 부드럽게 브레이크를 밟는 등 각 단계의 협응이 빠르게 이루어질 것이다. 스트레스와 감정을 동반한 굉장히 효율적인 학습 과정 덕분이다.

이는 노출요법에서도 마찬가지다. 여기서도 심리 교육과 인지적 재구성의 이론적 내용이 구체적으로 경험된다. 강한 감정적 활성화가 동반되는 가운데 공포 감소라는 정보가 공포 기억에 깊고 확고히 새겨진다.

노출요법은 원칙적으로 모든 불안장애에 적합하다. 사회공포증과 분리불안증에서는 두려운 상황이나 대상이 유발되고, 공황장애에서는 불안과 더불어 결국 공황 발작을 일으키는 신체 증상이 유발된다. 공황장애에서는 가령 빠르게 계단을 오름으로써 심장을 두근거리게 하고, 회전의자에서 뱅뱅 도는 것을 통해 어지러움을 불러일으키고, 의도적으로 빨대를 통해 빠르게 호흡하는 것을 통해 과호흡을 불러일으킨다. 범불안장애의 노출은 걱정과 직면하는 데 있다. 대부분은 생각으로, 혹은 병원 같은 걱정과 연결된 장소를 방문하면서 걱정되는 내용을 불러일으키고, 이어 그것을 견디도록 한다.

○——————— 융통적이고 열려 있는 치료

불안장애에 대한 인지행동치료에서는 우선 심리 교육이 이루어지고, 이어서 인지적 재구성과 노출요법이 뒤따른다. 하지만 이런 세 요소가 엄격하게 순차적으로 이루어질 필요는 없다. 개별적인 상황에서 필요에 따라 세 가지가 계속해서 다른 치료 모듈에 끼어들 수 있다. 따라서 각 요소들을 기반으로

불안에 대처하는 법

개인적인 필요를 고려하여 창조적으로 치료를 할 수 있다.

이런 요소들 외에도 인지행동치료 차원에서 에드먼드 제이콥슨Edmund Jacobson의 점진적 근육이완법이나 자율훈련법과 같은 이완기법을 활용할 수 있다. 이런 치료 방법들은 일반적인 스트레스 수준을 낮춤으로써 불안 증상이 유발되는 역치가 높아지도록 해준다. 1장과 3장에서 이미 살펴보았듯이, 스트레스는 불안 증상이 유발되고 유지되는 데 핵심적인 역할을 하기 때문이다. 또한 불안장애의 종류에 따라 특별한 치료 모듈이 들어가기도 한다. 사회공포증 치료에서는 역할 놀이로 사회적 능력을 키울 수도 있다. 구체적인 상황에서 대화를 시작하거나 계속하고, 자신에게 필요한 말을 하는 등 역할극을 하는 것이다. 그렇게 함으로써 사회적 능력을 획득할 뿐 아니라, 기존에 잠재적으로 존재했던 능력들을 발견 혹은 연마하여 자신감을 더 키울 수 있다.

오늘날의 지식수준에 따르면 인지행동치료는 불안장애에서 매우 뛰어난 효과를 보여 중점적으로 적용되는 치료다. 1990년대 이후 고전적인 인지행동치료를 계속 개발하고 변형하는 작업이 이루어져 왔으나 그 어느 것도 기존의 인지행동치료 효과에 필적할 수 없었다. 그러나 단 하나의 예외가 있었으니 바로 범불안장애 치료에 특별한 효과를 입증한 메타인지치료다. 메타인지치료는 1990년대 영국의 심리학자 에이드리언 웰스Adrian Wells가 개발한 치료로, 여러 연구에 따르면 범불안장애에서의 메타인지치료는 인지행동치료의 효과에 최소한 필적하거나, 심지어 능가하는 것으로 나타났다.

메타인지치료 역시 다양한 모듈로 이루어져 있지만, 이 책에서는 그에 대한 자세한 설명은 생략하고 메타인지치료가 어떻게 작용하는지 핵심만 간략하게 소개하겠다. 메타인지치료는 이미 3장에서 살펴본 범불안장애의 메타인지 모델에 기반한다. 여기서는 범불안장애 환자들이 걱정하는 구체적인 내용, 가령 건강이나 안전 등에 초점을 맞추지 않는다. 오히려 생각의 방식에, 즉 범불안장애 환자들이 어떤 식으로 사고하는지, 걱정으로 얼룩진 사고와 관련하여 어떤 확신을 가지고 있는지에 중점을 둔다. 이런 확신은 긍정적인 것일 수도 있다. 가령 "미리 걱정하면 나쁜 일을 예방할 수 있다.", "걱정할 때만이 삶이 안전하다."라는 긍정적인 메타인지가 그것이다. 그러나 부정적인 메타인지를 가지고 있을 수도 있다. 가령 "너무 걱정이 돼. 도무지 걱정을 통제할 수 없어." 또는 "걱정 때문에 정말 불행해."와 같은 생각들이다. 이런 두 형태의 메타인지는 걱정을 의미 있는 것으로 보거나(긍정적 메타인지) 혹은 부정적 메타인지의 경우 원래의 걱정에 새로운 걱정을 더하면서 걱정의 소용돌이를 강화시킨다.

메타인지치료에서는 특유의 질문 기법을 사용해서 환자들에게 그들의 사고방식을 살피게 한다. 그런 식의 사고가 의미 있는 것인지를 치료자가 캐묻는 것이다.

"이런 식으로 밀려오는 생각에 완전히 휘말려 전전긍긍하는 것이 도움이 될까요?"

"이런 방식으로 생각할 때 당신이 추구하는 목표는 뭔가요?"

그 밖에도 가령 위험을 막아주거나 통제할 수 없는 것으로서의 걱정과 관련하여 긍정적 혹은 부정적 메타인지를 상대화시킨다.

"그렇게 불안해하는 것이 도움이 된다면, 어째서 이런 방식으로 생각한 이래 당신의 상태가 점점 더 나빠졌을까요?"

"걱정을 하는 것이 문제를 막는 데 도움이 된다면, 걱정을 많이 하는 사람이 문제가 더 적은 인생을 산다고 생각하나요?"

"당신이 걱정에 매여 있을 때 갑자기 예기치 않은 일이 일어난다면, 가령 당신이 뜨거운 커피가 담긴 잔을 잘못해서 쏟거나, 당신의 어린 딸이 계단에서 넘어지거나 하면 어떨까요? 이것은 상황을 통제할 수 있다는 증거일까요, 아니면 통제할 수 없다는 증거일까요?"

이런 식의 사고가 여러 단계에 걸쳐 해체되며, 아울러 마음챙김 치료 같은 모듈을 통해 왜곡된 지각과 감정 차원에서 자동적으로 생겨나는 생각을 확인하고 치료적 접근이 이루어진다.

여러 치료 가이드라인에서는 범불안장애 치료에 메타인지치료를 인지행동치료와 적절히 결합하여 적용하도록 권고하고 있지만, 현재 독일에서 이런 기법을 적용하는 치료사들은 그리 많지 않다.

병행할 수
있는

치료 방법들

○───────────○

인지행동치료를 비롯한 심리치료와 약물치료는 가장 연구가 많이 이루어진 효과적인 치료법이다. 이외 여러 치료들이 있는데, 여기에서는 그중 몇 가지를 소개하겠다. 여러 연구 및 임상을 통해 이런 치료들은 메인 치료를 개별적으로 보완하는 용도로 활용할 수 있음이 입증되었다.

○─────────── 운동과 신체 활동

운동은 몸에만 좋은 것이 아니라 마음에도

좋다. 역학 연구를 통해 우리는 신체 활동이 심리 질환의 위험을 낮추어 준다는 것을 알고 있다. 여러 불안장애의 경우는 특히나 그렇다. 그러나 불안장애 예방뿐 아니라 치료에도 운동과 신체 활동은 도움이 된다. 전에는 운동으로 치료 효과를 보려면 '표적화된' 특별 훈련을 해야 한다고 생각했지만, 몇 년 전부터는 일상적인 신체 활동과 운동도 심신에 긍정적인 영향을 미칠 수 있다는 사실이 보고되고 있다. 가사일, 자전거 타기, 계단 오르기 같은 다양한 신체 활동이 이에 포함된다.

현재 일반적인 권고 수준은 일주일에 최소 150분의 중간 강도(땀이 나고 심장박동이 빨라지는 정도)의 운동 혹은 90분의 높은 강도의 운동이다. 하지만 중간 강도와 높은 강도의 신체 활동을 섞어도 좋다.

공황 발작은 빈맥과 심장박동 증가를 동반하기 때문에 환자들은 신체 활동과 운동을 기피하곤 한다. 운동을 하면 공황 발작이 있을 때와 같은 증상이 나타나기 때문이다. 하지만 운동을 통해 공황 발작이 일어나지 않을까 하는 우려는 오늘날의 지식수준으로는 근거 없는 것이다. 우리와 다른 연구팀의 연구 보고에 따르면 오히려 운동을 하면 공포가 줄어들고 공황 발작도 약화된다고 한다. 공황장애도 마찬가지다. 공황장애 환자에게서 운동 직후 신체적으로 불안 증상이 나타난다 해도, 뒤이어 불안이 잦아드는 효과가 나타난다. 치과공포증을 겪는 사람들도 유산소 운동을 먼저 한 뒤에 치료에 임하면 공포가 줄어들고, 아울러 스트레스 호르몬 시스템의 활성화도 줄어드는 것으로 나타났다.

직접적으로 비교하면 약물치료나 인지행동치료가 운동보다 효과가 높다. 하지만 여러 연구 결과 가령 8주에서 12주간 일주일에 두세 번 규칙적으로 신체 활동을 하면 불안 감소 효과가 나타나는 것으로 드러났다. 신체 활동과 운동을 심리치료와 병행하면 더 좋다. 우리의 연구에서 이런 경우 장기적으로 심리치료의 효과가 향상되는 징후가 발견되었다. 그러므로 신체 활동과 운동이 신체 건강뿐 아니라 정신 건강에 긍정적인 효과를 미친다는 것은 의심할 바 없다.

어떤 스포츠가 불안 증상을 경감시키는 데 가장 좋은지는 지금까지 거의 연구되지 않았다. 대부분은 조깅이나 실내자전거 등을 통한 지구력 훈련에 대해서만 연구가 되었다. 하지만 춤, 수영, 스케이트, 걷기, 또는 근력 운동이나 요가 같은 기타 운동들도 불안장애 환자들에게 긍정적인 효과를 낼 수 있다. 전문가의 지도 없이 혼자서 트레이닝을 하고 싶다면, 천천히 시작해야 한다. 어느 정도가 적절한 정도인지를 판가름할 수 있는 중요한 표지는 달리면서도 여전히 이야기를 할 수 있는 상태여야 한다는 것이다. 그렇지 않은 경우 너무 빠르게 달리고 있다고 보면 된다.

혼자서 운동하는 걸 좋아하는 사람도 있지만, 대부분은 다른 사람들과 함께할 때나 그룹 수업에 참여하는 편이 운동을 시작하기가 더 쉬울 것이다. 그렇게 할 때 내면의 게으름을 극복하기가 더 용이하기 때문이다. 내면의 게으름뱅이는 우리 조상들이 식량을 마련하는 것처럼 생존에 필수적인 활동을 위해 에너지를 아껴가며 사용해야 했던 과거 시대의 유물이다. 이런 시대에 불필요하게 칼로리를 소비하는 것은 생존을 위협할 수 있었다.

하지만 오늘날 산업 국가에서는 상황이 꽹장히 다르다. 지금 시대는 식량이 넘쳐나고, 일상에서 움직임이 너무 적다. 그리하여 늦어도 성인기가 되면, 신체 활동과 운동이 인간의 기본 욕구에 속한다는 사실을 '잊어버리고' 살 때가 많다.

스트레스 극복을 위한 이완과 마음챙김

제이콥슨의 점진적 근육이완법 혹은 자율훈련법 역시 불안을 감소시킬 수 있음은 앞에서도 살펴보았다. 그러나 중요한 것은 근육이완법을 회피행동으로 활용해서는 안 된다. 노출요법을 시행하며 두려운 상황에 직면할 때는 정말로 두려움을 경험해야 하며, 이때는 긴장 이완을 해서는 안 된다. 이완법은 일상에서 높은 긴장도를 완화시키는 방법으로 적합하다. 명상, 마음챙김, 요가 같은 이완법도 마찬가지다. 마음챙김에 기반한 치료나 요가의 효과에 대해서는 이미 많은 연구가 이루어졌다. 그러나 이들을 일반적인 치료 모듈로 권장하기에는 아직 이르다.

셀프 헬프 그룹

셀프 헬프 그룹은 불안장애 환자들에게 많은

도움이 될 수 있다. 특히 사회공포증을 가진 사람들은 이런 그룹을 통해 같은 형편에 처한 사람들을 만나고 서로 경험을 교환함으로써 도움을 받을 수 있다.

태핑과 동종요법

EFTEmotional Freedom Techniques와 같은 태핑 기법이나 동종요법에 대해서는 불안장애를 치료하는 데 효과가 있다는 것이 아직 입증되지는 않았다. 하지만 이런 방법을 통해 주관적으로 효과를 보았다고 말하는 사람들도 있다.

신경자극술

신경자극술을 활용하여 불안장애나 다른 정신 질환을 연구하고 치료할 수 있을지 현재 연구가 이루어지고 있다. 신경자극술은 전기펄스나 (경두개 자기 자극에서처럼) 자기장을 활용해 두개골을 거처 특정 두뇌 영역을 활성화시키거나 억제하고자 하는 방법이다. 그러나 불안장애의 치료에서 신경자극술이 일반적으로 활용되고 있지는 않다.

　　불안장애를 가진 사람들은 종종 그들이 불안에 응급으로 대처할 수 있는 방법이 있는지 묻는다. 지금까지 줄곧 치료를 해왔으나 더 좋아지지 않거나 오히려 증상이 악화된 경우에는 특히나 이런 질문이 절박하다.

　하지만 단번에 상황을 반전시키는 기법은 없다. 누군가 그런 놀라운 기법을 가르쳐 준다고 할 경우 아주 조심해야 한다. 이 책에서 살펴본 것처럼 불안장애의 생성 조건은 굉장히 복잡하기 때문에 당사자 혼자서 곧장 변화시키기는 힘들다.

　가장 중요한 것은 전문가의 도움을 받는 것이다! 심리치료사나 신경정신과 전문의, 혹은 경우에 따라서는 가정의에게 도움을 구하라. 과도한 불안을 느낄 만한 합당한 원인이 없는 경우 전문가와 함께 불안장애 치료를 계획할 수 있다. 온라인이나 동영상 치료도 점점 더 유용하게 활용되고 있다. 이런 방법을 통해 (지속적인) 증상 개선을 위한 중요한 첫걸음을 내디딜 수 있다.

　때로는 아주 작은 걸음이 커다란 변화로 나아가는 중요한 자극이 된다. 그러므로 신체를 활발하게 움직여 줄 것을 간곡히 당부하는 바다. 활발한 신체 활동과 운동은 단기적으로나 중장기적으로 불안을 감소시킨다.

　자신이 즐겁게 할 수 있는 신체 활동이나 운동을 찾아 사계절 내내 일상적으로 실행해 보라. 자꾸 방해가 생기고 내면의 게으름이 찾아와도 굴하지 않도록 다른 사람들과 약속을 잡아 함께 운동을 하면 좋을 것이다. 함께하면 즐겁고, 약속을 지켜야 한다는 의무감 때문에라도 운동하러 나가게 된다.

또 한 가지 치료에 도움이 되는 유용한 조처는 비슷한 괴로움을 가진 다른 사람들과 연대하여 서로 도움을 주고받는 것이다. 네트워킹을 통해 질환에 대처하는 경험을 공유하고 치료 방법에 대한 정보를 공유할 수 있으며, 한편으로는 이런 어려움을 겪는 것이 나 혼자만은 아니라는 것을 경험할 수 있다.

그 밖에 이 책에서 읽은 것들을 토대로 불안장애에 잘 대처하고 증상을 가급적 완화할 수 있는 몇몇 행동 방식을 유추할 수 있을 것이다. 이런 행동은 인지행동치료를 내용적으로 준비하는 데도 적합하다.

스트레스 감소시키기

스트레스는 불안장애가 생겨나고 지속되는 데 핵심적인 역할을 하므로, 일상에서 스트레스 수준을 낮추고자 개인적으로 노력해야 할 것이다. 물론 환자들에게 이런 말을 하면 보통은 "말은 쉽지요."라는 답변이 돌아온다. 절대적으로 맞는 말이다. 일상을 살아가며 많은 어려운 일을 만나고 어려운 의무들을 감당하다 보면 당연히 스트레스를 받게 되며, 스트레스를 피하거나 제거하는 것이 쉽지 않다. 그럼에도 정말로 이런 상황에서 조금이라도 스트레스를 줄일 여지가 없겠는지 면밀히 살펴보기를 바란다. 삶의 어떤 영역에서 기어를 한 단계 낮추거나, 이런저런 활동이나 과제를 줄이거나 다른 사람에게 위임할 수 있는 가능성이 없을까? 모두가 이런 질문을 비판적으로 검토할 수 있기를 강력히 권고한다!

이완법은 스트레스를 감소시키는 데 큰 도움이 될 수 있다. 하루 중 혹은 주중에 고정적으로 시간을 만들어 이완 훈련을 하고 자신을 위한 시간을 가져보라. 이것만으로도 이미 스스로를 잘 돌보는 행동으로 지각이 되어 삶의 질이 높아지고, 스트레스가 감소되는 효과를 볼 수 있다. 제이콥슨의 점진적 근육이완법, 요가, 자율훈련법 같은 몇몇 기법들은 이미 언급했다.

일상에서 마음챙김 기법을 라이프스타일에 접목하는 것도 스트레스를 줄이는 방법이다. 선불교에서 유래한 마음챙김 기법은 인지적 재구성과 비슷하게 지각에 대한 평가를 변화시킴으로써 스트레스를 줄여준다. 하지만 조심해야 할 것은 스트레스 감소가 불안 증상이나 트리거에 대한 회피행동을 더 개발하고 확장해서는 안 된다는 것이다.

회피를 피하고 공포에 맞서기

우리는 이 책에서 공포를 유발한다고 하여 어떤 상황이나 신체 증상 혹은 불안을 무조건 회피하는 행동은 문제가 있음을 지적했다. 삶의 질을 저하시킬 뿐만 아니라, 증상을 만성화되게 하면서 고통을 증가시키기 때문이다. 당사자들은 회피행동을 통해 불안이 교정되는 경험을 할 수 없게 된다. 행동 반경이 실제적으로나 상상으로나 계속 축소되는 것을 저지하고 돌이키는 데 교정 경험은 극도로 중요한데 말이다.

그러므로 간곡히 호소하건대 두려움에 맞서라! 아무리 힘들고 어려워도 그렇게 하라! 회피하고 싶고, 두근거림과 같은 신체 증상을 유발하고 싶지 않으며, 걱정스런 생각을 끝까지 밀고 나가고 싶지 않은 충동이 들더라도 두려움에 맞서라.

공포를 유발하는 트리거를 허락할 뿐만 아니라 의식적으로 그것에 직면하고, 그와 연관된 불안을 노출요법에서처럼 여타 안전행동 내지 회피행동 없이 견디고자 해야 한다. 구체적으로 말하자면 엘리베이터를 타거나 여러 사람들 앞에서 말을 하거나, 높은 탑이나 산을 오르거나, 걱정에 의식적으로 대면할 기회가 있을 때마다 그렇게 하라는 것이다! 그렇게 하여 예전에 습득한 경험을 수정하고 증상을 개선해야 한다.

그러나 이때도 약물치료나 심리치료를 전문적으로 받기 전과 마찬가지로 다음에 유의해야 한다. 즉, 증상이 신체적 질병(특히 심혈관계, 폐 또는 중추신경계)에서 비롯되는 것은 아닌지를 우선적으로 확인해 보아야 한다.

　　불안장애에 시달리는 이들의 가족이나 가까
운 사람들은 여러 방법으로 그들을 도울 수 있다. 치료를 시작하
도록 격려하는 것이 이미 커다란 도움이다. 또한 가족들은 주변에
괜찮은 정신과나 심리치료사가 있는지 알아볼 수 있고, 함께 병
원이나 심리치료실을 방문할 수 있다. 불안장애에 시달리는 많은
사람들은 이런 일조차 시작하기 힘들기 때문이다. 또한 주변인들
은 당사자들이 '스스로를 낙인찍거나', (또는 그런 생각으로 말미암
아) 증상을 별것 아닌 것으로 치부하지 않도록 힘을 보탤 수 있다.
"하지만 난 그런 일을 다른 이들에게 공개할 수 없어요." 혹은 "지
금까지 누구와도 이런 이야기를 해보지 않았어요. 사람들은 모두
나를 미쳤다고 생각할 거예요."라는 식으로 말하는 사람들은 예
전처럼 많지는 않지만 여전히 존재한다. 이런 태도는 증상을 완화
시키거나 치료하는 데 커다란 장애로 작용한다. 불안장애에 시달
리는 사람들은 치료의 가능성을 적극 활용해야 한다. 그들은 그럴
권리가 있다!
　　이 부분에서 가족이나 주변 사람들이 중요한, 종종은 결정적인
기여를 할 수 있다. 불안장애에 시달리는 일은 그리 드문 일이 아
니며, 독일에서만 이미 몇백만 명이 불안증으로 괴로워한다는 이
야기를 해줄 수 있다. 따라서 혼자만 이런 일로 힘들어하는 것이
아니며, 오히려 이런 일은 누구에게나 일어날 수 있음을 직시하도
록 해주어야 한다. 한편으로 주변 사람들이 "별거 아닌 것 가지고

뭘 그래? 다른 사람들은 그런 문제로 괴로워하지 않아."라는 식으로 문제를 폄하하는 발언을 해서는 안 된다. 당사자가 불안 증상으로 인해 너무나 괴로워하고, 일상이 대폭 제한되고 있는 경우에는 특히나 그러하다.

많은 가족들이 불안장애에 시달리는 이들이 일상을 극복하도록 기꺼이 뒷받침하고 있을 것이다. 때로는 당사자들이 두려워하는 상황에 함께해 주고, 계속 전화를 받아주고, 그들이 두려워서 하기 힘들어하는 일을 대신 해줄 것이다. 광장공포증이 있는 사람들을 위해 장을 대신 봐주고, 사회공포증이 있는 사람들을 위해 전화나 개인적인 대화를 대신 해주고, 범불안장애가 있는 사람들을 안심시켜 주고, 분리불안증을 가진 사람들과 어디든 동행해 주고 있을지도 모른다. 그러나 유감스럽게도 다시 한번 강조하고 싶은 것은 이런 선의의 일들이 당사자의 회복 과정에는 그다지 좋지는 않다는 것이다! 가족들이 배려하는 행동으로 당사자에게 안정감을 주고 삶을 뒷받침해 줄 수 있지만, 그렇게 하면서 기존의 회피행동을 더 굳혀서, 당사자들에게 꼭 필요한 교정 경험을 할 수 없게끔 할 수도 있다.

따라서 가족과 친구들은 자신들의 행동을 비판적으로 돌아보고, 불안장애 당사자들이 무리한 요구를 해오거나, 자꾸만 안전을 도모하려는 행동을 보이면, 그래서는 안 된다고 분명히 말해주어야 한다. 물론 지적하는 식으로 해서는 안 되고, 당사자들의 고통에 공감하고 이해하는 태도로 말해주어야 한다. 무엇보다 당사자들이 모든 장애물에도 불구하고 불안과 직면하고, 가능하면 그것을 견딜 수 있게끔 격려를 해주어야 한다. 기차 여행, 전화, 혹은 직장에서의 의사 결정을 준비할 때 말로 도와주거나, 두려움이 몰려오는 경우 언제 무엇을 할 수 있을지 개인적 계획을 세우도록 도와주는 것은 유용할 수 있다. 하지만 원래의 두려운 상황은 스스로 독립적으로 극복할 수 있도록 해야 한다.

주변 사람들이 이미 장기간에 걸쳐 불안장애 당사자들이 상황을 회피할 수 있게끔 고정된 역할을 해온 경우도 있을 것이다. 하지만 이런 경우라도 한 걸음 한 걸음 앞에서 설명한 역할로 전환해 나가야 한다. 이런 일이 여의치 않고 당사자들의 증상과 괴로움, 두려움으로 말미암은 생활의 제한이 더 악화되거나 우울증 같은 또 다른 심리 증상이 나타나는 경우는 입원 치료나 원데이클리닉이라도 고려하는 것이 좋다. (잠시라도) 입원해서 치료를 받으면 의사, 심리학자, 운동치료사, 필요한 경우 사회복지사로 구성된 다양한 전문가 팀이 함께 집중적으로 환자를 돌보게 된다. 몇 주간 병원에 체류하면서 약물치료와 심리치료를 시작할 수 있고, 필요한 경우 실업, 재정적 어려움, 사회적 고립 등 불안장애로 인해 생겨난 사회적 문제에도 대책을 마련할 수 있을 것이다.

셀프 헬프 치료와 가족의 뒷받침은 인지행동치료의 중요한 요소들을 일상에 잘 자리 잡도록 해줄 수 있다. 인지행동치료를 꾸준히 일상에 적용하면 많은 경우 불안 증상이 완화되고, 진행이 늦추어지거나 이상적으로는 중단될 수도 있다. 그러나 가장 중요한 것은 가이드라인이 권고하는 치료를 따르는 것이다. 이런 치료는 증상의 지속적인 개선과 재발 방지에 아주 중요하다. 그러므로 누누이 반복해 왔지만 다시 한번 이렇게 외치며 이번 장을 마감하려고 한다. 자신의 질병을 (조금씩이라도) 사람들에게 알리고 전문적인 도움을 구하라! 단박에 되지 않는다 하여도 그렇게 하라! 당신은 그럴 권리가 있다!

불안에 대처하는 법

불안에서
자유로워진

사람들

앞에서 불안장애에 시달리는 사람들과 가족들이 그들의 일상을 이야기한 바 있다. 이제 이들의 치료 경험을 다시 들어보려고 한다. 치료와 관련한 세부적인 사항이나 약물 이름은 언급되지 않을 것이다. 이런 것들은 개개인에 따라 조율되기 때문이다. 모두가 앞에서 언급한 가이드라인에 따라 치료를 했을 뿐 아니라, 서로 다른 경험을 했음을 알 수 있을 것이다.

불안장애를 가진 사람들은 서로 다른 필요를 가지고 병원을 찾아오는데, 이런 다양성을 잘 보여주는 보고들이 심리치료와 약물치료가 기본을 이루는 가운데 개인적인 보완이 가능함을 보여줄 것이다.

필립 아우어, 40세, 호텔 매니저

(진단: 광장공포증을 동반한 공황장애)

나는 첫 공황 발작 직후 신경과 치료를 받았어요. 세 종류의 약을 복용해 보았죠. 하지만 약들이 듣지 않거나 부작용이 너무 심했어요. 항우울제는 7개월간 복용했는데, 그걸 복용하자 정말 감정이 마비된 것만 같았죠. 기쁨도, 슬픔도, 사랑도 그 어떤 것도 느끼지 못했어요.

응급한 상황에 진정제를 복용하는 것도 엄청 겁이 났어요. 약을 먹느니 차라리 상황을 그냥 견디는 것이 나았죠. 나중에 인지행동치료를 받으면서 비로소 진정제가 완전히 무너지는 걸 막아줄 수 있다는 걸 받아들이게 되었어요. 그래서 간혹 진정제를 복용하기도 했고 실제로 도움을 받았어요.

처음에는 신경정신과 진료를 받았는데, 크게 도움이 되지는 않았어요. 별로 존중받는 느낌이 아니랄까요. 그러고 나서는 정신분석을 시작했는데, 거기서 이야기하고 분석하는 것이 내게는 잘 맞지 않았어요. 도무지 어떤 결론에 이르지를 못했고, 끝이 보이지 않는 지리멸렬한 길을 외로이 걸어간다는 느낌이 들었죠.

그런 다음에 심층심리치료를 시작했어요. 그건 어느 정도 도움이 되었죠. 해묵은 것들을 처리할 수 있었어요. 무엇보다 어린 시절에서 연유한 것들을요. 그러나 어느 순간이 되자 늘 어린 시절에 얽매이는 것 같고, 상황을 구체적으로 다룰 수 있는 도구를 얻지 못한다는 것이 답답했어요.

그렇게 치료를 중단한 뒤 2016년 샤리테병원에서 인지행동치료를 추천받았어요. 그것이 4년 전이에요. 치료를 시작한 지 얼마 되지 않아, 이것이 내게 맞는 치료라는 걸 깨달았어요. 공황 발작에 유용하게 작용하는 도구들 때문에요. 마음챙김 연습, 명상, 요가가 도움이 되었고, 일기를 쓰는 것도 도움이 되었어요. 나는 질문들을 생각할 것을 숙제로 받았어요. '정확히 지금 무슨 일이 일어나고 있는가? 공황 발작 동안 몸은 무엇을 하는 것일까?' 등등을 말이지요. 더 심도 있게 숙고하는 법도 배웠어요.

'그런 상황은 어떻게 내게 일어나는 것일까? 그것과 관련하여 어떤 처리되지 않은 부분들이 있는 것일까?'

나는 전형적인 '예스맨'이고 거절하는 걸 너무나 힘들어해요. 그래서 그간 짐을 많이 떠맡았어요. 요즘에는 그렇지 않아요. 안 된다는 말도 할 수 있고, 상황을 일단 본 다음에 그것을 감당할지 말지 결정할 수 있어요. 거절을 해도 전에 두려워하던 것과는 달리 다른 사람들이 내게 화를 내거나, 절교를 하거나, 사랑을 거두지 않는다는 걸 경험할 수 있었어요.

내가 치료를 통해 바뀌면서 파트너와 함께 상담도 받을 수 있었어요. 파트너는 상담에서 내가 인간으로서 어떻게 바뀌었는지, 그로써 어떤 새로운 국면이 열렸는지를 이야기했죠. 상담은 큰 도움이 되었어요. 그것을 통해 서로의 입장을 알 수 있었으니까요.

증상 개선을 위해 항우울제도 복용하고 있어요. 2016년부터 낮은 용량으로 복용하고 있는데 도움이 된다는 걸 느껴요. 그러는 동안에 내가 장기적으로 약을 복용해야 한다는 걸 받아들이게 되었어요. 내게는 이것이 고혈압과 같은 것이죠. 고혈압일 때 혈압강하제를 먹으면 한결 더 나은 것처럼요.

이에 대해 필립의 파트너인 루카스도 인터뷰를 통해 자신의 생각을 전해 주었다.

루카스 아우어, 36세, 필립 아우어의 배우자

필립은 불안장애가 시작된 직후부터 심층심리치료, 행동치료, 약물치료 등 전문적인 치료를 받아왔어요. 약물치료는 현재까지 받고 있지요. 그런 치료들이 상황을 좀 용이하게 해준다고 느끼고 있어요. 처음부터 치료가 필립에게 도움이 될 거라고 믿어 의심치 않았죠. 우리는 치료에 대해 별로 이야기하지 않았어요. 때때로 필립은 그런 이야기를 좀 해주었지만, 나는 그를 다그치지 않았죠. 나 스스로는 별다른 도움을 구하지 않았어요. 도움을 받을 필요성도 느끼지 않아요.

불안에 대처하는 법

바바라 슈미트, 56세, 저널리스트

(진단: 범불안장애)

처음에는 인지행동치료를 했어요. 이것이 우울증과 불안장애에 효과적인 치료라는 것도 알고 있었죠. 하지만 치료를 받으면서 내겐 이 치료가 그다지 도움이 되지 않는다는 것도 알게 되었어요. 원래부터 곰곰이 생각해서 문제를 해결하고, 지적 이해를 통해 감정을 제어하려는 경향이 있었던지라, 심리 질환이 생기자 나는 끝없는 생각의 소용돌이로 빠져들었어요. 이런 경향이 상담을 통해 오히려 더 심해졌지요.

1년 반 동안 항우울제를 복용하며 그런대로 안정이 되었어요. 하지만 요가와 대체 의학의 세계에서 향정신성 의약품은 종종 진정한 치유에 걸림돌이 되는 독으로 폄하돼요. 나는 그런 소리에 솔깃해서 약을 끊었어요. 그러자 3개월 뒤 너무 상태가 안 좋아져 다시 항우울제를 복용하기로 했지요. 하지만 예기치 않게 내성이 생겨서 공포감은 더욱 극심해졌고, 나는 치료를 중단하고 말았어요. 그러고 나서 우왕좌왕하면서 이런저런 약을 몇 번 복용해 보다가 점점 절망에 빠져서, 결국 한 신경정신과 전문 병원에 가게 되었어요. 그곳에서 두 개의 약제를 혼합하여 복용함으로써 약간 진전을 볼 수 있었지요. 그렇게 한동안 좀 괜찮게 지냈는데, 약을 끊자 다시금 불안이 찾아왔어요.

그 뒤 나는 친구의 권유로 샤리테병원의 불안장애 클리닉에 가게 되었어요. 그러자 처음으로 내 증상과 정확히 맞아떨어지는 진단이 나왔고, 증상을 진정시켜 주는 약 처방을 받았어요. 하지만 이 시점에 너무 불안해서 입원 치료를 받기로 했어요. 그렇게 병원에서 다양한 치료를 제공받았는데, 내게 아주 적절했지요. 우선 진정제의 도움으로 회복하고, 다시 잠을 푹 잠으로써 패닉 모드에서 벗어나 치료를 받을 수 있는 상태가 되었어요. 개별적인 치료 외에도 그룹 치료에서의 과정과 경험 지향적인 접근도 치유에 굉장히 도움이 되었어요.

오늘날까지 내게 가장 큰 도움을 주는 것은 내 감정과 마주하게 하는 치료법이에요. 이를 통해 감정들을 있는 그대로 지각하고, 무엇보다 감정들이 오고 가는 것을 지각하면서 불안이 누그러져요. 나는 거의 매일 요가 니드라를 해요. 있는 그대로의 상태를 알아차리고 호의적으로 받아들이는 명상 기법이죠. 이 명상 기법은 내게 아주 도움이 되고, 불면증이 있을 때도 효과가 있어요.

나는 여전히 적은 용량이지만 약을 복용하고 있고, 현재로서는 이 약을 끊고 싶지 않아요. 이미 여러 번 재발을 경험했기 때문이죠. 하지만 그러는 동안에 나 자신을 더 잘 돌볼 수 있는 많은 방법들을 찾았어요. 나는 이제 기 치료와 신경정신과 치료를 함께 받는 것이 별로 이상하다고 생각하지 않아요. 중요한 건 도움이 되느냐, 되지 않느냐 하는 것이죠.

불안에 대처하는 법

어렸을 때는 엄마가 치료를 받는다는 걸 잘 몰랐어요. 8년 전에 엄마가 받은 치료는 내가 보기에 비교적 도움이 되었어요. 약물치료와도 병행했고요. 하지만 엄마는 약간 호전되자 약을 끊었고, 그러자 정말 안 좋아졌어요.

그다음에 여러 가지 치료와 약물을 시험하며 우왕좌왕하는 기간이 있었죠. 같은 해에 클리닉에 들어갔는데, 정말 끔찍했어요. 엄마는 그곳을 너무 싫어했고, 의사나 치료사들과도 맞지 않아 불편해했어요. 내가 보기에도 그곳의 치료가 엄마에게 도움이 된다는 느낌이 들지 않았죠.

다행히 3년 전에 가게 된 샤리테병원은 엄마에게 잘 맞았어요. 엄마는 한결 호전이 되었죠. 나는 엄마가 그곳에 입원해 있을 때 방문한 적이 있는데, 엄마가 아주 마음에 들어 하는 것 같았어요. 환경도 아주 좋았고, 스포츠, 물리치료, 창의적 치료, 대화치료, 양질의 영양식 같은 프로그램도요. 그 모든 것이 엄마에게 많은 도움이 된 것 같아요. 엄마에게 도움이 될 수 있는 곳이 있다는 건 엄마에게도 좋은 일이지만, 우리 가족에게도 좋은 일이지요. 가족들의 걱정을 덜어주니까요.

니나 브롬, 30세, 오케스트라 연주자

(진단: 사회공포증)

열여덟 살에 처음으로 치료를 받았어요. 대화치료였죠. 하지만 당시에는 불안장애 진단이 나오지는 않았어요. 10년 전부터는 꾸준히 항우울제를 복용해 왔어요. 그러고는 6년 전 취직하게 되면서 다시 새롭게 대화치료를 재개했죠. 이때는 나의 불안 증상에 대한 이야기도 했어요. 동료와 대화를 해야 할 때면 얼마나 두려운지, 다른 사람들이 나를 어떻게 생각하는지가 얼마나 공포스럽게 다가오는지를 말이에요.

그러다 다른 도시로 이사하면서 새롭게 대화치료를 시작했고, 여기서도 나의 불안과 공포를 언급하긴 했지만, 무엇보다 우울증 증상이 치료의 중심을 이루었죠.

2년 전, 항우울제 복용을 중단하자 상태는 다시 엄청 안 좋아졌어요. 그러고는 처음으로 샤리테병원에 가게 되었죠. 음악가들을 위한 의료 센터를 찾아갔는데, 그곳에서 나를 불안장애 클리닉으로 보냈고, 그제야 처음으로 불안장애로 진단받았어요. 새로운 약물치료와 인지행동치료를 받았죠. 이런 치료는 나의 사회공포증에 굉장히 도움이 되었어요. 이제 나는 치료사와 대화를 하고, 공포에만 신경을 집중하지 않고 나의 필요에 귀를 기울이는 연습을 하고 있어요. 약물치료가 우울증에도 잘 듣고 있답니다.

크리스티안 립셔, 33세, 니나 브롬의 파트너

나 스스로도 치료받은 경험이 비교적 많아요. 니나는 내게 자신이 어떤 치료를 받는지 다 털어놓기 때문에 나도 주워듣는 것이 많지요. 니나가 치료를 받는 게 좋다고 생각해요. 니나는 1년 전부터 최신 치료를 받고 있는데, 현재까지는 그것이 일상을 많이 바꾼 것 같지는 않아요. 하지만 니나는 부지런히 숙제를 해요. 니나의 치료사가 해줬다는 말을 들으며 생각 연습처럼 해묵은 패턴을 다루는 새로운 관찰 방식과 아이디어들이 니나에게 점점 더 고무적으로 작용한다는 걸 느껴요.

장 피셔, 28세, 음악가

(진단: 특정공포증)

지금의 치료를 받기 전에 나는 요가와 기공처럼 극동 지역에서 유래한 모든 방법을 시험해 보았어요. 하지만 인지행동치료를 받기 시작하면서 비로소 더 바람직하게 대처를 할 수 있게 되었죠. 지금도 계속 인지행동치료를 받고 있고요. 이 치료를 통해 무엇보다 늘 같은 패턴으로 공포가 밀려올 때 그것을 다룰 수 있는 적절한 도구들을 갖게 되었어요.

생각 속에서 또 슬금슬금 옛 패턴이 생겨나는가 싶으면 나는 이런 도구를 통해 금방 하차할 수 있어요. 이틀에 한 번 달리기를 하는 것도 도움이 많이 돼요. 달리기로 몸속의 아드레날린 수치가 올라가면 무대에 서기가 조금 더 쉬워지기 때문이죠. 그 밖에 나는 트럼펫 연습을 덜 하는 대신 효율적으로 하는 것도 배웠어요. 드디어 마음에 드는 명상 앱도 발견했죠. 이 네 가지 도구를 사용하여 두려움을 잘 관리하고 있어요.

3년 전에는 일시적으로 약(베타차단제)을 복용한 적이 있어요. 중요한 연주를 앞두고 처음 몇 번 그 약을 먹었지요. 하지만 머리가 멍하고 두려움도 사라지지 않아서 차라리 먹지 않는 게 나았어요.

클라우디아 피셔, 54세, 장 피셔의 어머니

제 아들은 몇몇 트럼펫 선생님들과 늘 친하게 지내요. 그들은 아들과 아주 잘 통하고, 아들을 곧잘 도와주죠.

단기 치료가 아들에게 어떤 영향을 미쳤는지 잘 모르겠어요. 열여덟, 열아홉 살 정도에 아들은 몇 번 상담치료를 받았어요. 나중에도 다시 심리학자를 물색해 치료를 받기도 했죠. 하지만 안 좋을 때 잠깐만 상담을 다녔어요. 죽 이어가지를 못했던 것 같아요. 지금 샤리테병원에서 받는 치료는 그에게 많은 도움이 되고 있는 듯해요. 아들이 많이 변했어요. 긍정적인 쪽으로요.

한나 슈탐, 35세, 교사
(진단: 분리불안증)

아버지가 돌아가시리라는 걸 알았을 때 우리는 청소년청의 주선으로 가족 치료를 했어요. 아버지 없이 말이에요. 그건 내겐 별로 도움이 되지 않았지만, 남동생에겐 도움이 되었어요. 그곳에서 자신의 두려움을 이야기할 수 있었으니까요. 우리가 가족을 둘러싼 이런저런 이야기를 할 수 있었던 것도 나쁘지 않았어요. 그러나 그렇다고 아버지의 죽음에 대한 준비가 되지는 않았어요. 사실 죽음은 준비할 수 없는 것이니까요.

12년 전, 아버지가 돌아가신 뒤 나는 처음으로 대화치료를 시작했어요. 내가 스스로 알아봐서 시작했죠. 그런 다음 치료사의 도움으로 4개월간 입원 치료를 받았어요. 입원 치료는 내게 도움이 되었어요. 다양한 치료로 구성되어 있었고, 동종요법 약도 처방받았죠. 일들을 내려놓고, 책임을 넘겨주는 것도 배웠어요. 나 자신에게 집중하는 시간들이었죠. 전에는 늘 그런 일을 피해왔는데 말이에요. 늘 다른 사람들 걱정만 했는데, 여기서는 온전히 나 자신을 돌볼 수 있었어요.

이 클리닉에서 나는 과민증 진단도 받았어요. 소음, 냄새, 감정에 왜 그리 예민했는지 알 수 있었지요. 엄마는 내가 그렇게 민감하고 과민한 것은 자신을 닮아서라고 했어요.

이어 6년 전까지 다시 외래를 다니며 인지행동치료를 받았어요. 그러다가 연수를 받아야 하는 등 직업적으로 바빠서 치료를 중단했지요. 2년 전 다시 심리치료를 알아보았지만, 쉽사리 시간이 되는 사람을 찾기가 힘들었어요. 그래서 막막한 심정으로 샤리테병원에 전화를 걸었지요.

그 뒤 나는 약을 복용하고 있어요. 요즘은 상태가 나쁘지 않지만, 약을 끊는 게 두려워요. 상담치료도 많은 도움이 되고, 진심으로 이해받는다는 느낌이 들어요. 그동안에 나는 많이 안정되었어요. 하지만 몇 달 전부터 간혹 다시 불안 발작이 오긴 와요. 전처럼 나쁘지는 않지만요. 인지행동치료를 받으려고 심리치료를 알아보는 중인데, 쉽게 자리가 나지 않는군요.

크리스토프 슈탐, 30세, 한나 슈탐의 남편

항우울제를 복용한 이래, 아내는 심리치료를 받고 있지는 않아도 확연히 좋아졌어요. 약을 복용하지 않으면 어떻게 될지 잘 모르겠

불안에 대처하는 법

어요. 지금 약을 끊는 것이 쉬울지 잘 모르겠고요. 아내는 내게 거의 모든 이야기를 다 해줘요. 치료에 대해서도요. 나로서는 아내가 전문적인 치료를 받는 쪽이 마음이 편해요. 그래서 아내가 다시 심리치료를 받을 수 있기를 바라고 있지요. 아내는 불안장애에 대해 이것저것 잘 찾아보기 때문에 인터넷 같은 데서 흥미로운 내용을 발견하면 내게도 한번 해보라고 제안해요. 그러면 정말로 효과가 좋은 경우가 많아요.

때때로 나 역시 허심탄회하게 내 이야기를 하면 참 좋은 것 같아요. 친한 친구와 그렇게 이야기를 하곤 하죠. 친구는 잘 이해해 주니까요. 그 밖에는 이야기할 데가 많지 않지만, 그래도 나는 너끈히 헤쳐나갈 수 있어요.

불안장애에 시달리는 필립 아우어의 발언으로 이 책을 마무리하고자 한다. 그는 불안장애에 시달리는 다른 사람들에게 용기를 주고 싶어 한다.

패닉을 두려워하지 마세요

나는 이렇게 단순하게 생각해요. 다른 사람들에게 편두통이 찾아오는 것처럼, 내겐 공황 발작이 찾아온다고요.

물론 공황장애와 진한 우정을 나누고 있다고는 말할 수 없을 거예요. 하지만 나는 공황장애가 내게 속한다는 걸 이제는 받아들일 수 있어요. 그리고 공황장애가 자신을 알려오면 살살 달래가며 함께 할 수 있지요.

오늘날 나는 불안 발작에 대한 두려움은 예전처럼 많은 편은 아니에요. 무슨 일이 일어날지 정확히 알기 때문이지요. 아침에 불안 발작이 와도 세상이 끝나는 것처럼 굴지 않아요. 다시 벗어날 수 있는 방법을 알기 때문이죠.

오늘 나는 행복할 수 있어요. 두려움이 있어도, 갑자기 두려움이 찾아온다고 해도 말이에요.

지난 몇 년간을 돌아보면 이 질병도 나에게 긍정적인 작용을 했어요. 인간적으로 성장하게 했거든요. 글쎄요. 이런 어려움이 없었다면 내가 과연 지금처럼 성장할 수 있었을지 잘 모르겠어요. 지금은 그 어느 때보다 자유로운 느낌이에요. 짐이 되는 일을 거절할 때마다 홀가분해지지요.

요즘 나는 내가 하는 일들을 다르게 보고 다르게 평가해요. 다른 사람들이 내게 기대하는 것이 아니라, 나 자신과 내가 원하는 것에 더 비중을 두지요.

내가 잘하고 있는지, 성공적으로 해내고 있는지 하는 것은 내가 평가하는 것이지 다른 사람이 평가하는 것이 아니에요. 오늘 나는 내 삶의 주인이자, 내 감정과 결정의 주체라는 사실을 잊지 않으려고 노력하고 있지요.

나는 더 이상 다른 사람의 마음에 들려고 애쓰지 않고, 나 자신에게 맞는 것이 무엇인지 생각해요. 너무 힘들어진다 싶으면 때때로 일정을 미루기도 하고요. 예전에는 그렇게 하지 못하고 끌려다닐 때가 많았어요.

지금은 다른 사람들과 내 직무에만 초점을 맞추지 않고 나 자신도 소중하게 생각해요. 두렵기도 하겠지만 이렇게 계속 나아갈 수 있을 거라고 확신합니다.

Bischoff, Sophie; Wieder, Gesine; Einsle, Franziska; Petzold, Moritz; Janßen, Christiane; Mumm, Jennifer L. M.; Wittchen, Hans-Ulrich; Fydrich, Thomas; Plag, Jens; Ströhle, Andreas (2018): Running for extinction? Aerobic exercise as an augmentation of exposure therapy in panic disorder with agoraphobia. *Journal of Psychiatric Research*, 101:34–41.

Bowlby, John (1988): A secure base. Parent-child attachment and healthy human development. New York: Basic Books.

Brandes, Mina; Bienvenu, O. Joseph (2006): Personality and anxiety disorders. *Current psychiatry reports* 8 (4), S. 263–269. DOI: 10.1007/s11920-006-0061-8.

Chalmers, John A.; Quintana, Daniel S.; Abbott, Maree Jo-Anne; Kemp, Andrew H. (2014): Anxiety Disorders are Associated with Reduced Heart Rate Variability: A Meta-Analysis. *Frontiers in psychiatry* 5, S. 80. DOI: 10.3389/fpsyt.2014.00080.

Friborg, Oddgeir; Martinussen, Monica; Kaiser, Sabine; Overgård, Karl Tore; Rosenvinge, Jan H. (2013): Comorbidity of personality disorders in anxiety disorders: a meta-analysis of 30 years of research. *Journal of affective disorders* 145 (2), S. 143–155. DOI: 10.1016/j.jad.2012.07.004.

Gallagher, Matthew W.; Bentley, Kate H.; Barlow, David H. (2014): Perceived Control and Vulnerability to Anxiety Disorders: A Meta-analytic Review. *Cogn Ther Res* 38 (6), S. 571–584. DOI: 10.1007/s10608-014-9624-x.

Gloster, Andrew T.; Wittchen, Hans-Ulrich; Einsle, Franziska; Lang, Thomas; Helbig-Lang, Sylvia; Fydrich, Thomas et al. (2011): Psychological treatment for panic disorder with agoraphobia: a randomized controlled trial to examine the role of therapist-guided exposure in situ in CBT. *Journal of consulting and clinical psychology* 79 (3), S. 406–420. DOI: 10.1037/a0023584.

Hansen, Fernanda; Oliveira, Diogo Losch de; Amaral, Francieli Ubirajara Índia; Guedes, Fabiana Salvatori; Schneider, Tainá July; Tumelero, Ana Cláudia et al. (2011): Effects of chronic administration of tryptophan with or without concomitant fluoxetine in depression-related and anxiety-like behaviors on adult rat. *Neuroscience letters* 499 (2), S. 59–63. DOI: 10.1016/j.neulet.2011.05.032.

Hulsken, Sjoerd; Märtin, Antje; Mohajeri, M. Hasan; Homberg, Judith Regina (2013): Food-derived serotonergic modulators: effects on mood and cognition. *Nutrition research reviews* 26 (2), S. 223–234. DOI: 10.1017/S0954422413000164.

Hunger, Christina; Hilzinger, Rebecca; Klewinghaus, Laura;

Sander, Anja; Mander, Johannes; Bents, Hinrich et al. (2019): Comparing Cognitive Behavioral Therapy and Systemic Therapy for Social Anxiety Disorder: Randomized Controlled Pilot Trial (SOPHO-CBT/ST). *Family process*. DOI: 10.1111/famp.12492.

Lindenberger, Brigitt L.; Plag, Jens; Gaudlitz, Katharina; Dudás, Zsuzsa; Bobbert, Thomas; Dimeo, Fernando; Petzold, Moritz; Kirschbaum, Clemens; Ströhle, Andreas (2017): Clinical and neurobiological effect of aerobic exercise in dental anxiety: An experimental real life study. *Depression and Anxiety*, 34(11):1040-1048.

Manning, Ray P. C.; Dickson, Joanne M.; Palmier-Claus, Jasper; Cunliffe, Alexandra; Taylor, Peter J. (2017): A systematic review of adult attachment and social anxiety. *Journal of affective disorders* 211, S. 44–59. DOI: 10.1016/j.jad.2016.12.020.

Moreno-Peral, Patricia; Conejo-Cerón, Sonia; Motrico, Emma; Rodríguez-Morejón, Alberto; Fernández, Anna; García-Campayo, Javier et al. (2014): Risk factors for the onset of panic and generalised anxiety disorders in the general adult population: a systematic review of cohort studies. *Journal of affective disorders* 168, S. 337–348. DOI: 10.1016/j.jad.2014.06.021.

Pini, Stefano; Abelli, Marianna; Troisi, Alfonso; Siracusano, Alberto; Cassano, Giovanni B.; Shear, Katherine M.; Baldwin, David (2014): The relationships among separation anxiety disorder, adult attachment style and agoraphobia in patients with panic disorder. *Journal of anxiety disorders* 28 (8), S. 741–746.

불안에 대처하는 법

DOI: 10.1016/j. janxdis.2014.06.010.

Plag, Jens; Ergec, Deniz-Levent; Fydrich, Thomas; Ströhle, Andreas (2019): High-Intensity Interval Training in pa-nic disorder patients: a pilot study. *The Journal of Nervous and Mental Disease*, 207(3):184–187.

Plag, Jens; Ströhle, Andreas: Pharmakotherapie der Angststörungen. In: Gründer, Gerhard; Benkert, Otto (Hrsg.): Handbuch der psychiatrischen Pharmakotherapie. Springer 2012, S. 1005–1019.

Plag, Jens; Schumacher S., Ströhle, Andreas (2014): Generalisierte Angststörung. *Nervenarzt*, 85:1185-1194.

Rogoll, J; Petzold, Moritz; Ströhle, Andreas (2018): Selektiver Mutismus. Nervenarzt, 89(5):591–602.

Rossi, Silvia; Studer, Valeria; Motta, Caterina; Polidoro, Serena; Perugini, Jacopo; Macchiarulo, Giulia et al. (2017): Neuroinflammation drives anxiety and depression in relapsing-remitting multiple sclerosis. *Neurology* 89 (13), S. 1338–1347. DOI: 10.1212/WNL.0000000000004411.

Silva, Luana C. A.; Viana, Milena B.; Andrade, José S.; Souza, Melyssa A.; Céspedes, Isabel C.; D'Almeida, Vânia (2017): Tryptophan overloading activates brain regions involved with cognition, mood and anxiety. *Anais da Academia Brasileira de Ciencias* 89 (1), S. 273–283. DOI: 10.1590/0001-

참고 문헌

3765201720160177.

Ströhle, Andreas; Gensichen, Jochen; Domschke, Katharina (2018): Diagnostik und Therapie von Angsterkrankungen. Deutsches Ärzteblatt Int.; S. 115:611-20.

Thayer, Julian F.; Lane, Richard D. (2009): Claude Bernard and the heart-brain connection: further elaboration of a model of neurovisceral integration. *Neuroscience and biobehavioral reviews* 33 (2), S. 81–88. DOI: 10.1016/j.neubiorev.2008.08.004.

Viswasam, Kirupamani; Eslick, Guy D.; Starcevic, Vladan (2019): Prevalence, onset and course of anxiety disor-ders during pregnancy: A systematic review and meta analysis. *Journal of affective disorders* 255, S. 27-40. DOI: 10.1016/j.jad.2019.05.016.

Markser, Valentin; Bär Karl-Jürgen (Hrsg.): Sport- und Bewegungstherapie bei seelischen Erkrankungen. Schattauer, 2015.

Korn, Oliver; Rudolf, Sebastian (Hrsg.): Sorgenlos und grübelfrei: Wie der Ausstieg aus der Grübelfalle gelingt. Selbsthilfe und Therapiebegleitung mit metakognitiver Therapie. Beltz, 2017

Kabat-Zinn, Jon: Achtsamkeit für Anfänger. Arbor, 2013 Jacobson, Edmund: Entspannung als Therapie: Progressive Relaxation in Theorie und Praxis. Klett-Cotta, 2019

Schmidt-Traub, Siegrun: Angst bewältigen. Selbsthilfe bei Panik und Agoraphobie. Springer, 2020

Schmidt-Traub, Siegrun: Selbsthilfe bei Angst im Kindes-und Jugendalter. Hogrefe, 2020

Zwanzger, Peter: Angst. Medizin. Psychologie. Gesellschaft. Medizinisch Wissenschaftliche Verlagsgesellschaft, 2018

불안장애 클리닉

Spezialambulanz für Angsterkrankungen. https://psychiatrie-psychotherapie.charite.de/fuer_patienten/ambulanzen/angstambulanz

Angstambulanz Universitätsmedizin Göttingen. www.psychiatrie.med.uni-goettingen.de/de/content/patien ten/113.html

Angstambulanz Uniklinik Freiburg. www.uniklinikfreiburg.de/psych/ambulanzen/angsterkrankungen.html

Angstambulanz Humboldt-Universität, Berlin-Adlershof. www.psychologie.hu-berlin.de/de/praxis/ambulanz/kontakt

Angstambulanz TU Dresden. https://www.iap-dresden.de/ambulanz-angststoerungen-depression

Angstambulanz Uniklinikum Würzburg. https://www.ukw.de/psychiatrie/schwerpunkte/klinische-schwerpunkte/angst-und-zwangserkrankungen-sowie-essstoerungen

Kassenärztliche Bundesvereinigung, Dachorganisation der 17 Kassenärztlichen Vereinigungen der Bundesländer.

Hier sind u. a. alle an der psychotherapeutischen Versorgung von Versicherten der gesetzlichen Krankenkassen tätigen Psychotherapeuten Mitglied. www.kbv.de

정보 및 포럼

Deutsche Angst-Hilfe e.V.; Forum für Selbsthilfegruppen. www.
angstselbsthilfe.de

Onlineforum zum Thema psychische Krankheiten. www.angst-
und-panik.de

Forum mit Informationen und Hilfestellungen. www.psychic.de

Forum zum Thema Depressionen. www.depressiondiskussion.de

Informationen, Berichte, Hilfestellungen zum Thema Angst. www.
angstportal.de

Informationen zum Thema Angststörungen. www.stiftung-
gesundheitswissen.de/wissen/angststoerung/hintergrund

Interviews mit Jens Plag zum Thema Angststörungen auf
YouTube. Z.B.:
　http://youtu.be/shYIE0xI47M
　http://youtu.be/fQyVKxKpKsU
　http://youtu.be/BHIluN7PfrU

불안에 대처하는 법

초판 1쇄 인쇄 2023년 3월 20일
초판 1쇄 발행 2023년 3월 27일

지은이 | 안드레아스 슈트뢸레 & 옌스 플라그
옮긴이 | 유영미
펴낸이 | 한순 이희섭
펴낸곳 | (주)도서출판 나무생각
편집 | 양미애 백모란
디자인 | 박민선
마케팅 | 이재석
출판등록 | 1999년 8월 19일 제1999-000112호
주소 | 서울특별시 마포구 월드컵로 70-4(서교동) 1F
전화 | 02)334-3339, 3308, 3361
팩스 | 02)334-3318
이메일 | namubook39@naver.com
홈페이지 | www.namubook.co.kr
블로그 | blog.naver.com/tree3339

ISBN 979-11-6218-243-7 03180